房地产企业
成本预算与控制手册

匡仲发　主编

·北京·

《房地产企业成本预算与控制手册》主要包括房地产企业成本控制的总体战略、目标成本动态控制、房地产目标成本预测与分解、房地产企业投资决策环节成本控制、房地产项目设计阶段成本控制、房地产项目招投标环节成本控制、房地产企业采购成本控制、房地产企业工程管理环节成本控制、房地产开发产品成本核算、房地产项目成本报表与分析、房地产企业成本档案管理11个章节的内容，书中还提供了大量的范本和案例供读者参考学习。

《房地产企业成本预算与控制手册》旨在为房地产开发商和房地产管理人员提供一种思路和借鉴。本书适合房地产公司董事长、总经理、财务人员、项目经理阅读参考。

图书在版编目（CIP）数据

房地产企业成本预算与控制手册/匡仲发主编. —北京：化学工业出版社，2019.1（2020.2重印）
ISBN 978-7-122-33151-9

Ⅰ.①房… Ⅱ.①匡… Ⅲ.①房地产企业-成本管理—手册 Ⅳ.①F293.342-62

中国版本图书馆CIP数据核字（2018）第230742号

责任编辑：陈　蕾　　　　　　　　　　装帧设计：尹琳琳
责任校对：宋　夏

出版发行：化学工业出版社（北京市东城区青年湖南街13号　邮政编码100011）
印　　装：三河市延风印装有限公司
787mm×1092mm　1/16　印张18　字数424千字　2020年2月北京第1版第2次印刷

购书咨询：010-64518888　　　　　　　售后服务：010-64518899
网　　址：http://www.cip.com.cn
凡购买本书，如有缺损质量问题，本社销售中心负责调换。

定　价：88.00元　　　　　　　　　　　　　　　　　　版权所有　违者必究

前 言

实现利润最大化是每一个企业的永恒目标,利润与成本的关系就是在收入一定的情况下,成本越低,利润越大。而成本预算与控制的目标是保证成本的支出获得最有效的收益——提升价值。对于房地产企业而言,人工成本、材料成本年年在攀升,企业盈利的空间似乎越来越低,企业之间的竞争也就愈演愈烈,企业的竞争力在哪里?在成本管理方面!

对于房地产企业而言,早就过了高利润收益的时期,越来越多的房地产企业在竞争中选择了缩小成本以扩大经营利润的方式。对于全面预算管理而言,只有抓好成本管理这个核心,房地产企业才能全方位、多层次地把成本拉低。基于成本管理为核心的房地产企业全面预算管理,不可否认,应该将"成本"两字放在整个房地产企业管理中重新考虑、重新构架。

房地产开发成本预算与控制是一个整体性的工作,是关系到企业生存和发展的关键,做好成本控制能够降低企业成本,提高房地产开发管理效率。同时,房地产企业也要充分认识到当前存在的诸多问题,加快培养高素质工程预算人员,提高财务人员业务水平,严格控制甲供材采购价格,确定选择行业标准,细化成本分摊,合理规划筹资渠道,降低间接费用以及适当引进绿色建筑技术,以最大限度地降低生产成本,实现企业的经济效益与社会效益。

房地产企业的成本费用主要产生于前期投资决策、规划、设计、施工、销售等过程,因此要控制成本,在满足消费者需求的情况下,必须以"市场为导向"对房地产开发实施全过程成本控制。具体来说,必须根据房地产企业成本产生的特点,以全程成本控制为指导,在这个总体战略的指导下,建立战略执行体系,并将全程的成本控制战略贯穿于投资决策、规划设计、招投标、材料采购、项目施工等关键环节中,以此实现成本控制的战略目标。

成本控制战略的实施关键是建立成本控制保障体系,为成本控制提供行为规范和组织保障,使成本控制有部门可行且有章可循。

基于此,我们编写了《房地产企业成本预算与控制手册》一书,旨在为房地产开发商和房地产管理人员提供一种思路和借鉴。本书适合房地产公司董事长、总经理、财务人员、项目经理阅读参考。

本书主要包括房地产企业成本控制的总体战略、目标成本动态控制、房地产目标成本预测与分解、房地产企业投资决策环节成本控制、房地产项目设计阶段成本控制、房地产项目招投标环节成本控制、房地产企业采购成本控制、房地产企业工程管理环节成本控制、房地产开发产品成本核算、房地产项目成本报表与分析、房地产企业成本档案管理11个章节的内容，同时还提供了大量的范本和案例供读者参考学习。

本书由匡仲发主编，在编写整理过程中，获得了许多房地产策划机构、房地产一线从业人员和朋友的帮助与支持，其中参与编写和提供资料的有郝晓冬、王高翔、王玲、文伟坚、刘少文、陈世群、李超明、李景吉、李景安、匡五寿、匡仲潇、吴日荣、张燕、张杰、张众宽、张立冬、郭华伟、郭梅、秦广、黄河、董超、姚根兴、靳玉良、鲁海波、鞠晴江、杨婧、何志阳、张嘉卿，最后全书由匡仲潇统稿、审核完成。在此对他们一并表示感谢！

由于编者水平有限，加之时间仓促，疏漏之处在所难免，敬请读者谅解，并不吝赐教。由于写作周期紧迫，部分资料引自互联网媒体，其中有些未能一一与原作者取得联系，请您看到本书后及时与编者联系。

编　者

目 录

第1章 房地产企业成本控制的总体战略

- 1.1 组织和制度方面的保障体系 ·· 2
  - 1.1.1 房地产企业成本控制的组织体系 ································· 2
  - 1.1.2 成本管理职责 ··· 2
    - 【他山之石】某房地产企业目标成本管理组织体系 ············· 4
- 1.2 成本控制管理信息系统 ·· 9
  - 1.2.1 成本控制管理信息系统设计的基本思想 ························· 9
  - 1.2.2 系统单据类型设计及费用项目成本分类 ························· 9
- 1.3 成本监控系统 ··· 13
  - 1.3.1 制度建设 ··· 13
  - 1.3.2 计划管理 ··· 13
  - 1.3.3 分析检查 ··· 14
  - 1.3.4 信息交流 ··· 14
- 1.4 确定成本控制体系健康运行的标准 ·· 14
- 1.5 确立房地产开发全程成本控制方法 ·· 14
  - 1.5.1 确立目标成本控制法 ·· 14
  - 1.5.2 采用动态控制的思想 ·· 15
  - 1.5.3 采用集约管理实现成本精确控制 ······························· 15

第2章 目标成本动态控制

2.1 目标成本动态管理概述 ··· 17
    2.1.1 目标成本管理的基本原理 ··· 17
    2.1.2 目标成本管理的原则 ·· 17
    2.1.3 目标成本管理流程及特点 ··· 18
2.2 目标成本动态管理的基本内涵 ·· 19
    2.2.1 动态成本的内涵 ··· 19
    2.2.2 目标成本动态管理的意义 ··· 20
    2.2.3 目标成本动态管理的支持体系 ·· 21
    2.2.4 目标成本动态管理的支持文件 ·· 22
2.3 房地产项目成本动态控制现状 ·· 23
    2.3.1 项目成本动态控制的关注度不够 ······································· 23
    2.3.2 项目成本动态控制的运转体系处于粗放状态 ······················ 24
    2.3.3 项目成本动态控制重要环节把控上不重视 ························· 27
2.4 目标成本动态控制对策 ··· 31
    2.4.1 建立房地产开发项目目标成本动态控制机制 ······················ 31
    2.4.2 整合项目管理全过程业务链 ··· 34
    2.4.3 降低可控的敏感性费用 ·· 35
    【他山之石】某房地产公司责任成本体系 ·································· 38
    【他山之石】设计部成本控制责任书 ·· 42
    【他山之石】工程部成本控制责任书 ·· 46
    【他山之石】项目经理部成本控制责任书 ·································· 49
    【他山之石】营销管理部成本控制责任书 ·································· 52
    【他山之石】成本管理部成本控制责任书 ·································· 55
    【他山之石】某房地产公司目标成本管理实施细则 ····················· 59

第3章 房地产目标成本预测与分解

3.1 房地产目标成本预测 ··· 64
　3.1.1 目标成本预测的注意事项 ··· 64
　3.1.2 目标预测的方法 ·· 64
3.2 房地产目标成本构成维度的分解 ··· 65
　3.2.1 房地产开发项目的成本构成 ··· 65
　3.2.2 目标成本在成本构成维度的分解 ····································· 66
3.3 工作分解结构 ··· 68
　3.3.1 何谓工作分解结构 ·· 68
　3.3.2 房地产开发项目工作分解结构的注意事项 ····················· 68
　3.3.3 目标成本在工作维度的分解 ··· 69
3.4 组织分解结构 ··· 71
　3.4.1 何谓组织分解结构 ·· 71
　3.4.2 房地产开发项目组织分解结构的方法 ····························· 71
　3.4.3 目标成本在组织维度的分解 ··· 73
3.5 按工程进度分解 ··· 73
　3.5.1 工程进度的表示方法 ·· 74
　3.5.2 进度对成本的影响 ·· 75
　3.5.3 目标成本在时间维度上的分解 ··· 76
3.6 房地产开发项目目标成本的四维分解 ····································· 76
　【他山之石】房地产项目开发总目标控制表 ····························· 77
　【他山之石】房地产项目目标成本测算表 ································· 80

第4章 房地产企业投资决策环节成本控制

4.1 投资决策环节概述 ·· 91
4.1.1 房地产投资决策的概念 ·· 91
4.1.2 房地产投资决策策略 ·· 91
4.1.3 投资决策阶段的费用组成 ··· 91
4.2 投资决策阶段成本管理存在的问题 ··· 91
4.2.1 投资决策阶段应做好的工作 ··· 92
4.2.2 前期投资决策阶段影响成本的主要因素 ··· 94
4.2.3 现阶段房地产开发项目投资决策的成本控制存在的问题 ················· 94
4.3 投资决策不当对成本的影响 ·· 96
4.3.1 经济形势变动影响项目开发成本 ··· 96
4.3.2 法律政策风险影响项目开发成本 ··· 96
4.3.3 相关决策人员素质偏低加大开发成本 ··· 96
4.4 投资决策阶段成本控制的对策 ··· 96
4.4.1 企业内部完善投资决策流程 ··· 97
4.4.2 充分了解市场和政策法规信息 ··· 97
4.4.3 开发项目可行性研究 ·· 97
4.4.4 对开发项目进行投资估算 ··· 98

第5章 房地产项目设计阶段成本控制

5.1 房地产项目设计阶段成本控制的必要性 ··· 101
5.1.1 设计管理与成本的关系 ·· 101

5.1.2 设计阶段成本控制的影响因素 ………………………………………… 101
　　5.1.3 设计阶段成本控制的重要性 ……………………………………………… 103
　　5.1.4 明确设计阶段各专业人员的成本责任 …………………………………… 103
　　　　【他山之石】项目设计阶段成本管理工作指引 ……………………………… 104
5.2 房地产项目设计管理的程序及内容 ………………………………………………… 111
　　5.2.1 编制设计任务书 …………………………………………………………… 111
　　5.2.2 设计过程控制 ……………………………………………………………… 113
　　5.2.3 设计成果评审 ……………………………………………………………… 113
　　5.2.4 设计变更控制 ……………………………………………………………… 114
5.3 规划设计阶段成本控制的措施 ……………………………………………………… 116
　　5.3.1 加强设计阶段的经济论证 ………………………………………………… 116
　　5.3.2 实行限额设计 ……………………………………………………………… 116
　　　　【他山之石】某地产企业的"限额设计参考意见" ………………………… 118
　　　　【他山之石】项目规划方案简评表 …………………………………………… 121
　　5.3.3 实行工程造价和设计方案相结合的设计招标方法 ……………………… 122
　　5.3.4 要加强设计出图前的审核工作 …………………………………………… 122
　　　　【他山之石】扩初（施工图）设计会审表 …………………………………… 122
　　　　【他山之石】工程方案、扩初、施工图审批表 ……………………………… 123
　　　　【他山之石】图纸签发登记表 ………………………………………………… 123
　　5.3.5 有效规范工程招投标制度，推进设计监理制 …………………………… 123
5.4 地产项目设计阶段成本优化 ………………………………………………………… 124
　　5.4.1 设计前期成本控制要点 …………………………………………………… 124
　　5.4.2 概念、规划设计阶段成本控制重点 ……………………………………… 126
　　5.4.3 方案设计阶段成本控制重点 ……………………………………………… 128
　　5.4.4 扩初设计阶段成本控制重点 ……………………………………………… 131
　　5.4.5 施工图设计阶段成本控制重点 …………………………………………… 134
　　5.4.6 二次设计阶段成本控制重点 ……………………………………………… 136

第6章 房地产项目招投标环节成本控制

- 6.1 房地产项目工程招投标成本概述 ················ 138
  - 6.1.1 招投标阶段对成本控制的影响 ················ 138
  - 6.1.2 工程招投标阶段的控制流程 ················ 138
- 6.2 招标过程中的成本控制措施 ················ 139
  - 6.2.1 选择合理的发包模式 ················ 139
  - 6.2.2 合理划分标段 ················ 144
  - 6.2.3 编制工程量清单和招标控制价 ················ 145
  - 6.2.4 做好招标文件的编制工作 ················ 151
    - 相关链接 定额计价法 ················ 152
  - 6.2.5 分析投标报价，协助合同价格谈判 ················ 153
  - 6.2.6 分析施工方案技术经济的合理性 ················ 153
  - 6.2.7 做好合同的签订工作 ················ 153

第7章 房地产企业采购成本控制

- 7.1 房地产开发企业项目采购概述 ················ 156
  - 7.1.1 房地产开发企业的项目采购物资分类 ················ 156
  - 7.1.2 房地产开发企业的项目采购特点分析 ················ 157
- 7.2 采购成本控制的基础——完善采购系统建设 ················ 158
  - 7.2.1 房地产企业采购管理系统的组织结构 ················ 158
  - 7.2.2 采购流程关键绩效衡量指标和关键点的确定 ················ 160
  - 7.2.3 明确采购的主体 ················ 161

7.2.4 采购方式的确定 ·· 164

【他山之石】项目总包及主要分包工程承包方式及成本
控制目标建议 ·· 165

【他山之石】项目主要材料（设备）采购方式及成本控制
目标建议 ·· 165

7.2.5 供应商管理系统的建立 ··· 165

【他山之石】材料/设备制造商/供应商信息库 ······························· 166

【他山之石】供应商洽谈记录 ··· 167

7.3 房地产企业采购成本控制执行 ··· 167

7.3.1 制定采购预算与估计成本 ··· 167

7.3.2 制订采购计划 ·· 167

【他山之石】项目采购需求计划 ··· 169

【他山之石】项目采购计划管控表 ··· 169

7.3.3 采购询价 ··· 170

【他山之石】甲定乙购材料（设备）价格审订单 ························· 170

【他山之石】甲定乙购材料（设备）品牌标准核订单 ················· 170

【他山之石】乙购材料（设备）价格审核表 ································ 171

7.3.4 供应商的选择 ·· 172

7.3.5 采购环境的利用 ·· 172

7.3.6 采购合同签订 ·· 173

【他山之石】合同现场交底单 ··· 173

【他山之石】工程项目采购合同交底答疑纪要 ···························· 174

【他山之石】工程项目采购合同履约情况记录表 ························ 174

【他山之石】工程项目采购合同履约检查情况通报 ···················· 175

【他山之石】____项目____月合同价款变更情况汇总表 ············ 175

7.3.7 采购环节成本控制要点、内容、方法及执行部门 ·························· 176

第8章　房地产企业工程管理环节成本控制

- 8.1 工程项目成本控制概述 ·········· 178
  - 8.1.1 工程项目成本的构成 ·········· 178
  - 8.1.2 工程项目成本控制的原则 ·········· 179
- 8.2 工程项目成本控制措施 ·········· 180
  - 8.2.1 预算及资金控制 ·········· 180
    - 【他山之石】某地产企业工程付款管理制度 ·········· 181
    - 【他山之石】付款审批表 ·········· 185
    - 【他山之石】工程款支付申请表 ·········· 186
    - 【他山之石】工程款已支付报表 ·········· 187
    - 【他山之石】结算项目基本信息表 ·········· 187
    - 【他山之石】结算审批表 ·········· 188
  - 8.2.2 采取组织措施控制工程成本 ·········· 189
  - 8.2.3 采取技术措施控制工程成本 ·········· 191
  - 8.2.4 采取经济措施控制工程成本 ·········· 191
  - 8.2.5 加强质量管理，控制返工率 ·········· 192
    - 【他山之石】项目工程质量管理办法 ·········· 194
  - 8.2.6 加强合同管理，控制工程成本 ·········· 200
    - 【他山之石】房地产项目合同管理程序 ·········· 201
  - 8.2.7 供材管理 ·········· 204
- 8.3 工程施工薄弱环节的成本控制 ·········· 205
  - 8.3.1 严格进行工程招标，控制新开工程的造价 ·········· 205
  - 8.3.2 合理安排施工顺序，减少临时费用 ·········· 205
  - 8.3.3 建立工程变更制度，降低工程成本 ·········· 206
    - 【他山之石】工程变更和现场签证管理办法 ·········· 206
  - 8.3.4 严格控制材料、设备价格 ·········· 217

8.3.5　加强竣工结算的管理 ································· 218
　　【他山之石】工程竣工结算管理规定 ···················· 220

第9章　房地产开发产品成本核算

9.1　开发产品成本项目的构成 ································· 225
　　9.1.1　开发产品成本的内容 ································ 225
　　9.1.2　开发产品成本的项目 ································ 225
9.2　发包开发工程的核算 ···································· 230
　　9.2.1　发包工程项目的内容 ································ 230
　　9.2.2　发包工程价款结算的方式 ···························· 231
　　9.2.3　发包开发工程的核算 ································ 231
9.3　开发间接费用的核算 ···································· 232
　　9.3.1　开发间接费用的构成 ································ 232
　　9.3.2　开发间接费用的归集与分配 ·························· 233
9.4　土地开发成本的核算 ···································· 235
　　9.4.1　土地开发支出划分和归集的原则 ······················ 235
　　9.4.2　土地开发成本核算对象的确定和成本项目的设置 ········ 236
　　9.4.3　土地开发成本的核算 ································ 237
　　9.4.4　已完土地开发成本的结转 ···························· 239
9.5　配套设施开发成本的核算 ································· 240
　　9.5.1　配套设施的种类及其支出的归集原则 ·················· 240
　　9.5.2　配套设施成本项目的确定与设置 ······················ 241

9.5.3　配套设施开发成本的核算……………………………………………242
　　9.5.4　已完配套设施开发成本的结转…………………………………………244
9.6　房屋开发成本的核算………………………………………………………245
　　9.6.1　房屋开发的种类及其核算对象…………………………………………245
　　9.6.2　房屋开发成本的核算……………………………………………………246
　　9.6.3　已完房屋开发成本的结转………………………………………………251
9.7　代建工程开发成本的核算…………………………………………………251
　　9.7.1　代建工程成本核算的内容………………………………………………251
　　9.7.2　代建工程开发成本的账务处理…………………………………………252

第10章　房地产项目成本报表与分析

10.1　房地产开发项目成本报表…………………………………………………254
　　10.1.1　在建开发产品成本表……………………………………………………254
　　10.1.2　已完开发产品成本表……………………………………………………255
10.2　房地产项目成本分析………………………………………………………257
　　10.2.1　房地产企业项目成本分析的必要性……………………………………257
　　10.2.2　成本分析与成本核算的区别……………………………………………258
　　10.2.3　地产项目成本分析的方式与方法………………………………………258
　　10.2.4　地产项目成本分析中应注意的问题……………………………………259
　　【他山之石】工程项目成本分析汇总表………………………………………260
　　【他山之石】其他直接费、间接费、管理费、财务费、税金
　　　　　　　　计划表………………………………………………………………260
　　【他山之石】人工成本费用分析表……………………………………………262
　　【他山之石】材料成本费用分析表……………………………………………263

【他山之石】机械成本费用分析表……264

【他山之石】工程分（承）包成本费用分析表……264

第11章 房地产企业成本档案管理

11.1 成本档案管理概述……266
  11.1.1 成本档案管理的要求……266
  11.1.2 主要成本档案的组成及其管理办法……266

11.2 成本档案的管理业务……269
  11.2.1 成本档案的归档与立卷……269
  11.2.2 成本档案的编目与装订……269
  11.2.3 成本档案的保管与使用……270
  【他山之石】成本档案查阅登记表……271

参考文献……272

第1章
房地产企业成本控制的总体战略

> **引言**
>
> 　　对房地产开发企业而言，成本费用主要产生于前期投资决策、规划、设计、施工、销售等过程，因此要控制成本，在满足消费者需求的情况下，必须以"市场为导向"，对房地产开发实施全过程成本控制。具体来说，必须根据房地产企业成本产生的特点，以全程成本控制为指导，在这个总体战略的指导下，建立战略执行体系，并将全程的成本控制战略贯穿于投资决策、规划设计、招投标、材料采购、项目施工等关键环节中，以此实现成本控制的战略目标。
>
> 　　成本控制战略的实施关键是建立成本控制保障体系，为成本控制提供行为规范和组织保障，使成本控制有部门可行且有章可循。

1.1 组织和制度方面的保障体系

房地产开发企业须从组织和制度方面建立一整套卓有成效的体系，并在实践中不断地予以完善和补充。在行为规范体系方面，房地产企业可以从工程的发包管理、招投标、合同管理、预结算管理、工程成本定额标准、工程质量标准等方面制定一系列强制性规定，并以行政公文的形式下发，房地产开发公司下属的所有子分公司及项目部，必须严格执行；为保障制度的执行到位，施工管理部、质检部、预算部、工程招投标领导小组等职能部门都应配合房地产开发公司的成本控制中心，制定一整套与房地产开发公司工作标准相对应的质量、安全、进度、工期等的标准文件，这样在执行中，就很容易控制成本，并及时发现问题和不足，及时调整改进。

1.1.1 房地产企业成本控制的组织体系

在组织体系方面，为了保证制度体系的执行到位，房地产企业可以专门成立二级成本控制中心（如图1-1所示）：房地产开发公司直属一级成本控制中心，各个子分公司及联营合作开发项目部设立二级执行与纠正中心，并在各职能部门如投资部、研发部、设计部、技术部、工程部等部门设立控制组，在工程项目施工过程中，各分公司的施工管理部、质检部、技术部、预算部等职能部门与房产总公司的相关部门密切配合，将各个控制标准执行到位，以保证质量、成本、工期及品质目标的实现。

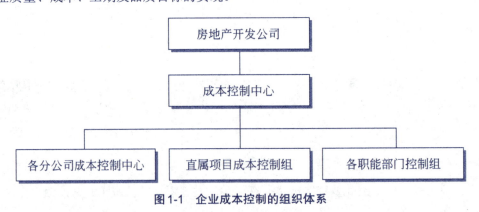

图1-1 企业成本控制的组织体系

1.1.2 成本管理职责

1.1.2.1 成本控制中心

（1）制定、修正成本管理制度，督促、指导建立完善本单位成本管理制度；并跟踪、检查执行情况，对成本实行制度监控。

（2）进行房地产市场调研，对房地产市场走势作出分析、判断，及时提供、反馈给企业管理层作决策参考；保持对国家有关法规政策和成本管理环境的了解，协助房地产开发公司争取优惠政策，处理有关政策性问题。

（3）组织各方面专业人士对拟建项目进行实地考察、立项听证，按立项审批程序审查投资估算，把握投资决策，合理配置资源，帮助房地产开发公司做好项目前期策划中的成本控制。立项审查的重点有以下几方面。

① 立项资料是否齐全、规范。
② 市场定位是否明确、恰当。
③ 投资成本估算是否经济、合理。
④ 投资回报是否符合利润目标要求。
⑤ 投资风险能否有效控制。

（4）跟踪、落实各项目成本计划及其执行情况，适时了解各项目成本的实际构成，汇编成本报表；分析、总结项目成本控制情况。协助、督促各开发企业做好项目操作过程中的成本控制工作。

（5）建立成本信息监控中心，及时收集各项目成本动态资料，为管理层提供充分、有效的决策依据，并按要求将有关意见反馈给各部门。

（6）组织成本管理的信息交流，通过培训、双向交流、研修会等方式，增进全员的成本管理意识，推广内外成本管理经验，寻求降低成本的有效途径，促进成本管理水平的提高。

（7）根据管理的需要，派出审计小组对项目成本进行阶段审计和决算审计，对项目成本发生的合理性、成本管理的规范性提出审计意见，并结合项目收益情况，考核项目的成本降低率、投入产出率、投资回报率等指标。

（8）逐步推行成本管理及其信息交流电脑化，搞好成本管理的综合服务。

1.1.2.2 各项目、各职能部门

（1）认真执行成本管理制度，结合实际制定本单位成本管理制度，并自觉接受监督。

（2）根据本单位业务发展规划、开发能力和市场情况，确定项目开发计划，组织立项调研、选址和前期策划，提出立项建议和开发设想，并按要求提交立项可行性报告，履行立项审批程序。

（3）规划设计阶段，应按市场定位和成本估算准确把握设计方案，组织审查设计概算的经济合理性，使规划设计既符合规范，又体现成本控制的意识和要求。

（4）客观、认真地进行项目成本费用测算，编制项目成本费用计划，确定项目及每个单项工程的目标成本，分解成本费用控制指标，落实降低成本技术组织措施。

（5）遵循基本建设程序，进行项目实际操作，对房地产成本实行项目经理负责制和全员全过程控制，对可控成本、变动成本和成本异常偏差实行有效监控，保证将成本控制在目标成本范围内。

（6）正确处理成本、市场、工程质量、开发周期、资源、效益之间的关系，防止和杜绝重大工程质量事故，努力缩短开发周期，严格控制项目的质量成本和期间费用，加速投资回报，提高投资回报率。

（7）组织项目开发成本费用核算，及时、全面、准确、动态地反映项目成本、费用情况，按规定编报成本会计报表等有关资料。坚持成本报告制度，保证成本信息交流的及时、有效。

（8）熟悉、掌握国家和当地有关法规政策及市场需求、预算定额水平等成本控制因素，

用足用活各种政策、资源，提高成本控制的预见性，努力寻求降低成本费用的途径。

（9）定期或不定期分析成本结构、差异及其原因、监控措施及其效果、经验教训，每年至少一次，并将分析报告报财务部。

某房地产企业目标成本管理组织体系

一、构建公司目标成本管理架构

A公司是集团化的房地产公司，其项目管治的模式是介于全流程与关键节点型的管理，实行集团、区域、项目的三级管理模式，其成本管理架构如下图所示。

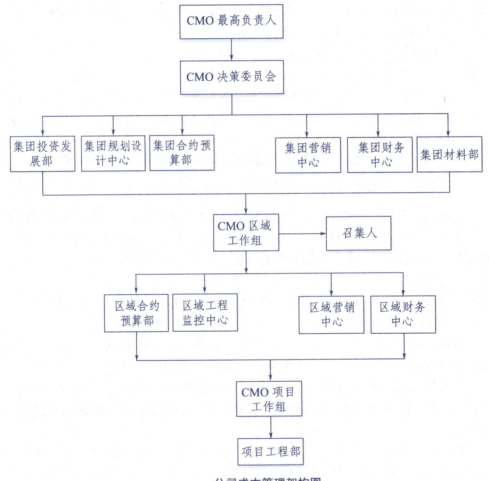

公司成本管理架构图

1. CMO最高负责人

CMO最高负责人由集团董事局主席担任，以下情况由CMO最高负责人作最后的决定。

（1）当CMO决策委员会成员之间不能达成共识。

（2）政策、市场等不可控因素导致成本变化需审批。

（3）其他成本异动较大［动态成本（除土地成本外）≥目标成本（除土地成本外）×（1+3%）］时。

2. CMO决策委员会

CMO决策委员会是CMO常务工作的决策和监管机构，其成员由集团分管成本系统的相关负责人担任，具体为集团各中心副总裁、集团投资发展部负责人、集团财务中心成本负责人等。CMO决策委员会具体负责以下方面。

（1）设定项目投资回报指标，如目标利润率等。

（2）组织集团规划设计中心对项目进行设计及设计修改。

（3）组织集团合约预算部对项目进行目标成本的编制及修改。

（4）组织和监督CMO的工作开展，将CMO的各项工作分解至各相关部门。

（5）制定目标成本评审标准。

（6）组织集团财务中心测算各环节目标成本对应的目标利润。

（7）审核审批施工前各环节的项目目标成本。

（8）组织对项目成本管理进行后评估。

（9）向CMO最高负责人汇报CMO异常情况和阶段性成果等。

3. CMO区域工作组

CMO区域工作组由区域副总裁、区域工程总监、区域营销总监和区域财务总监牵头组成，并由区域各职能中心具体执行。其职责如下。

（1）参与《项目目标成本（方案版）》和《项目目标成本（执行版）》的讨论与编制。

（2）负责《项目目标成本（施工版）》的讨论与编制。

（3）将《项目目标成本（施工版）》分解和落实成本措施，监督项目严格执行。

（4）开展多层次图纸会审会签，力争在开工前把图纸中的问题修改完。

（5）评估技术洽商和设计变更的必要性和合理性。

（6）在施工过程中对《项目目标成本（施工版）》进行动态跟踪，对于超成本事项提出改进（补救）措施。

（7）定期编制《项目目标成本（动态跟踪版）》上报集团合约预算部审核及决策委员会审批。

4. CMO项目工作组

CMO项目工作组由项目负责人牵头，并由项目工程部负责具体执行。其职责是在施工建设过程中严格实施各种成本管理措施，减少或杜绝因管理失误造成的工程损失等。

5. 召集人

召集人负责在成本管理过程中尤其是关键环节，提醒、组织、协调所有相关人员参与相应的成本管理工作。

（1）集团CMO决策委员会的召集人由主管集团中心的副总裁担任。

（2）CMO区域工作组的召集人由主管区域的副总裁担任。

（3）CMO项目工作组的召集人由区域总经理（如有）或项目总经理担任。

从上图说明可见，成本管理体系自上而下，每级均有明确的职责分工，对应各阶段的目标成本版本编制工作，且管治的责任人明确，每个项目要在目标成本编制完成后，各级主管领导需签字确认，并结合该目标成本进行考核。

二、划分公司责任部门的成本工作职责

目标责任的制定应切实可行，越具体越详细越好，落实到具体部门责任，并以此作为部门日常考核工作的重点。以下表为集团、区域、项目各成本职能部门的工作职责。

CMO决策委员会成本工作职责表

序号	主要工作内容	工作阶段
1	根据董事局意见设定投资回报指标	
2	制定项目目标成本评审标准	
3	组织和监督CMO的工作开展	
4	组织集团财务中心测算各环节目标成本对应的目标利润	
5	评审各环节目标成本	
6	对项目成本管理进行后评估	
7	向CMO最高负责人汇报CMO异常情况和阶段性成果	

集团策划设计部成本工作职责表

序号	主要工作内容	工作阶段
1	编制《项目规划草案》	土地投资论证环节
2	编制《项目经济技术指标（方案）》	方案设计环节
3	编制《初步设计任务书成本控制附件》	
4	编制《土方平衡方案》	施工图土方平衡环节
5	提交《地质勘察报告》	桩基设计环节
6	完成桩基选型讨论和选定	
7	完成施工图设计——结构/安装/智能化/市政设计	施工图设计环节
8	完成施工图设计——装修设计	
9	完成施工图设计——外环境设计	
10	设计变更	施工建设环节

集团投资发展部成本工作职责表

序号	主要工作内容	工作阶段
1	《目标地块土地信息及周边市政配套情况》	土地投资论证环节
2	《目标地块市场概况初步调研结果分析报告》	
3	《项目经济指标》	
4	《项目可行性分析报告》	
5	新征土地的征地费用、拆迁安置费及大市政费用等相关费用	
6	收购项目的收购内容、付款总额、付款时间、手续风险等	
7	合作方式的选择、股权比例、付款总额、付款时间等	

集团财务中心成本工作职责表

序号	主要工作内容	工作阶段
1	协助设定项目投资回报指标	土地投资论证环节
2	协助测算投资论证环节的项目指标	土地投资论证环节
3	测算方案设计环节的项目目标利润	方案设计环节
4	测算扩初设计环节的项目目标利润	扩初设计环节
5	测算施工设计完成后的项目目标利润	施工设计环节
6	计算工程结算后的项目目标利润	工程结算环节
7	出具成本决策委员会要求的相关财务报表	任何环节
8	监督、控制项目财务付款及实施预警制度	施工建设和竣工决算环节

集团合约预算部成本工作职责表

序号	主要工作内容	工作阶段
1	编制《项目目标成本（土地版）》	土地投资论证环节
2	编制《项目目标成本（方案版）》	方案设计环节
3	编制《项目设计环节成本控制重点和控制方案》	方案设计环节
4	编制《项目目标成本（执行版）》，重点关注 《项目目标成本（执行版）——外立面部分》 《项目目标成本（执行版）——外环境部分》 《项目目标成本（执行版）——土石方平衡部分》	扩初设计环节
5	调整《项目设计环节成本控制重点和控制方案》	扩初设计环节
6	编制《项目装修目标成本》	装修设计环节
7	编制《装修设计目标成本控制重点和控制方案》	装修设计环节
8	审核《项目目标成本分解及合约规划》	施工环节
9	审核《项目目标成本（施工版）》	施工环节
10	审核项目目标成本动态跟踪	施工环节
11	审核区域定期开展的成本管理工作回顾	施工环节
12	审核《项目目标成本（决算版）》	竣工结算环节
13	审核《项目成本分析和总结》	项目后评估环节
14	编制《项目招投标计划》	招投标环节
15	组建专项评审委员会	招投标环节
16	制作标书	招投标环节
17	投标单位的选择	招投标环节

区域合约预算成本工作职责表

序号	主要工作内容	工作阶段
1	参与《项目目标成本(方案版)》的讨论与编制	方案设计环节
2	参与《项目目标成本(执行版)》的讨论与编制	扩初设计环节
3	负责《项目目标成本(施工版)》的讨论与编制	施工图设计环节
4	将《项目目标成本(施工版)》分解和落实成本措施,监督项目严格执行	施工建设环节
5	在施工过程中对《项目目标成本(施工版)》进行动态跟踪,对于超成本事项提出改进(补救)措施	施工建设环节
6	负责《项目目标成本(决算版)》的讨论与编制	竣工结算环节

区域工程中心成本工作职责表

序号	主要工作内容	工作阶段
1	参与土方平衡、桩基选型等施工图设计工作	施工图设计环节
2	施工方案审核	施工建设环节
3	技术洽谈、设计变更控制	施工建设环节
4	评估和审核签证的必要性、时效性	施工建设环节
5	施工与维修	施工建设环节
6	违约与索赔	施工建设环节

集团化管理职责分配示意表

成本阶段	集团公司	区域公司	项目公司
可行性分析	★	☆	●
方案设计	★	☆	●
土地获取	★	☆	●
客户定位	★	☆	●
需求定位	★	☆	●
项目定位	★	☆	●
进度管理	☆	★	●
质量管理	☆	★	●
成本管理	★◆	☆◆	●

◆:审核;★:负责;☆:配合;●:执行。

在这种管治模式下，集团公司全权负责决策工作，不负责具体操作性事务，能够集中资源和力量把握公司发展方向和战略走势，而区域公司作为协调及负责部分责权范围内的审核工作，是一个中间环节的部门，项目公司则完全是一个执行机构，通常设置较少的职能部门和配置较少的职能人员，便于提高执行效率。

1.2 成本控制管理信息系统

成本控制信息系统主要包括目标成本信息、实际成本信息、成本偏差信息、成交合同信息、合同变更信息、市场价格变化信息等。

对房地产开发公司项目运作过程而言，其中涉及的成本信息是相当多样而且复杂的，需要对其中信息进行筛选、整理、加工并适时反馈，才能确保成本控制的有效性。需要定期编制成本报告，以比较预算和实际的差异，分析差异产生的原因和责任归属，更重要的是分析成本改进的办法。同时需要实行例外情况报告制度，对于预算中未规定的事项和超过预算限额的事项，要保证信息的沟通效率，以便及时做出决策。

1.2.1 成本控制管理信息系统设计的基本思想

房地产企业成本控制管理信息系统的基本思想是通过设计有关的费用项目，设置其目标成本与预算成本，在通过计算合同拆分、非合同拆分、待发生成本得到动态成本后，不断实时判断其动态成本是否超出预算成本与目标成本。如果超出，系统将给予提示与控制，待修订其预算成本与目标成本后，才允许确定相关的合同单据、非合同单据与待发生成本单据。确定后的合同单据、非合同单据与待发生成本单据还需要根据企业实际情况制订合同付款计划、非合同付款计划、待发生成本付款计划，三种付款计划经批准确认后，以后的付款过程中将严格按照付款计划执行。同时，由实际付款单据将统计计算出费用项目的实际成本。并且，通过计算合同拆分明细、非合同拆分明细中对应的"所有合同造价性质为完全确定价且待发生成本为0的三级项目"的成本，得到费用项目的结算成本。

1.2.2 系统单据类型设计及费用项目成本分类

1.2.2.1 单据类型设计

在系统中，可设计三种单据来描述动态成本，合同单据、非合同单据、待发生成本单据。它们分别记录了企业需要发生费用的以下经济业务：有明确甲方乙方签订的合同输入至合同单据，无明确甲方乙方的合同输入至非合同单据，一些暂估的费用及不可预见的费用输入至待发生成本单据。合同单据、非合同单据、待发生成本单据的确认将产生合同拆分、非合同拆分、待发生成本等三类拆分成本。

针对合同单据、非合同单据、待发生成本单据，在系统中，分别设计了合同付款计划单据、非合同付款计划单据、待发生成本付款计划单据三种单据来确定其付款计划，同时，三种付款计划均需要得到批准，以控制付款单据输入的付款金额不超过计划中的付款金额。

在系统中，还设计了付款单据来确定企业发生的实际费用，付款单据主要针对合同拆分、非合同拆分、待发生成本三类成本进行付款。

1.2.2.2 费用项目成本分类

房地产企业的成本控制，主要是针对房地产企业的各类费用项目进行严格的控制与管理。为此，在系统中将费用项目分为八种成本类型：目标成本、预算成本、实际成本、结算成本、合同拆分、非合同拆分、待发生成本、动态成本。其中，合同拆分、非合同拆分、待发生成本三类属于拆分成本。

其基本定义如表1-1所示。

表1-1 费用项目成本分类

序号	项目	定义
1	目标成本	用户根据实际需要自定义各类费用项目的目标成本，用于与实际成本的比较，以判断实际成本是否超过目标成本，从而分析原因，对各类成本进一步加强控制
2	预算成本	用户根据实际需要自定义各类费用项目的预算成本，用于判断动态成本是否超过预算成本，从而确定对各类成本的进一步调整与控制
3	合同拆分	将合同单据中金额按明细费用（本系统费用项目的级次设为三级）项目进行拆分，统计计算各费用项目的合同拆分明细得到的金额
4	非合同拆分	将非合同单据中金额按明细费用项目进行拆分，统计计算各费用项目的非合同拆分明细得到的金额
5	待发生成本	将待发生单据中金额按明细费用项目进行拆分，统计计算各费用项目的待发生成本拆分明细得到的金额。通常用于处理一些不可预见的费用
6	动态成本	描述系统中随着各类经济业务发生而产生的不断变化的成本。动态成本是由"合同拆分+非合同拆分+待发生成本"计算得到的成本。在系统中严格控制每一费用项目的动态成本绝对不能超过其目标成本与预算成本
7	实际成本	由实际付款单据统计计算"付款发生额"得到的成本
8	结算成本	计算合同拆分明细、非合同拆分明细中对应的"所有合同造价性质为完全确定价且待发生成本为0的三级项目"的成本

合同单据、非合同单据、待发生成本单据输入并确认时，系统将立即计算出费用项目动态成本。如果费用项目的动态成本超过了其目标成本与预算成本，系统将出现提示，并拒绝确认。这时，只能通过调整目标成本与预算成本中相应费用项目的值才能确认相应的单据。付款单据输入并确认后，系统将计算出费用项目的实际成本。

1.2.2.3 系统流程分析

成本控制管理信息系统的流程分析如图1-2所示。

对于房地产企业费用项目，一般大类有土地费用（土地出让金、拆迁安置费、土地整治费、税评估费等政策性收费），前期工程费（三通一平、勘测及设计费、评估费、监理费），基础设施费（会所、游泳池、球场、景观、道路、水室外管网、电室外管网、气室外管网、配电室、智能安保工程、环保工程、雨水及排污管网、其他基础设施），栋内建筑安装费

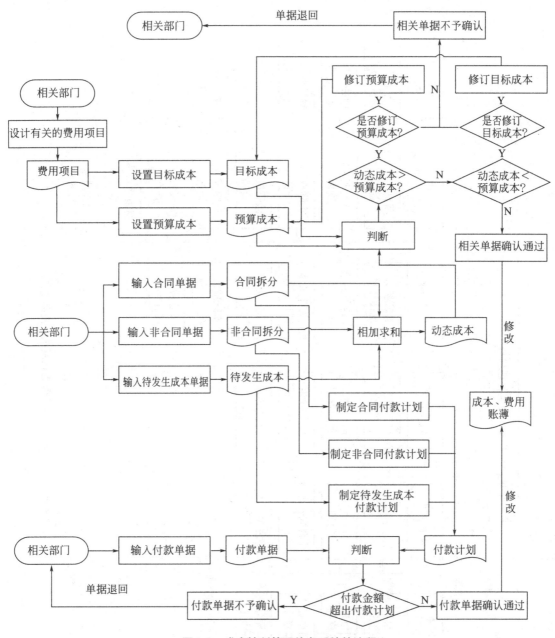

图 1-2　成本控制管理信息系统的流程

（栋内土建工程、栋内安装工程），开发期税费（税务、建委、人防、规划部门、绿化部门、其他部门），销售费用（策划及推广费、销售佣金、促销费用），财务费用（资金成本、其他财务费用），管理费用（业务招待、会议资料、物品及维修、交通通信、水电房租税费、员工福利），不可预见费（新增项目、其他不可预见费）。房地产企业可根据自己企业的实际情况设定需要控制管理的费用项目。

1.2.2.4　系统主要功能设计

房地产企业成本控制管理信息系统的主要功能如图1-3所示。

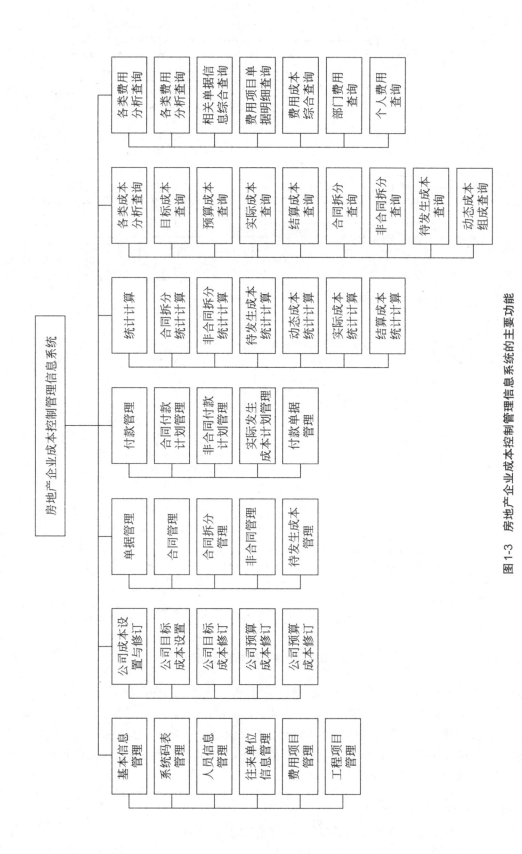

图1-3 房地产企业成本控制管理信息系统的主要功能

1.3 成本监控系统

房地产企业应根据自身的特点和管理体制,建立以管理监控和操作监控为中心的房地产成本监控系统。实行总经理领导下,项目经理负责,各职能部门具体实施的运行机制。同时各监控中心应树立全员成本意识,对房地产成本实行全过程监控。

成本监控系统包括四个方面,如图1-4所示。

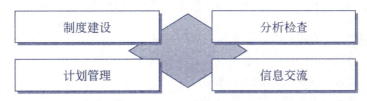

图1-4 成本监控系统的组成

成本监控的要求如下所述。

1.3.1 制度建设

根据管理的需要,房地产开发公司应制定和完善包括以下几方面内容的成本管理制度,并备案。

(1) 成本管理责任制及监控程序。
(2) 计划管理制度(包括指标、定额、考核管理办法)。
(3) 招、投标管理制度。
(4) 合同管理制度。
(5) 工程(质量、进度、监理、现场、工程盘点、期工验收移交)管理制度。
(6) 预决算(包括概算、设计变更、现场签证、结算、款项拨付)管理制度。
(7) 费用控制制度。
(8) 材料设备管理制度。

1.3.2 计划管理

(1) 应根据项目开发的节奏,及时编制成本计划,并跟踪、检查、考核计划的执行情况。
① 开发产品成本计划(按完全成本口径)。
② 期间费用计划。
③ 降低成本技术组织措施计划。
(2) 成本计划以设计概算、施工图预算、成本预测和决策为依据,综合考虑各种因素进行编制,做到目标明确、先进、可行,尽量数据化、图表化。
(3) 应完善成本考核办法,确立成本降低率、费用节约额、项目投资回报率等成本考核指标。

1.3.3 分析检查

应定期按开发阶段对房地产成本的结构、差异及其原因、控制措施及其效果进行分析，以及时总结经验教训。做好下一步成本控制工作，分析的重点包括以下几方面。

（1）计划及其执行情况。

（2）实际成本与预算成本、计划成本对比差异及其原因。

（3）分析成本控制措施、效果、存在问题及改进意见、对策。

（4）评价、结论与揭示。

1.3.4 信息交流

（1）应上报的常规性成本资料主要包括以下几项。

① 项目基本情况。

② 按会计制度规定应编报的成本核算报表。

③ 成本动态情况及其分析资料。

④ 当地政策性收费项目、内容、标准、依据及政策的适用期限、收费部门。

（2）按例外管理原则，对下列成本异常偏差及其处置办法，应随时上报。

① 当地有关法规政策的重大调整。

② 成本超降率占单项工程成本总额10%以上、占其本身预算成本或计划成本30%以上的项目、事件（包括停工、重大设计变更、计划外增减项目、现场签证、工程质量事故等因素影响造成的成本增减项目和事件）。

③ 合作条件更改。

④ 补交地价。

（3）应建立成本信息库，方便各分公司、各项目互相交流成本控制的经验教训。

1.4 确定成本控制体系健康运行的标准

成本控制中心建立以后，因为涉及多重部门，关系纵横交错，容易出现运行障碍，房地产企业必须及时诊断并调整体系的运行状态，才能保证成本控制的有效性，以下介绍某房地产企业成本控制体系健康运行的标准如下。

（1）信息畅通，目标明晰，动态监控，及时显现（反馈）。

（2）运作规范，流程合理，制度健全，执行有力（执行）。

（3）成本意识，全员全过程成本意识（责任心与意识）。

1.5 确立房地产开发全程成本控制方法

1.5.1 确立目标成本控制法

目标成本控制法的基本思想是制定目标成本，将目标成本按规范的成本结构树层层分解,再将预算计划落到部门与行动上,把目标变成可行性的行动计划,并在执行过程中把实际结果与目标进行对比分析,找出差距,分析原因,制定改进措施,使成本控制在预算范围之内。

1.5.2　采用动态控制的思想

在投资预测的基础上制定目标成本,作为项目成本控制的基线,随着项目的深入,当计划/实际成本超出目标时,对目标成本进行调整。随着项目的推进,成本动态发生变动,当动态成本与目标成本发生较大差异时,必须分析产生的原因,并修订目标成本,防止成本失控。

1.5.3　采用集约管理实现成本精确控制

集约管理控制是对投资决策、规划设计管理、招投标、工程建设、房屋销售等环节,综合集中起来进行系统控制,在各个环节尤其是关键环节,以成本价值为轴线,同时进行系统规划与控制,以克服原来顾此失彼、前后不衔接等弊端。

第 2 章
目标成本动态控制

引言

目标成本是企业在特定时期内为保证预期利润的实现，并作为全体企业员工奋斗的目标而设定的一种预计成本，它是预测成本与目标管理方法相结合出现的产物，也就是将成本控制作为工作的目标。目标成本的表现形式很多，如计划成本、承诺成本、预期成本或利润成本等。目标成本是指在保证某项产品获得要求预期利润条件下允许该产品所发生的最高成本数据。

目标成本和目标成本管理两者之间是辩证统一的关系。目标成本是目标成本管理的实施对象和预期目标，目标成本管理是达到和实现目标成本的方式和方法。缺乏目标成本的确定编制、规划管理和过程控制，目标成本的实现便成为空谈。

2.1 目标成本动态管理概述

2.1.1 目标成本管理的基本原理

目标成本管理法是一种以目标导向为核心的成本管理方法，通过实际需要规划出生产新产品所需的全部目标成本，并将其分解到每个产品上，形成单个产品的目标成本，最后由设计部门比较预期目标成本与现有条件下实际发生生产成本，寻求出降低实际成本的途径，并进行改革和绩效考核的一种经营管理方法。对于企业目标成本管理，必须明确企业成本目标，然后采取科学、合理、有效的控制策略，对企业成本进行有序控制。由于目标成本占据企业管理的重要位置，成本管理应在最大程度上挖掘潜在的产能，制定科学有效的目标成本指数，降低生产成本，控制企业的预算，最终实现成本目标得到控制，以保证企业的经济利益，实现一定的社会效益。

2.1.2 目标成本管理的原则

目标成本管理过程是关于利润与成本的战略体系，并确保获得适当的利润。目标成本管理的实施应遵循图2-1所示原则。对于房地产企业来说，一样适用。

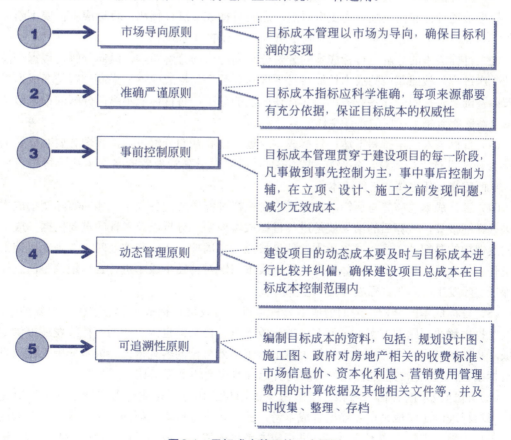

图2-1 目标成本管理的五大原则

2.1.3 目标成本管理流程及特点

2.1.3.1 目标成本管理的流程

很多国内外的应用目标成本管理效果显著的企业，他们基本遵循了目标成本管理的基本原理，根据企业自身情况，采取了各自形态和特色的方式。由于企业的性质、行业、工艺特点、管理能力等方面不同，完全形成一个具体一致的成本目标是不可能的，但是，所有企业采用的管理基本原理和流程基本相同，即包括目标成本的预测与优化形成、目标成本的分解落实、目标成本审核及定稿、目标成本的执行与反馈、目标成本的分析、目标成本的评估考核几个环节。如图2-2所示。

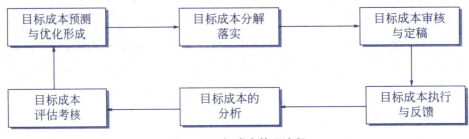

图2-2　目标成本管理流程

（1）目标成本的预测与优化形成。根据实际提出可行性研究方案，相关执行者共同协作，根据市场行情和同类项目历史资料对产品的目标成本进行预测。目标成本需要不断调整收入、利润、成本三者之间的关系，制定出合理可行的目标成本。

（2）目标成本的分解。目标成本的分解分纵向与横向分解两种，纵向分解是根据产品的设计生产过程，按照相应的成本核算科目逐级地分解产品构成成本；横向分解是在成本纵向分解的基础上，按照企业各业务部门和管理职能的分工，将目标成本纵向分解的最末级科目能够分解落实到每个相应的责任主体。

（3）目标成本的审批和下达。目标成本经过纵向和横向分解以后，管理者要对分解的结果是否合理进行审核确认，各级管理者审批之后要以最高管理者的名义下达给每个责任主体，从而建立责任主体的责任成本。

（4）目标成本的核算与反馈。目标成本在执行过程中要对各成本主体的实际变动成本情况进行详细核算，核算后的结果就是进行目标成本控制、分析以及考评的重要依据。成本信息的反馈指的是把动态实际发生成本的信息按照一定周期、相应格式及时、准确地反馈给每个责任主体。促使每个责任主体根据已发生成本情况对待发生成本进行合理地调整，这样才能保证实际发生成本在目标成本控制范围内。

（5）目标成本的分析。定期的成本分析可以及时发现目标成本管理过程中的各种问题，并及时提出解决问题的方案，进而有效地对成本进行控制，也为企业的可持续发展提供宝贵的成本数据库。同时合理的成本分析也是下一步绩效考核的客观依据。成本分析工作应贯穿于目标成本管理工作的全过程，使其成为目标成本控制的重要工具。

（6）目标成本的评估与考核。明确考核目标和工作分析是进行考核标准制定的前提条件，考核标准制定完成之后才能结合成本考核的需求进行成本数据的记录，成本记录为成本分析提供了数据支持，成本分析又是进行成本考核的依据，成本考核之后必须要对考核进行分析，从而发现成本考核标准中存在的问题，进而为制定新的成本考核标准提供依据，同时成本考核之后必须要实行奖优罚劣，才能更好地调动企业员工参与成本管理的积极性。

2.1.3.2 目标成本管理的特点

很多人喜欢把标准成本和目标成本画等号，从严格意义上来讲，标准成本只是目标成本的一种表现形式，因为它也是在产品生产前由企业的计划或设计部门预测的在成本上要求实现的目标。通过对比分析，目标成本和传统的成本之间还是有很大区别的，见表2-1。

表2-1 目标成本管理与传统成本管理的区别

区别	目标成本管理	传统成本管理
管理范围	全过程控制	事后控制
管理的侧重点	事前控制	事后核算
管理责任区分	成本指标的分解归集管理	以成本的形成为出发点

（1）两者管理的范围不同。传统的成本管理范围只是局限于事中阶段的成本管理，而目标成本管理是将项目的全部经营活动过程作为一个系统来管理，从事前阶段的成本预测到事中成本的形成及事后阶段的成本分析、考核实行全过程的管理，能将全部经营活动过程中所有费用置于成本控制之下。

（2）两者管理的侧重点不同。传统的成本管理侧重于事后算账，干完算总账，这样虽然也事后进行了成本分析，并提出了整改意见和防范措施，但这些措施的实施必须在下一个管理过程才能有效实施。目标成本管理则把管理前置，它工作重点是针对事前控制和事中控制，在目标成本发生前和发生过程中控制耗费，及时分析偏差采取措施，真正体现成本的控制地位。

（3）两者管理责任的区分不同。传统成本管理以成本的形成作为成本管理的出发点和归宿点。而目标成本管理强调成本指标的分解归集管理，在各自责任范围内有效地控制成本，强调严格划分各责任单位的经济责任。

2.2 目标成本动态管理的基本内涵

目标成本制定后，企业及项目各职能部门需根据这已制订的成本计划进行各项工作的开展。目标成本是静态的数据，但设计、施工、客户的变化、市场营销环境的变化等都会导致以上确定的目标成本在实施过程发生变化，决策层需要实时的成本数据，以便能及时知会实际的成本及利润预测，针对房地产项目这样开发周期较长的项目，动态成本反映的是项目实施过程中的预期成本，通过实时反映目标成本和动态成本的差异，帮助相关部门及时发现问题并解决问题，实现对成本的控制。

2.2.1 动态成本的内涵

项目动态成本按其成本发生的阶段可划分为已发生成本和待发生成本，随着项目开发的推进，已发生成本数据越来越多，待发生成本则越来越少，项目成本也越来越真实。而在这个渐进的过程中，动态成本是由未结算合同性成本、已结算合同性成本、非合同性成本和待发生成本构成。非合同性成本是指发生在一个工程项目所有没有合同的费用支出，如报建费、间接费、甲供材料费用等。如图2-3所示。

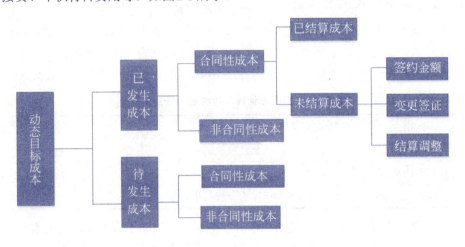

图2-3　动态成本构成示意图

2.2.2　目标成本动态管理的意义

目标成本动态管理的意义体现在图2-4所示几个方面。

意义一　保证成本的动态可控

因为项目开发是一个动态过程，各类工程成本指标是一个可变项，以往的工程成本管理往往是在竣工结算环节才能显示最终成本，其成本并非是动态的，当发现成本超控时，已不能采取措施更正。而动态目标成本管理能够提供实时成本，并通过成本预警指标的设置控制，以及合同数据、财务数据、工程变更数据的同步提供，避免了成本的失控

意义二　使目标成本贴近实际，切实可行

通过目标成本与动态成本的跟踪对比，能够及时找出差异，为后续合同签订、工程设计方案提供指导性的参考。而动态成本是目标成本的执行过程，成本在跟踪过程会出现成本科目结余、科目成本追加、投资等级的变化，甚至整份目标成本的更改情况，这些均需要动态管理来进行

意义三　支持决策层作出合理的判断

房地产竞争市场是激烈的，项目决策层需要根据市场的外部环境的变化、项目实际的需求、营销定位的需求，重新进行投资等级的变更，必要时，对于开发计划进行重新的调整，并出具新的调整版目标成本，并重新测定盈利率，从而使目标成本成为真正的可行指标，而不是僵化的数据

| 意义四 | 使公司的资金流能够保持合理水平 |

> 房地产企业是资金密集型企业,在较长的开发周期中,需要合理的资金分配及筹措计划来保证项目的运作,因此动态成本管理能够适时地反映各种款项的支付、计划情况,如土地款、配套费、各类工程备料款、进度款、结算款、保修款的数据,均通过实时的成本数据反映至相关财务部门,及时筹备合理的应付资金

| 意义五 | 能够促使公司进行全员成本管理,项目管理上台阶 |

> 成本管理是一个全员的过程,并不单是成本部门的职责,动态管理的成本管治,促使项目各职能部门能发挥其应有的职能,并将成本指标分解落实到部门,如规划设计部门的限额设计、工程部的变更控制、预算部的预结算进度控制、合约部门的招投标控制等,均以目标成本为纲,并辅以相应的考核制度,从而促使成本流通环节从源头到结尾均形成环流,实现全员成本管理

图 2-4 目标成本动态管理的意义

2.2.3 目标成本动态管理的支持体系

2.2.3.1 动态成本管理组织体系

在成本管理工作,一个高效的管理团队,并不是简单的下级服从上级的概念,必须有一个完善的组织体系和规范化制度指导日常工作,无论是实行职能制结构架构,还是矩阵制结构架构的组织,均需要有明确的成本考核部门、清晰的管理层级、成本管理责任人。因此需要根据房地产企业的实际情况,选择合适的成本管理组织。以矩阵型结构组织为例,其管理跨度相对较小,授权和权责下放,适用于同时开发项目数量较多的情况,管理模式易于在项目进行复制,便于成本管理开展。

2.2.3.2 相关的成本流程体系

房地产管理的业务接口有内部也有外部,从项目拿地到后期物业管理的全过程,从开发、设计、工程、财务等部门,对于成本管理工作,从根本上,是由多个部门、多个与成本相关的业务流程组成的庞大体系,各流程组成组织运营的基础。而各部门之间如何有效地进行连接,则是需要有相应的成本流程进行规范,做到项目的每一个人员,均能按照业务指引完成成本管理工作,同时各开发项目之间均以同一标准执行,则能够避免了管理的不一致性引起的管理效率的下降。房地产动态成本相关流程有目标成本编制流程、合同管理流程、招投标流程、变更签证流程、成本异动流程、预结算流程等。

2.2.3.3 一定的风险防范体系

房地产企业目前面临的风险有战略风险、市场风险、财务风险和其他的风险因素,最简单而言,在考虑目标成本时,需相关部门提出预案或预留一定的风险费用成本,同时在目标成本编制提案时,需在说明中备注可能面对的风险及影响利润因素。房地产企业全面风险管

理的基本流程是由建立初始信息框架（风险的收集以及风险库的建立）、风险评估、制定风险管理策略、制定实施解决方案和监督改进五大步骤组成，而在动态成本管理中亦必须加入风险防范体系作为动态管理体系的重要补充。

2.2.3.4 企业成本数据指标体系

亦即传统意义上的企业成本作业指导书的建立，在实行目标成本管理的房地产企业，针对房地产项目的特点，总结分析其成本构成的各种项目费用特征及成本数据，其数据指标体系可由成本管理部门提出，各职能部门根据各自管辖的业务，提供相关的数据支持，从而形成地区类型、产品类型、户型类、装修类型等的各种成本数据，为各项目的目标成本编制或过程中的方案设计提供实时、有效的参考。

2.2.3.5 强大的信息管理体系

房地产目标成本管理的实施，实际是开发系统、设计系统、工程系统、成本管理系统、财务系统、营销系统、物业系统等业务的综合体，其过程的数据量是海量的，各类信息来源多样、报表需求不同，同时亦需对各类信息进行共享及分析，如果没有一套完善的信息处理系统来实现这种强大的数据业务，则成本的动态管理是不能很好实现的。目前各大房产企业均与软件行业共同合作开发不同的业务软件系统，如金蝶、用友、明源等知名企业，均有相关的房地产ERP系统、工程POM系统在实际中应用，在一个有效的动态成本管理信息系统中完成成本的动态监控，从而最大程度上保证了数据的实时、准确，并能及时纠偏、预警。

2.2.4 目标成本动态管理的支持文件

目标成本动态管理的支持文件有许多，如表2-2所示。

表2-2 目标成本动态管理的支持文件

序号	文件名	说明
1	开发计划	开发计划是房地产企业为确保开发项目的顺利有效开展而制定的目标体系及其实施方案，是对整个项目的统筹规划，按照开发项目的规模，需制定不同的时间节点、开发进度要求等，由于不同的开发时点，其工程费用特点可能会有所增减，同时不同节点，其资金需求量亦会波动
2	营销及投资计划	项目营销中首要考虑的是项目的定位问题，即项目为谁而建，而营销及投资定位与目标成本的关联度较高。在成本管理角度，我们并不是一味地强调成本低即是好，目标成本是价格引导的成本管理，当企业的营销定位确定后，即其销售价格范围已经确定，而支撑这个价格的因素除了市场外，还有产品的内在品质因素，为了达到这个销售的目标，工程上需有相应的产品设计、材料选用来匹配，亦即所谓的"优质优价"，成本各分项均围绕这个目标进行计算。同时，执行过程中市场环境发生变化时，决策层也应相应地根据改变策略，策略的改变会导致增加或减少部分成本项目的开支，目标成本亦会因此而变动
3	目标成本责任书	目标管理是目标成本的执行过程，所有的业务流程均是以目标成本为纲。目标成本在实施中需设立一定的预警控制指标，使管理者能够及时对成本进行纠偏，定期分析，使目标成本完成其完整的动态流程，最终积累形成企业的成本数据库指标

续表

序号	文件名	说明
4	流程控制文件	在实际的成本管控工作中，各部门之间的成本工作连接是以成本管理流程文件及制度进行控制及约束的。流程文件中内容包括流程目标、流程范围、流程责任人、流程图（反映在各部门或岗位的活动流转）、流程方法描述、流程输入输出以及支持文件等内容（即一份流程清单）。按照流程办事，可以使成本管理工作能够在公司内部新项目中快速复制，在日常工作，结合流程规定进行成本责任考核工作，可以使成本工作效率提高
5	合同文件	在房地产项目的整个开发过程，目标成本的执行是围绕合同管理进行的，如果说目标成本只是一个指标数据的话，合同则是各目标成本的细化及数据落地执行。在成本跟踪中，每一份合同文件的签订，则意味着一项已定的成本的确定，而合同金额的变化，则对应动态成本的变化。而合同文件中有关各种款项支付的日期的约定，则与项目资金安排计划息息相关

2.3 房地产项目成本动态控制现状

目前，随着我国房地产企业发展，以及项目成本控制理论逐渐成熟，房地产项目开发的成本控制方面已经取得了很大进步，但由于我国房地产企业在成本控制的管理上起步较晚，使得成本控制在整个公司的管理上还处于一个较低的水平，仍然存在成本管理意识不强、成本控制体制不完善、成本控制方法落后，应用效果不理想等诸多问题，下面将着重阐述存在的问题及原因。

2.3.1 项目成本动态控制的关注度不够

2.3.1.1 成本动态控制研究不深入

我国房地产企业大部分对成本控制重视不足表现在成本控制工作仅仅停留在表面上，习惯将企业发展战略及工作重心放在加快开发节奏及产品销售等认为能直接体现经济效益的环节上，尤其企业领导者忙于日常管理工作，很少抽出专门的时间进行项目成本管理工作的规划、细致研究与总结，当项目成本与工期进度、产品销售等因素出现矛盾时，房地产企业直接采取增加成本投入或重复投入的方式，而没有在决策之前进行认真的分析、对比、研究和判断。造成这种局面的原因是，由于前几年房地产市场环境好带来企业经济效益较好，致使房地产企业满足于现有效益，没有认识到成本控制的重要性或认为成本控制的余地不大，所以缺乏成本管理工作的积极性和迫切性。

2.3.1.2 人员成本动态控制意识淡薄

房地产企业对成本控制重视不足表现在成本控制职责分工不明确，普遍成本意识淡薄。受传统成本管理思想的影响，很多部门员工甚至管理者认为成本管理部是负责成本控制的主要部门，而忽视本部门应承担的成本管理的职责，在工作中只打自己的小算盘，造成设计部只重视设计效果，营销部一味满足客户需求，前期部只重视办件速度，工程部只重视施工进度，表面上各司其职、分工明确，实际上却各自为政。成本管理工作落实不到具体责任人，则缺乏整体合力，成本控制效果肯定不理想。究其根源，主要有以下原因。

（1）管理者没有起到带头作用，管理者的素质影响其控制成本的积极性。成本管理是一项综合业务，人员素质的高低是决定成本管理工作成败的一个关键因素，而在控制成本的措施方案中，会涉及房地产各项业务环节及各个专业，所以尤其要求企业的管理层要有很强的专业水平、综合管理水平和判断能力，若管理者对业务不精通，对要采取的优化成本的各项措施方案不熟悉，就可能会影响其采纳的积极性，而管理者对成本控制不积极、不重视，就会使得成本管理工作及负责成本管理的部门成为不予特别重视的一个领域。

（2）企业加强成本控制采取的各项措施会增加工作量。企业加强成本控制采取的各项措施会引起一些人的抵触情绪，如制定严格的成本管理制度及操作流程、加强项目操作的精细化管理、实行奖惩措施等，具体到工作环节上，包括优选设计方案、研究产品的性能价格比、实行限额设计、完善招投标手续、严格控制变更签证、实施成本动态监控等，这些措施必定会增加工作量甚至影响到一部分人的利益，要完成规定的工作，就会付出比过去更大的努力，投入更多的精力，而很多员工都认为自己的工作卓有成效，潜力已挖得差不多了，这样就会受到这些部门和人员的消极抵触。

（3）缺乏对成本控制的考核激励机制。目前房地产企业对各部门的考核主要是其完成年度下达的各项任务，如销售指标、工期指标等，虽然也涉及成本和利润指标，但缺乏对指标的分解和采取的控制措施，考核目标不明确，缺乏考核力度，缺乏奖惩措施，没有调动员工成本控制的积极性。总之，成本控制需要全盘考虑，每个部门都要对成本目标负责，如果每个部门都做到了这一点，将会使成本控制的效果显著提高。反之，成本控制的效果提高了，则会更加调动各方面成本控制的积极性。

2.3.2 项目成本动态控制的运转体系处于粗放状态

企业成本控制不是某个部门或某个领导的事，它是企业管理过程中的一个系统工程，是企业全体员工的事，需要建立完善的控制体系及合理的运行机制，房地产企业在成本控制上处于粗放状态，缺乏规范的操作和系统的管理，体现在以下方面。

2.3.2.1 成本动态控制的组织架构不合理

我国房地产企业对房地产项目成本管理的组织机构不完善，项目成本管控职责不到位，使成本控制达不到预期效果。图2-5为房地产企业房地产项目开发流程控制图。

通过图2-5不难发现地产公司虽然有相应的组织架构并设有专门的部门来负责成本管理工作，但在项目开发过程中各部门只在行使本部门的管理职权，各部门基本没有衔接，造成成本控制只在成本管理部，不能对项目的整个开发过程进行有效的成本控制管理，各种管理制度也很难实施。这样成本控制体系势必会造成项目开发在成本管理的很多环节上出现问题，最终使成本处于失控状态。成本控制失控有如下几个方面的体现。

（1）目标成本不明确。房地产企业虽然建立了项目目标成本，但目标总在变动中，缺乏严肃性，这样也就失去了目标管理的意义；并且，房地产企业制定的项目成本目标缺乏客观合理性，脱离市场、脱离项目的具体定位标准，不具备可操作性。虽然房地产企业自身的特点决定它很难像工业企业那样把成本做得很细很精确，但是要想实现主动控制，就要做到算

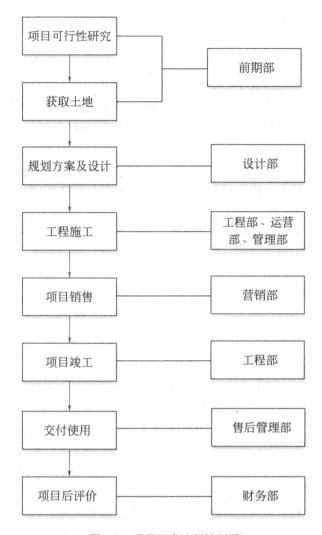

图2-5 项目开发流程控制图

好了以后再做,而不是做完后再去算,所以必须要掌握科学的方法和成本数据的积累,建立明确、合理的目标成本,才能为项目成本控制提供依据。

(2)成本制度落实不到位。建立了目标成本,就要把目标层层分解落实到人,责任成本制度是现代成本管理的重要思想之一,把成本和责任结合起来可以使得成本处于受控状态,出现异常情况时可以找到责任人落实原因。目前房地产企业没有实施责任成本管理制度,部门岗位职责设置中不强调成本控制方面职责,也没有相应的奖惩措施,或者已经设立相关制度但处于重重阻力而落实不到实处,或者有的下属项目部规模较小,机构设置不健全,岗位职责分工不明确,成本责任划分不清。以上这些情况造成成本责任落实不到位,干好与干坏是同一个局面,多花钱与少花钱是一样的结果,员工对超出成本控制指标没有危机感,从而很难真正实现有效的成本控制。

(3)全过程动态管理不及时。动态成本控制是项目成本控制最长的一个阶段,也是工作量最大的一个环节,房地产企业在项目运作中,存在信息沟通不畅、信息反馈滞后、成本核算不准确等问题。在项目的操作过程中,如果不实时跟踪项目的进展,掌握项目相关成本信息，运用现代化的工具，编制项目的动态成本，那么就反映不出项目实际成本与目标成本的差异，不能及时采取措施纠偏，成本控制也就落不到实处。

（4）对项目操作缺乏充分深入的分析总结和交流。目前房地产企业在同时进行几个项目开发，但在同期开发的不同项目中会暴露出同样的问题，或者下个项目会出现上一个项目中类似的问题，这说明房地产企业没有重视项目建设过程中经验教训和成败得失的总结，以及宝贵的数据资料积累，尤其对影响项目成本超支方面的原因总结提炼少。实质上，成本分析是成本管理的一个重要环节，但房地产企业的成本分析都是薄弱环节，主要体现在：成本分析局限于事后的定期分析，没有开展日常分析和预测分析，分析方式主要是根据成本报表进行分析；缺乏责任成本分析；成本分析仅限于成本计划执行情况的分析，没有开展成本效益分析。

（5）人员能力不足影响执行能力。房地产开发是一项综合性强的复杂行为，目前在房地产企业的开发团队人员普遍年轻化，缺乏中高端管理人才，很多员工在成本控制方面缺少实践经验。同时，近几年房地产行业发展迅猛，发展机会良好，也造成房地产企业人员不稳定、流动快，人员的频繁流动非常不利于成本控制的整体性、延续性，极有可能给项目开发带来风险和损失，所以房地产项目开发周期长的特点决定了人员的稳定性，也是关乎项目结果的一个关键性问题。

2.3.2.2　组织运行机制不合理

运行机制也就是企业经营过程中的主体机制。企业的经营活动是个连续不断的过程。运行机制是研究在运行过程中各生产要素之间相互联系和作用及其制约关系，是企业经营运行自我调节的方式。运行机制可以使企业经营活动协调、有序、高效运行，增强内在活力和对外应变能力。如果没有好的运行机制会使得企业发展速度慢，成本高，没有竞争力等。

房地产企业不重视研究项目的组织结构形式，也并不认为组织形式和成本工作会有直接关联，但实质上，项目组织形式设置是成本控制工作的重要环节之一，它直接关系到团队的组成、人员的配置、工作效率的高低和执行力的强弱及目标的最终达成。合理设置组织形式既可以创建和谐的工作环境、促进沟通和协调、提高团队的工作效率，又可以通过合理有序的组织管理层级来优化资源配置，避免资源浪费，是一个一举多得、事半功倍、能够提高经济效益的管理环节。但不适宜的组织形式会导致资源得不到合理的使用；各项目或部门之间沟通不畅，信息流通的速度及质量下降；或者由于权利责任过于集中，造成决策困难及决策失误；也存在出现双重领导导致职能混乱及互相扯皮推卸责任的现象，严重影响项目成本控制水平。房地产企业的组织架构里总经理负责运营管理部、产品管理部、工程管理部等几个主要部门，由于是同一个主管领导造成这几个部门不能相互制约，控制制度执行起来也很困难等，完全体现出上述不适宜的组织形式引发的各项问题。所以选择适合企业项目发展的组织形式是很关键的，很多企业都在不断地摸索及改进组织形式。

2.3.2.3　组织动态管理制度不完善

所谓组织管理制度是为了实现节约成本，提高生产效率，针对项目工作流程不严格、管理松懈等问题而制定的约束规范管理层、执行层行为的制度。流程化及制度化管理应该贯穿于房地产开发项目全过程及各个体系，其目的是使每位员工有法可依、有法必依，减少管理漏洞，提高工作效率。下面图2-6是房地产企业目前在管理流程及制度存在的问题。

| 问题一 | 组织管理制度的全面性差 |

房地产企业在整个开发流程中没有建立完善的与项目成本控制相关联的管理制度，如成本管理流程、工程管理流程、供应商评估流程等管理制度，这些管理制度都是为项目开发每一个节点的成本控制而服务

| 问题二 | 组织管理制度的适应性差 |

房地产企业现有的一些管理制度，没有结合企业自身的规模、性质、组织架构及项目的发展等实际情况，生搬硬套，制度存在不合理、不切合实际情况之处

| 问题三 | 组织管理制度执行情况差 |

房地产企业现有的比较好的管理制度，在执行过程中也是大打折扣。项目的执行层在实际执行过程中没有严肃对待甚至有些制度形同虚设，如未签订合同即让承包单位进场施工、未履行变更签证手续而变更工作已完成、不按规定进行招标手续等，有的是为了抢时间，有的则是特意规避，造成制度实施难度大，起不到真正的控制作用

图2-6　房地产企业目前在管理流程及制度存在的问题

总之，分析企业在成本控制体系及运行机制方面产生不足的原因是，企业内部成本控制仍停留于粗放管理阶段，成本控制没有形成制度化、程序化管理，也没有建立适应企业自身成本控制良好运行的组织架构，所以在项目成本控制执行过程中缺乏有效的保障机制。

2.3.3　项目成本动态控制重要环节把控上不重视

成本管理要求项目精细化操作，成本控制尤其要抓住影响项目成本总量及成本容易发生变化的关键环节，这样才能起到事半功倍的效果，而房地产企业在以下这些控制的关键点上没能引起足够的重视及采取相应的措施。

2.3.3.1　项目策划和投资决策不严谨

项目策划和投资决策阶段是房地产开发企业成本控制非常重要的一个环节。房地产企业在这个环节上也存在诸多问题，如忽视可行性研究工作的意义，缺乏对地块的深入调研及项目定位的充分探讨，投资估算缺乏客观准确性，因而可行性研究报告流于形式，不能满足投资决策的要求，后期常常出现项目土地价格过高、产品销售不畅、成本追加、投资回报率过低等问题。

2.3.3.2　项目前期准备工作不到位

项目前期准备不到位主要体现在前期设计阶段，项目土地获得后不进行市场调研、不细致研究规划条件，追求速度盲目设计，没有在设计阶段就进行成本控制。

（1）缺乏对设计方案经济合理性的判断。显然，控制项目成本的关键在于施工以前的项目决策和设计阶段，但房地产企业往往忽略设计阶段的成本控制，设计方案及产品标准与项目目标市场定位不匹配，或者是提供超出目标市场承受力、成本过高的产品，或者在不同的高、中、低端市场上，在产品标准上没有明显的差异化，说明房地产企业对方案的经济合理性缺少判断，如何提供最优性价比的产品是企业面临的重要工作。

（2）限额设计执行不到位。设计指标中的钢筋含量、混凝土含量、门窗比、得房率、外装修标准等对造价的影响非常大，如在合理范围之上每平方米设计增加1千克钢筋用量，则建造成本增加5元/平方米左右。由于房地产企业设计阶段缺少相应的成本控制制度，没有真正推行限额设计，即便个别项目提出限额设计要求最后也流于形式，所以无法进行造价方面的约束，设计人员缺乏成本控制的积极性，有的项目设计过于保守，施工图预算造价就超出了目标成本的范围，没有为后期变更签证预留费用。在房地产企业项目设计过程中，设计人员和成本人员双方没有形成互动，缺乏对造价方面的有效沟通，设计人员缺乏成本意识，成本管理人员中又大部分为预算人员出身，仅负责按图算量定价，所以也不能为设计方案的选择、结构形式的确定以及具体的设计细部提供相对合理的有关造价控制方面的建议，从而特别容易导致成本在设计阶段失控。

（3）设计图纸不完善。房地产企业对设计单位的选择只看重设计费的高低，而没有经过认真考察其资历及设计水平，以至于由于设计水平有限造成设计图纸不完善的情况极为常见，如门窗、构件等在设计阶段没有确定详细做法，造价无法准确核算，在施工阶段要进行二次设计，很有可能超出原先暂定成本而追加；另外，由于设计图纸质量不高造成建筑结构以及各个专业交叉"打架"失误，包括梁柱截面变化、钢筋配筋增大、管路走向变更等普遍存在，后期增加大量变更费。

2.3.3.3 项目实施阶段成本控制不力

项目实施阶段也是成本控制的重要阶段，由于前期设计不可能尽善尽美，必然会出现设计变更、施工图优化等工作，同时工程招投标管理是否到位，工程施工质量的管理是否到位都会影响项目成本的大幅度变动。房地产企业项目实施阶段成本控制不力主要体现在图2-7所示几点。

（1）招标环节没有真正起到控制成本的作用。首先，体现在招标环节流于形式上。现行的建设工程招投标制存在一些不尽完善的地方，由此导致所谓的"人情工程"，有时房地产企业并不能独立自主的进行招标工作，中标单位来自方方面面的关系；另外，房地产企业内部存在为了谋取个人利益，人为操控招标流程的现象，导致招标环节不能真正起到提高质量和成本控制的作用，有的甚至在

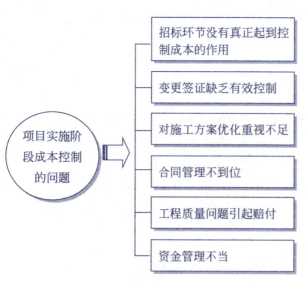

图2-7 项目实施阶段成本控制的问题

合作伙伴的选择上存在隐患。

其次，招标基础工作往往很不充分。招标工作能够有效完成的前提条件包括：经过审查合格的可选的投标资源、完整细致的能够满足招标的施工图纸、充足的招投标时间，条件缺一不可。如投标单位资源缺乏，资质审查不细致容易造成投标人串通，借机抬高报价；施工图纸不具备条件则会存在诸多暂定项、暂定价，总价不能包死，后期存在涨价风险，招标时间过紧则容易存在由于考虑不周全出现丢项落项、仓促定标的风险。

（2）变更签证缺乏有效控制。设计变更是工程施工过程中保证设计和施工质量、完善工程设计，纠正设计错误以及满足现场条件变化而进行的设计修改工作；工程签证主要是指施工企业就施工图纸、设计变更所确定的工程内容以外，施工图预算或预算定额取费中未含有而施工中又实际发生费用的施工内容所办理的签证。对于开发企业，变更签证是项目实施过程中经常遇到的，牵涉内容广，构成原因复杂，难以确定造价，所以变更签证的控制是一件很头疼的事，处理不当有可能引起停工、返工、成本大量追加，在这方面房地产企业存在的主要问题如下。

首先，工程变更签证处理不及时，随意性强。一些涉及特殊原因造成的设计变更，以及一些零星、隐蔽工程，不事前进行变更、签证的审批确认造价，而是等到工程结算时补签，从而造成工程量难以核定，引起经济纠纷。

其次，变更签证不合理、缺乏真实性及重复多报。施工单位一般都存在侥幸心理，在办理变更签证时采取巧立名目、重复计算、多次计价、应扣减项不扣除等多种手段人为增加造价，增大审核人员的工作量和风险。再有，企业内部监管不严，存在不认真履行职责，放松监管的情况。施工单位要求签证的，不管其合理性与真实性，均给予办理，签字认可，而不加以制止并纠正，签字内容也经常出现："情况属实，具体工程量以实测为准"，由于没有具体实测数据，以致无法准确确定造价。

归结原因，房地产企业没有严格遵循变更签证的处理原则，没有建立变更签证的审批流程，在管理上又缺乏有效的监督机制，故导致变更签证成为成本控制的难点，也是影响项目成本超支的主要因素之一。

（3）对施工方案优化重视不足。房地产企业对施工方案的优化问题没有引起足够的重视。比如没有通过工程条件、工程经济和技术经济等方面的比较，选择既经济又适用的施工方案，从而导致运输成本增加等。主要原因是，施工单位经常根据传统的经验及其个人意愿进行施工，而工程管理人员存在对各个分项工程施工工艺和方法不熟悉，对规范和标准不了解的情况，对于施工单位上报的施工方案也不进行细致的审查及集思广益，所以造成施工方案的选择与造价的控制没有很好地结合起来。

（4）合同管理不到位。房地产企业在合同管理方面存在着很大缺陷。首先，由于房地产开发行业合同种类繁多，履约周期长，如设计合同、工程施工合同、材料采购合同、分包合同等，房地产企业没有设立相应的部门管理这些合同，各部门负责自己本部门合同，造成合同形式不统一，合同内容没有审核，合同履行困难等问题。其次，由设计变更、签证引起的合同变更、合同付款、合同结算等环节缺乏有效的控制管理，造成成本一涨再涨。另外，由于有些房地产企业缺乏合同管理经验以及法律意识淡薄等因素，造成订立的合同约束条款不全、内容不严谨、职责不清等现象经常发生，导致合同纠纷，给企业带来诸多困扰及经济损失。

(5) 工程质量问题引起赔付。房地产企业在工程质量环节缺乏有效控制，存在以下问题：工程人员缺乏对施工图纸的完整理解、审核，造成产品的实施和设计衔接不够紧密，在对原设计方案的延续上产生偏差；材料、设备的质量控制把关不严格，无专人负责，材料采购价格高，质量没有保证；监理单位作用发挥不到位；对复杂的施工工艺缺乏论证、交流及保障措施；再有就是成品保护问题，工程施工周期很长，对已完成的成品没有很好地保护，造成再次返工维修。工程质量控制不力，既影响施工工期又造成成本增加，后期不可避免地会追加售后维修成本、赔付费用，同时也严重影响企业的品牌形象。

(6) 资金管理不当。房地产企业在项目开发资金的使用和项目管理费用、财务费用的控制上都不完善。房地产企业的房地产开发项目所有的经济往来均由公司财务部门控制，由于部门之间信息的不对称，使得资金计划的编制与项目实际的资金支配出现了不协调的问题，导致了合同付款与项目实际应付款之间出现偏差，如款项应付未付、应扣未扣、工程款超付等问题。这种问题的出现，除了有信息障碍的因素之外，更主要的是财务部门的资金静态管理与项目开发资金的动态控制之间的矛盾形成的。

2.3.3.4 项目收尾阶段成本控制存在的问题

项目收尾阶段的各项工作，包括竣工验收、办理项目入住、工程结算、与物业移交、售后维修及项目的总结评价等。这一阶段房地产企业暴露出来的主要问题体现在图2-8所示三个方面。

问题一 与物业移交不及时

工程竣工验收后，小区的绿化、道路、各种设备、成品房的保护都需要相关人员进行管理，房地产企业与物业公司移交不及时，造成二次破坏，影响业主入住后的使用，加大成本支出进行二次维修

问题二 维修与赔付问题处理不到位

售后维修是常常被忽视但又容易出现问题的环节，体现在以下几个方面：维修责任界定不清、施工单位互相扯皮现象；业主投诉问题处理不及时引起矛盾激化；维修返修率高，尤其是屋面防水等。房地产企业由于工程质量造成售后维修问题过多，超出了质量保证金的范围，需进一步追加成本

问题三 缺乏项目的总结与评价

房地产企业在项目结束后，马上投入到下一个项目的运营中，而缺乏对前一个项目实施情况的反馈、总结、分析交流，相应的也没有落实项目的考核激励制度，兑现奖惩。这样就缺少了项目操作过程中很重要的一个环节，项目存在的问题没有进一步探索其根源以规避再次发生，宝贵的分析及数据资料没有实现共享以便今后得以借鉴，以致项目操作的成败得失、精华及经验都没有传承下来，失去了提高项目管理水平及成本管理水平的宝贵机会

图2-8 项目收尾阶段成本控制存在的问题

总之，房地产企业在项目实际操作中，成本控制多局限于建安造价控制上，但由于控制不力又收效甚微，在项目其他环节如可行性研究、规划设计上没有建立良好的控制程序，而且在项目成本控制方面缺乏经验的总结积累，对于项目操作中影响成本的重要因素认识不清，进而抓不住成本控制工作的重点和关键点，同时缺乏必要的措施，必将影响到成本控制的效果。

2.4 目标成本动态控制对策

2.4.1 建立房地产开发项目目标成本动态控制机制

2.4.1.1 目前房地产开发项目成本控制机制的不足

根据调查情况看，目前很多房地产开发项目的成本控制主要是通过每月计划成本和实际成本的比较来完成，即月初提出当月成本计划和原材料消耗数量，月末通过会计报表形式计算该月施工中实际发生的原材料消耗，对比指标完成情况。其过程如图2-9所示。

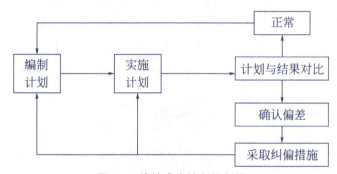

图2-9 传统成本控制机制图

分析其成本控制机制，有以下不足。

（1）在计划实际输出后发现偏差。成本控制数据的归集基本上是以月作为一个归集周期，每个月实际发生的成本到月底才能知道，可能会出现由于原材料消耗偏差的不断积累，无法及时控制，失去纠偏时机，成本控制的作用难以发挥。

（2）成本控制数据的归集是通过计划报表和统计报表形式，而成本控制的实际主体——现场施工管理人员没有参与。施工管理人员每天的施工日志记录的是进度完成情况、质量安全隐患、检查验收等内容，一般不会准确记载每天实际完成工程量和相应的原材料消耗量。

（3）采集到的所有成本控制数据能够反映出每个月完成的分部分项工程中人工费、材料费和机械费的支出，却不能有针对性地说明每项工序发生的消耗是否合理，相应的工程责任也变成了一个整体的概念，项目部的人员不需要承担各自的责任。

2.4.1.2 房地产开发项目目标成本动态控制机制原理

成本控制是在不断变化的环境下进行的管理活动，为了控制好整个房地产项目的成本支出，必须从每个成本支出的时间段开始，从项目工程的每个分项分部工程开始，一步一步地进行控制。所谓目标成本动态控制，就是在整个项目实施的过程中，将成本控制责任量化分解,尽可能做到事前控制、预先控制,并定期地、经常地归集成本发生的实际值,进行计划值和实际值的动态核算、对比和分析,检查实际执行中有无偏差,没有偏差,继续执行计划;出现偏差,应查找具体原因,采取相应措施,并分析总结,制定预防措施。

2.4.1.3 房地产开发项目目标成本动态控制机制模型研究

目前的成本控制机制不利于成本的动态控制,有必要缩短成本统计周期,使成本管理精细化,为取得更为及时、准确的基础数据,可采用"周计划、周统计"作法,并通过目标成本落实到人,保证动态控制和预先控制机制的实现。具体的目标成本动态控制模型如图2-10所示。

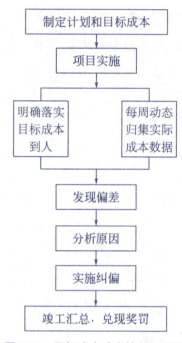

图2-10 目标成本动态控制机制图

从图2-10可以看出,目标成本动态控制机制主要是要将预先控制和动态控制结合起来,经由有关人员,通过投入、转换、反馈、对比和纠正等基本环节,及时跟踪了解项目的进展情况,归集实际数据,在对反馈信息进行分类、归纳的基础上,和计划目标值比较,确认是否偏离,如果偏离,视具体情况采取纠偏措施,使项目回归计划轨道;如果没有偏离,则进入下一个控制循环,到工程结束,应兑现所有奖罚。目标成本动态控制机制的建立需要有与之相配套的制度体系,主要有表2-3所示制度。

表2-3 目标成本动态控制机制相配套的制度

序号	制度名	说明
1	项目目标成本责任制	将大预算分解成可操控的小预算,建立一个成本控制责任量化分解到具体责任人的体系,可以用图表形式标示,要求责任明晰,横向到边,纵向到底,动态调整。目的在于使所有管理人员思路清晰、重点明确,做到人人肩上有指标,有效地避免责任交叉与推诿

续表

序号	制度名	说明
2	成本优化制度	工程量管理是控制效益流失的一个重点，通过对工程量的逐级控制，将各级的经济责任、经济利益与工程数量的控制相关联，防止效益从计量过程中流失。以成本优化为目标，理顺各级之间的经济关系，本着"谁优化谁受益"的原则，鼓励各级管理人员对施工方案加以完善，方案优化产生的效益分别由各级分配，使方案优化与个人收益挂钩。把施工方案同目标成本预算联系起来，将技术预控的作用前置于施工前，保证事前控制的有效实施
3	项目经理基金调控制度	项目经理作为项目开展目标成本管理的关键，为体现其责任与权利，将公司批复目标预算与项目责任中心预算之间的差额交由项目经理统一调配使用，其净结余由企业与项目部分成，项目部留用部分主要用于对项目经理和有关人员的奖励
4	项目成本监督制度	设立专门的目标成本监督小组，可由成本部门以外的财务或审计人员组成，负责对项目目标预算的编制、目标预算的执行、目标预算的调整以及其他各项基础业务进行检查，并按规定考评计分。目标成本监督工作实行一票否决，对成本管理不合格的项目，效益工资不予核批。对在责任范围内造成亏损的，以预留的责任工资予以弥补。严格的监督机制是目标成本管理新机制运行的有效保证
5	动态调整制度	开发项目的成本具有不确定性，往往会受到方案变更和工程量调整的影响而产生较大的变化，为确保企业和员工两方面的利益不因客观原因的影响而受到损害，可采用本项制度规定的可调范围、调整方法及审批程序，对经过批准的方案变更和工程量的增减相应调整目标预算，减少因为不可控的因素导致成本大幅度节约和大大超预算的现象
6	项目成本效绩考评制度	从经济效果和工作标准两方面制定详细的考评细则。建立项目成本的记录、归集、核算台账和报表制度，及时掌握项目的成本状况，按成本管理的规定对项目进行考核兑现

2.4.1.4 房地产开发项目目标成本编制管理办法

编制合理的目标成本是目标成本动态控制的基础。任何房地产公司都需要制定一套科学的、适合本公司具体情况的目标成本编制管理办法。

（1）资料准备阶段。弄清楚目标成本确认书中的构架：目标成本确认书主要由项目概况表、总目标成本表、报批报建费用责任成本、设计费用责任成本、咨询顾问费责任成本、主体建安、室外及公共配套设施工程目标成本六大部分组成，如表2-4所示。

表2-4 目标成本确认书的组成

序号	组成部分	说明
1	项目概况表	主要为项目的基本信息，如总用地面积、建筑面积、可售面积、户数等数据，这四项数据为基础数据，应重点与集团设计部及项目前期部确认，采用报建文件或政府审批文件中的数据，以防今后数据分析时造成错误

续表

序号	组成部分	说明
2	总目标成本表	主要分为开发前期准备费、建安及公共配套工程成本、室外工程成本、物业维护费、不可预见费、营销费用六大部分。其中物业维护费及营销费用为物业公司和营销中心核算的金额，项目造价工程师则需针对其余三项进行测算。其中不可预见费按建安及公共配套工程成本、室外工程成本两项费用总和的5%计取
3	报批报建费用责任成本	主要为交房前、中、后三阶段的报批报建费用，所有费用项目均有政府的计费标准，只需按照标准要求进行计算则可
4	设计费用责任成本	为该项目各工程实体设计，包括总包及各分包工程设计
5	咨询顾问费责任成本	为第三方或专家评审费用。包括监理费用、造价咨询公司费用及其他第三方费用
6	主体建安、室外及公共配套设施工程目标成本	是最重要的目标成本确认模块。该部分又分为基础建安、土建部分、装修部分、机电部分、室外工程、园林景观六大部分组成。每一部分都有分项组成明细，如遗漏任何一项都将造成目标成本缺失，今后将对项目实施过程中的成本控制造成不良影响

（2）编制阶段。

① 合约预算部负责根据《目标成本测算表》，按照成本分类的科目逐项进行编制。

② 政府报建报批、前期定位策划费用、勘察设计费用、销售费用、管理费由各职责部门负责提供数据，其他各项由合约预算部负责按照类似工程的经验数据进行测算。

③ 测算过程中遵从以下原则：量价分离、根据经验和通过计算确定工程量、根据经验或单价分析确定单价、计算合价。

④ 主体工程的目标成本根据建安成本估算编制。

⑤ 目标成本测算完成后，按使用功能进行成本分摊。

（3）对比分析阶段。编制完成后，合约预算部负责和类似的工程进行对比分析，找出工程成本差异，并进行项目目标成本分析。

目标成本的数据对比分析分为两个阶段，第一阶段为与类似工程数据对比，通过分析差异原因找出可优化部分，对其进行方案调整及优化；第二阶段为方案调整前后数据对比，通过此类对比可得出方案优化程度及成本降低幅度，反映方案优化的成效。

（4）审批阶段。提交给集团、区域、项目公司相关领导、部门，按规定进行审批，以确定项目正式目标成本。

2.4.2 整合项目管理全过程业务链

2.4.2.1 有效控制源头

控制成本要从成本发生的源流入手，业务源流和结构源流是成本发生的两大主要源流。业务源流亦称执行性成本动因，是指房地产企业在日常的生产经营过程中，对成本的发生起决定作用的因素。房屋产品的设计方案、材料设备选用的标准、招标与合同管理的运用等是业务之源。尽管成本发生于各项业务过程中，业务发生过程中的成本控制措施（如预算审计、材料限价、设计变更与洽商管理等）对成本高低和成本控制效果起到直接的作用，但这些控制只有在非效率的因素（如供应商的非合理性报价、管理浪费等）存在时才会起作用，才会使成本有大幅的降低，一旦非效率的因素被消除，业务过程中的成本控制对降低成本的正面效果就会降低，因此业务过程中所实施的成本控制措施就变成了防范性的，其主要作用是防止成本的无效率上升，而不能使成本进一步降低。限额设计、选用满足市场需要的性价比好的材料与设备、集成化专业化的招标组织与严谨的合同管理是成本不断降低的源泉。

结构源流亦称结构性成本动因，是指影响房地产企业在各项具体活动展开之前，其成本结构就已被大致锁定的因素。它包括企业的规模（年开发量）、商业信誉（对供应商的诚信与履约）、财务计划（与供应商的付款方式与工期要求）、生产组织结构（委托外包或自行生产）、管理制度、企业文化、经验曲线、外部协作关系等诸多因素。它们是成本发生的基础条件，从深层次影响着企业的成本地位，对成本的未来变化趋势起着长期的作用。控制结构性成本动因可以从根本上改变企业的成本结构，帮助房地产商取得长期成本优势和竞争优势。

2.4.2.2 建立信息管理系统

作为集团化管理的房地产企业，对企业而言，项目管理、财务管理、客户管理、人力资源管理及协同办公管理是核心内容。房地产的信息管理资源包括数字、文字、图形等形式表达的法人组织信息、客户信息、合作伙伴信息、产品信息、项目任务信息、合同信息等。项目管理是面向项目本身的，客户管理是面对客户，人力资源管理是面向内部员工，协同办公是面对员工及管理架构的，财务管理是管理的最终结果。

2.4.2.3 完善责权利相结合的成本管理体系

管理的严密对于控制成本的作用是不言而喻的。与其他项目比如软件开发项目相比较，房地产开发项目对于管理的要求是更高的，因为它更复杂，涉及的面广，时间跨度大。如果管理上稍微出现点疏漏或者松懈，可能就会造成很大的经济损失，所以说那些松散的管理形式是不适合房地产项目管理的。企业领导者要形成正确的经营理念，成本管理人员要熟悉开发产品形成的过程，对于一个施工项目，应该包括从市场启动阶段到售后服务阶段的所有业务，公司管理人员应该充分理解每个业务节点的工作内容以及业务之间的逻辑关系。也就是说，每项工作需哪些前提条件才能开始，这些前提条件是哪项工作或哪几项工作的结果，同时此项工作又产生哪些结果，产生的结果又作为哪项工作或哪几项工作的开始条件。并对其他各类人员进行经常性的全员培训，提高企业整体素质，使每一名员工都有成本控制意识。

2.4.3 降低可控的敏感性费用

敏感性分析表明，影响开发成本最敏感的因素是建安工程费，其次是财务费用。房地产开发成本控制主要是指对其中最敏感费用中的变动费用的控制，因为这些既是可控制的又是对项目经济效果影响较大的费用，控制住这些费用就控制住了开发成本费用的主要部分。

（1）在投资决策阶段、设计阶段、工程项目发包阶段和建设实施阶段，把工程项目造价控制在投资限额以内，以保证项目造价管理目标的实现。建筑安装工程费的管理与控制，贯穿于整个工程建设的全程。开发单位、设计单位、施工单位要相互配合，协调一致，在各个工作环节都要牢固树立成本控制意识。要以投资决策阶段的工程造价估算为依据，在不断优化建设方案的基础上，提出高质量的项目投资估算，为投资决策者提供准确翔实的决策依据。同时使之成为控制整个工程造价的龙头，提出相应的设计要求。

（2）重点把握设计、招投标、施工等关键环节，既要通盘考虑，又要分清主次，有步骤、有重点、有计划地把控制成本控制工作，落实到每一个工作程序。定期进行工程费用超支分析，提出控制工程成本突破预算的措施。

（3）建立相应的经济考核机制，编制成本计划和工作流程图，把成本的管理及控制与具体工作人员的经济奖惩挂钩，调动每个管理者控制成本的积极性，全面落实责、权、利。

2.4.3.1 有效控制工程建设费

长期以来，人们往往把控制工程造价的重点放在施工阶段，实际上，设计阶段才是决定工程建设费即工程造价的关键所在。选择最佳的方案，应从设计的源头抓起，具体采取图2-11所示措施。

措施一 引入竞争机制，坚持设计招投标制度

> 在满足使用功能要求的前提下，以当前的设计收费标准为参考值，把工程造价的估算值作为重要的招标依据，对设计工作进行招投标，能够从源头上有效地控制工程造价

措施二 积极推行限额设计

> 严格按照初步设计方案及概算投资限额进行设计，各专业在保证达到使用功能的前提下，按分配的投资限额控制设计和施工图设计的不合理变更，保证投资总额不被突破。对经济技术变更，进行多方案比较，进行预测分析，控制设计变更

措施三 完善监督约束机制，详细审核设计方案

> 建设单位除招标确定设计单位以外，还可以另找一家设计单位，对设计方案进行优化审核。重点对工程预算进行审核，这样，能够对合同设计单位起到监督约束作用，达到从源头控制工程造价的目的

图2-11 有效控制工程建设费的措施

2.4.3.2 联单规范施工组织的各个环节

建设项目的招投标与合同价的确定以及施工组织工作，是控制工程造价的两个关键环节，必须严格规范地运作，按市场经济规律办事，体现优胜劣汰的原则，必须把控制工程造价的压力和责任落实得更具体、更明确。主要工作有以下几方面。

（1）保证工程项目的实施过程符合规范性要求（招标、评标、定标、签订合同、工程施工和工程监理等）。

（2）保证工程项目建设的各种事项能够及时记录，详细进行工程计量，复核工程付款账单。

（3）建立工程项目概预算控制制度，对概预算的编制、审核等作出规定，保证正确核算工程项目的成本，按预算控制费用支出。

（4）加强对概预算编制的审核，审查编制依据、项目内容、工程量计算、定额套用等是否真实、完整、正确。

（5）因工程变更等原因造成价款支付方式及金额发生变动的，应有完整的书面文件和其他相关资料，并经财会部门审核后方可付款。

（6）建立竣工决算审计制度，及时组织竣工结算审计，保证按时竣工、验收并进行总结、评价。

（7）制定工程项目业务流程，明确项目决策、概预算编制、价款支付、竣工决算等环节的控制要求。

（8）制订切实可行的资金使用计划，既要能保证工程建设的需要，又要尽可能减少资金的占用，以减少利息支出，减少资金筹措的困难。

（9）严把建筑材料的采购关，材料费一般占全部工程费的65%～75%，建筑材料的采购价格，直接关系到工程造价和经济效益，无论是建设单位还是施工单位，都要高度重视这项工作。用料计划由项目部的预算员根据施工计划核定，交材料采购部门组织采购。大宗材料可以进行招标采购，零星材料的采购货比三家，比质比价，并指定监督部门不定期抽查，坚决杜绝虚列成本、索要回扣等不正当行为。

2.4.3.3 降低财务费用支出

所有亏损的项目部，其财务管理也必然存在混乱现象。因此，有必要严格控制成本支出范围，执行费用开支标准和有关财务制度，杜绝与项目无关的费用摊入核算。降低财务费用，主要就是降低各类利息的支出，降低利息支出的主要手段就是制定科学合理、符合企业实际的筹资渠道。项目开发筹资的渠道主要有：企业自有资金、银行贷款、预售款、承建商带资承包等。主要工作包括以下几项。

（1）融合企业自有资金，既要保证企业的正常运转，又要最大限度地挖掘潜力，提高资金使用效率。

（2）如需要贷款，就要确定银行贷款额度和合作银行，确定担保、抵押、信誉等贷款方式。

（3）做好预售款的测算和管理使用工作，尤其对自有资金实力不强的开发商来说，能否成功组织预售是项目开发成败的关键。

（4）如果需要承建商带资承包，一定要对承包商的经济实力进行严格审查，对其筹资方案进行认真分析，确保资金到位及合同的履行。

（5）做好成本分析。上述筹资方式，都与项目开发成本直接相关，与项目成败关系密切，必须认真做好工作。必须编制筹资预算，选择最佳的筹资时机，有效地降低筹资成本，选择最佳的筹资期限，寻求最佳的筹资结构。

【他山之石】

某房地产公司责任成本体系

1. 目的

为提高集团成本管理水平，形成分工负责、有机协调的成本管理体系，特制定本管理指引。

2. 范围

本管理指引旨在为集团所属各地产公司建立责任成本体系，适用于某某集团所属各地产公司。

3. 职责

3.1 某某集团成本管理委员会负责本管理指引的制定、修改、指导、解释与检查落实，集团财务管理部成本组负责有关具体对接事宜。

3.2 某某集团所属各地产公司负责贯彻实施本管理指引。

4. 方法与过程控制

4.1 责任成本体系释义

4.1.1 房地产业务操作过程是程序性很强的专业合作过程，各个专业过程所确定、形成的经济支出的叠加构成了房地产成本。

4.1.2 房地产成本管理效果依赖于各环节自身的良好运作，房地产成本管理依赖于各环节之间有机协调与配合。

4.1.3 责任成本体系旨在明确专业职能部门的成本管理职责，并借助技术经济指标反馈、考核评价其职责履行情况。

4.1.4 责任成本体系旨在加强不同专业、不同流程之间的合作和沟通，形成分工负责、有机协调的责任成本体系。

4.2 责任成本体系组成要素

4.2.1 责任主体。以公司设计、工程、项目经理部、销售等职能部门为责任主体，在各业务环节区分主导部门和配合部门。

4.2.2 责任范围。建造成本按发生程序划分责任部门，建造成本以外按成本项目划分责任范围。

4.2.3 责任目标。按公司成本管理宗旨：以经济合理性最大的成本提升产品的竞争力，并形成行业成本优势。各个责任范围内成本管理目标应以经济合理性、产品竞争力、行业成本优势为追求目标。

4.2.4 反馈指标。以定量指标为主。反馈指标的系列数值反映项目成本特性，单一反馈指标高低并不能如实反映成本理性。

4.2.5 评价部门。及时计算并提供反馈指标。在各部门发表自我评价的基础上，就各责任成本管理结果是否经济合理，是否符合成本管理宗旨，发表评价意见，并形成系统的项目责任成本分析报告。

4.2.6 责任成本体系之要素概括见下表。

责任成本体系要素概括表

责任范围		责任主体	配合部门	评价部门
土地、报批报建费		项目发展部		财务部
建造成本				
责任目标	1.建造内容、建筑形式合理化	设计部	销售部	成本部
	2.结构指标合理化及施工图质量	设计部\工程部		成本部
	3.获取竞争性的合理低价	工程部\成本部	项目经理部	招标领导小组
	4.现场成本管理、施工质量与效率	项目经理部	工程部	工程部
销售费用		销售部		财务部
管理费用		各职能部门		财务部

4.3 责任成本体系的范例

××集团房地产有限公司责任成本体系表

项目	主导部门	配合部门	反馈指标	考核部门
土地获得成本	项目发展部	销售部	每平方米地价 土地获得时间	财务管理部
开发前期准备费				
——报批报建费	项目发展部	办公室	报建费用节减率	财务管理部
——设计费	设计部	工程部	每平方米设计费	成本管理部
——三通及临时设施费	工程部	设计部		
主体建造成本（主体建筑工程费、主体安装工程费）				
社区建造成本（社区管网工程费、园林环境费、配套设施费）：				
规划设计	设计部	销售部 项目部	规划设计周期	成本管理部
结构、安装设计	工程部 设计部		每平方米钢筋含量	成本管理部
			每平方米含混凝土量	成本管理部
招标及签约	工程部	成本部	招标比率	成本管理部
		项目经理部	最低价定标比率	成本管理部
材料采购	工程部	成本部	甲定材料占造价比率	成本管理部
		项目经理部	统购材料购买率	
设计变更	设计部	工程部	变更比率	成本管理部
工程签证	项目经理部	工程部	签证比率	成本管理部
工程结算	成本部	工程部 项目部	结算错漏率	工程管理部

续表

项目	主导部门	配合部门	反馈指标	考核部门
开发间接费				
——工程管理费	项目经理部	工程管理部	每平方米管理费	财务管理部
——利息	财务管理部			
——营销支持费用	销售部	客户事务部	每平方米营销费	
管理费用	各部门		人均行政费用	财务管理部
			每平米管理费用	
			人均销售收入	
销售费用	销售部	客户事务部	每平米销售费用	财务管理部
			每平米广告费用	
			人均销售员面积	
税金	财务部		实际交纳税率	集团财务部
物业经营损益	物业管理公司		物业实际盈亏额	财务管理部

上表供各公司建立责任成本体系参考用，其中：责任成本范围至少应包括上述划分范围，但可作更明细的划分。

4.4 责任成本体系建立程序

4.4.1 由公司总经理牵头，成本管理部具体组织，按本指引划分责任成本范围，确定责任主体和配合部门，并进一步细分职责。

4.4.2 各公司可根据本指引选择、调整具体反馈指标，可自行协商确定反馈指标的合理区间。

4.4.3 经各部门讨论、总经理批准，整理形成适用于本公司的"责任成本管理办法"，报总部备案；并在公司内作普及宣传和具体执行。

4.4.4 根据本公司管理能力和项目情况，制定适用于本公司的阶段性目标，譬如下表所示。

阶段性目标表

招标金额定价比例	90%以上
设计变更占造价的比例	3%以下
钢筋含量的合理控制比率	90%以上
每平方米质量维修成本	5元/平方米
规模经济成本优势	50元/平方米
每平方米售后物业净支出	0元/平方米
销售费用占销售收入比率	2.50%

公司成本管理部会同财务管理部按项目定期公布"责任成本考核报告"，并抄报集团成本管理委员会。

5. 支持文件

成本指标明细表

项目	反馈指标	单位	计算公式	备注
土地获得成本	每平方米地价	元/平方米	=土地获得成本/总建筑面积	与听证会通过时的指标相比较
	土地获得时间	天	从购地签约到土地按约定使用功能落实到某某名下时为止	与听证会通过时的指标相比较
开发前期准备费				
——报批报建费	报建费用节减率	%	=（按政策应缴纳报批报建费-实际交纳报批报建费）/按政策应交纳费用	报批报建费可用广义概念，将土地出让金等包括在内
——设计费	每平方米设计费	元/平方米	=设计费总额/总建筑面积	可分类计算每平方米规划设计费、施工图设计费、景观设计费
——三通及临时设施费	每平方米三通费用	元/平方米	=三通费用总额/总面积数	
	每平方米临时设施费	元/平方米	=临时设施费用总额/总建筑面积	
主体建造成本（主体建筑工程费、主体安装工程费）				
社区建造成本（社区管网工程费、园林环境费、配套设施费）：				
规划设计	规划设计周期	天	自土地协议签署日（或上一期动工之日）至施工图完毕之日	可区分为规划方案周期和方案实施周期
结构安装设计	每平方米钢筋含量	公斤/平方米	=钢筋总用量/总建筑面积	可分类计算基础、上部结构、屋面的钢含量
	每平方米含混凝土量	立方/平方米	=混凝土总用量/总建筑面积	可分类计算基础、上部结构、屋面的混凝土含量，注明混凝土标号
招标及签约	招标比率	%	=通过招标定价的合约总额/造价总金额	也可按合同次数来统计
	最低价定标比率	%	=最低价中标的招标合同总额/招标合同总金额	
材料采购	甲定材料占造价比率	%	=甲供、甲限及三方合同材料总额/主体建筑工程成本总额	
	统购材料购买率	%	=参与集团统购的材料金额/统购品种的材料总额	

续表

	反馈指标	单位	计算公式	备注
设计变更	变更比率	%	=设计变更造价总额/工程造价总额	可分类计算设计错漏、市场变更、客户要求的变更比率
工程签证	签证比率	%	=现场签证的成本总额/工程造价总额	
工程结算	结算错漏率	%	=（甲乙方结算价格-审核后结算价格）/审核后结算价格	
开发间接费——工程管理费	每平方米管理费	元/平方米	=项目工程管理费总额/项目建设总面积	
——利息				
——营销支持费用	每平方米营销费	元/平方米	=项目营销费用总额/项目建设总面积	
管理费用	人均行政费用	元/人	=行政费用总额/当年加权总人数	
	每平方米管理费用	元/平方米	=管理费用总额/当年结算面积	
	人均销售收入	元/人	=销售收入总额/当年加权总人数	
销售费用	每平方米销售费用	元/平方米	=销售费用总额/当年销售面积	
	每平方米广告费用	元/平方米	=广告费用总额/当年销售面积	
	人均销售员面积	元/人	=销售面积总数/当年加权销售人员数	
税金	实际交纳税率	%	=实际交纳的税额/计税税基	分类计算所得税、契税、营业税率
物业经营损益	物业实际盈亏额	元/平方米	=当年售后物业总支出-当年物业总收入	

设计部成本控制责任书

一、主要作业目标

（1）组织实施设计阶段的方案优化，使设计方案具有更大的经济合理性。

（2）在目标成本范围内实行景观限额设计。

（3）依据项目开发计划按时完成图纸设计，保证出图质量。

（4）按制度办理设计变更，设计变更造价不得超过合同造价的2%，为____万元。
（5）准确核算项目销售面积。
（6）根据本部门年度费用预算计划控制管理费用。

二、工作时间目标

工作时间目标见下表。

工作时间目标表

序号	工作内容	时间	
		开始	完成
1	规划设计		
2	实施方案		
3	施工图设计		
4			

三、成本目标

设计部除完成上述主要作业目标外，为满足公司经营管理需要，还需完成如下成本目标。

（1）作业成本。设计部为完成项目的方案与施工图设计而消耗的成本，是设计部独自控制的责任成本，包括内容如下表所示。

作业成本表

项目	作业量	单位	单价	总费用	备注
总计					
一、开发前期准备费					
1.规划设计费					
规划设计费		平方米			设计面积
施工图设计费		平方米			设计面积
环境设计费		平方米			设计面积
会所设计费		平方米			设计面积，含规划、施工图、周边环境、装修
样板间装修设计		平方米			设计面积
模型制作费、晒图费					设计面积
售楼中心的设计费		平方米			设计面积
社区管网设计费		平方米			设计面积，如属政府垄断工程，归入社区管网工程费
2.建筑研究用房					
二、作业时间成本					从获得土地证到主体施工图完成，每天时间成本按（资本化利息总额/总作业时间）计算

续表

项目	作业量	单位	单价	总费用	备注
三、管理费用					
工资及福利					
行政及财务费用					
其他					

注：作业时间成本计算中，总作业时间为从签订土地合同到竣工入伙的时间，部门作业时间成本＝单位时间成本×部门作业时间。成本测算时采用计划作业时间，动态结算或结算时采用实际作业时间。

（2）牵头控制成本。设计部负责组织工程部、项目经理部、成本管理部以及营销管理部等相关部门进行控制的产品实体成本，包括内容如下表所示。

牵头控制成本表

项目	作业量	单位	单价	总费用	备注
总计					
一、主体建筑安装工程设计变更					
二、主体建筑工程费					
1.公共部位精装修					
大堂精装修					
楼梯间精装修					
屋面精装修					
外立面精装修					
电梯厅精装修					
单元入口精装修					
外墙外保温					
栏杆					
2.室内装修					
厨房装修					
卫生间装修					
厅房装修					
阳台露台地面					
三、园林环境工程费					
1.绿化建设费					
公共绿化		平方米			绿化面积
组团绿化		平方米			绿化面积

续表

项目	作业量	单位	单价	总费用	备注
私家花园绿化		平方米			绿化面积
2.建筑小品类工程费					
建筑小品					
雕塑					
水景					
3.道路广场建造费					
普通车行道		平方米			建造面积
硬质铺装车行道		平方米			建造面积
广场及人行道		平方米			建造面积
4.围墙建造费					
5.室外照明					
6.室外零星设施					
四、配套设施费					
游泳池		平方米			建造面积
会所		平方米			建筑面积
幼儿园		平方米			建筑面积
学校		平方米			建筑面积
设备用房		平方米			建筑面积
球场		平方米			建造面积
车站建造费		平方米			建筑面积

四、控制要点

（1）加强前期总体方案的优化工作，充分考虑同各专业的协调。

（2）考虑设计变更量较大的因素，景观设计成本限额应控制在目标成本的一定范围内。

（3）控制不计容积率面积的比例，合理配置配套设施。

（4）在保证工程质量、效果、品质的基础上考虑装修做法及选材的经济性。

（5）施工图设计单位的选择建议采用招标方式，并将结构指标作为评价的重要指标。

（6）施工图出图时间和质量需满足工程量清单招标要求。

（7）设计变更应在施工前尽早提出，减少拆除工程的费用。

（8）准确计算销售面积并与政府部门核对。

五、资金计划

设计部应根据成本目标，合理安排本部门的资金（付款）计划，为公司的现金流管理提供支持。如下表所示。

资金（付款）计划表

费用名称	费用额度/万元	资金计划（单位：万元）				
		××××年×季度	××××年×季度	××××年×季度	××××年×季度	××××年×季度
规划设计费						
建筑研究用房						
管理费用						
总计						

重要提示：

以上作业成本与牵头控制成本，归属为设计部责任成本管理范围，基本控制在目标成本范围之内，并在保证作业目标的前提下力求降低。成本管理部是公司整体成本管理部门，参与公司各项成本决策，制定成本目标并反馈动态信息，并有责任为各部门成本管理工作提供支持，设计部及时向成本管理部通报成本决策信息和动态成本信息。财务管理部着重对管理费用等非合同性成本和资金计划等进行管理，请及时反馈和沟通。此外，设计部还应积极配合项目开发部完成规划和施工图的报批工作，配合工程部完成材料、设备的选样（型）工作，配合项目经理部完成零星工程设计工作。

【他山之石】

工程部成本控制责任书

一、主要作业目标

（1）开展结构方案优化，控制结构指标的经济性，钢筋含量控制在____千克/立方米以内；混凝土含量控制在____千克/立方米以内。

（2）按金额统计，工程合同招标率不低于90%，总包工程量清单招标率不低于65%，其中费率招标范围为_____，清单招标范围为_____。

（3）确保招标工作公开、公平、公正，获得性价比最高的材料和施工单位。

（4）发展扩大合格供应商队伍，确保招标的充分竞争。多标段同时发标时，总体中标率不高于50%。

（5）组织相关部门进行材料选样、定样，控制在成本目标以内。

（6）根据本部门年度费用预算计划控制管理费用。

二、工作时间目标（见下表）

工作时间目标表

序号	工作内容	时间	
		开始	完成
1	工程量清单招标		
2			
3			
4			
5			
6			
7			

三、成本目标

工程部除完成上述主要作业目标外，为满足公司经营管理的需要，还需完成如下成本目标。

（1）作业成本。工程部为完成部门工作而耗费的成本，是工程部独自控制的责任成本，包括内容如下表所示。

作业成本表

项目	作业量	单位	单价	总费用	备注
总计					
一、工程管理费					
工程质量监督费					
安全监督费					
工程保险费					
外聘专家进行图纸优化					
二、作业时间成本	—	—	—	—	—
三、管理费用					
工资及福利					
行政及财务费用					
其他					

注：作业时间成本计算中，总作业时间为从签订土地合同到竣工入伙的时间，部门作业时间成本=单位时间成本×部门作业时间。成本测算时采用计划作业时间，动态结算或结算时采用实际作业时间。

（2）牵头控制成本。工程部负责组织设计部、项目经理部、成本管理部以及营销管理部等相关部门进行控制的产品实体成本，包括内容如下表所示。

牵头控制成本表

项目	作业量	单位	单价	总费用	备注
总计					
一、结构经济指标					
1.钢筋含量		千克/平方米			
2.混凝土含量		立方米/平方米			
二、材料采购成本					
外墙涂料		平方米			展开面积
内墙涂料		平方米			展开面积
外墙保温		平方米			保温面积
外墙面砖		平方米			展开面积
空调百页		平方米			展开面积
屋面瓦		平方米			屋面面积
雨水管		米			长度
信报箱		户			户数
小院灯		盏			数量
公共部位地面		平方米			地面面积
小院门		樘			数量
公共部位楼梯栏杆		米			长度
阳台栏杆		米			户数
私家花园栏杆		米			底层户数
单元门		樘			单元数
入户门		樘			户数
户内门		樘			房间数
窗、阳台门		平方米			门窗面积

四、控制要点

（1）发展扩大供应商队伍，并进行评估和分级，确保每次招标都能得到充分的竞争。

（2）定期分析统计工程合同招标率、工程清单招标率、定标方式比率和中标率。

（3）组织设计单位、相关部门或外请专家进行各项工程的方案优化，重点关注基础类型、结构形式和结构布置，确保各项经济指标控制在集团平均以下。

（4）积极进行新材料和新工艺的发掘和应用。

五、资金计划

工程部应根据成本目标，合理安排本部门的资金（付款）计划，为公司的现金流管理提供支持。见下表。

资金（付款）计划表

费用名称	费用额度/万元	资金计划（单位：万元）				
		××××年×季度	××××年×季度	××××年×季度	××××年×季度	××××年×季度
管理费用						
总计						

重要提示：

以上作业成本与牵头控制成本，归属为工程部责任成本管理范围，基本控制在目标成本范围之内，并在保证作业目标的前提下力求降低。成本管理部是公司整体成本管理部门，参与公司各项成本决策，制定成本目标并反馈动态信息，并有责任为各部门成本管理工作提供支持，工程部及时向成本管理部通报成本决策信息和动态成本信息。财务管理部着重对工程管理费、管理费用等非合同性成本和资金计划等进行管理，请及时反馈和沟通。

【他山之石】

项目经理部成本控制责任书

一、主要作业目标

（1）按制度办理现场签证，现场签证造价不得超过合同造价的1%，为____万元。

（2）根据工程实际情况展开施工方案优化，力求成本节约。

（3）提高工程质量，入伙后一年内因工程质量造成的维修、赔偿费用不得超过____元/平方米。

（4）根据本部门年度费用预算计划控制管理费用。

二、工作时间目标（见下表）

工作时间目标表

序号	工作内容	时间	
		开始	完成
1	基础施工		
2	主体结构		
3	竣工备案时间		
4			

三、成本目标

项目经理部除完成上述主要作业目标外,为满足公司经营管理的需要,还需完成如下成本目标。

(1) 作业成本。项目经理部为完成工程施工、确保工程质量和工期而消耗的成本,是项目经理部独自控制的责任成本,包括内容如下表所示。

作业成本表

项目	作业量	单位	单价	总费用	备注
总计					
一、开发前期准备费					
1.勘察丈量费					
测绘					
文物古迹勘探					
初勘					
详勘					
施工放线					
竣工测量费					
2.三通一平费					
临时道路					
临时用电					
临时用水					
场地平整					
3.临时设施费					
临时围墙					
临时办公室					
临时场地占用费					
临时围板					
二、工程管理费					
工程监理费					
施工合同外奖金					
三、作业时间成本					从工程定标到具备开盘条件开盘之日,每天时间成本按(资本化利息总额/总作业时间)计算
四、管理费用					
工资及福利					
行政及财务费用					
其他					

注:作业时间成本计算中,总作业时间为从签订土地合同到竣工入伙的时间,部门作业时间成本=单位时间成本×部门作业时间。成本测算时采用计划作业时间,动态结算或结算时采用实际作业时间。

（2）牵头控制成本。项目经理部负责组织设计部、工程部、成本管理部以及营销管理部等相关部门进行控制的产品实体成本，包括内容如下表所示。

牵头控制成本表

项目	作业量	单位	单价	总费用	备注
总计					
一、主体建筑安装工程现场签证					
二、社区管网工程费					
1.室外给排水系统费					
室外给水系统		平方米			建筑面积
雨污水系统		平方米			建筑面积
2.室外采暖系统费					
管道系统		平方米			建筑面积
热交换站		平方米			建筑面积
锅炉房		平方米			建筑面积
3.室外燃气系统费					
管道系统		平方米			建筑面积
调压站		平方米			建筑面积
4.室外电气及高低压设备费					
高低压配电设备及安装		平方米			建筑面积
室外强电管道及电缆敷设		平方米			建筑面积
室外弱电管道埋设		平方米			建筑面积
5.室外智能化系统费					
停车管理系统		平方米			建筑面积
小区闭路监控系统		平方米			建筑面积
周界红外防越		平方米			建筑面积
小区门禁系统		平方米			建筑面积
电子巡更系统		平方米			建筑面积
电子公告屏		平方米			建筑面积

四、控制要点

（1）对现场的施工条件作详细调查，保证地质勘查科学准确，优化施工方案与施工做法。

（2）合理安排好主体建筑安装工程、社区管网、景观工程的施工顺序，保证合理连接，有充分的时间进行清单招标。

（3）临时实施应考率永久化或长期重复利用，避免短期内重复性建设造成成本浪费。

五、资金计划

项目经理部应根据成本目标,合理安排本部门的资金(付款)计划,为公司的现金流管理提供支持。见下表。

资金(付款)计划表

费用名称	费用额度/万元	资金计划(单位:万元)				
		××××年×季度	××××年×季度	××××年×季度	××××年×季度	××××年×季度
勘察丈量费						
三通一平费						
临时设施费						
主体建筑工程费						
主体安装工程费						
社区管网工程费						
园林环境工程费						
配套设施费						
工程管理费						
管理费用						
总计						

重要提示:

以上作业成本与牵头控制成本,归属为项目经理部责任成本管理范围,基本控制在目标成本范围之内,并在保证作业目标的前提下力求降低。成本管理部是公司整体成本管理部门,参与公司各项成本决策,制定成本目标并反馈动态信息,并有责任为各部门成本管理工作提供支持,项目经理部及时向成本管理部通报成本决策信息和动态成本信息。财务管理部着重对管理费用等非合同性成本和资金计划等进行管理,请及时反馈和沟通。此外,项目经理部还应积极配合工程部进行工程招标和供应商评估工作,配合成本管理部完成项目结算工作。

【他山之石】▶▶▶

营销管理部成本控制责任书

一、主要作业目标

(1)根据营销计划按项目、年度分别编制营销费用计划,项目整体营销费用最高不得超过销售收入的3%,本期营销费用额度____万元,最高不得超过本期销售收入的____%。

(2)定期进行营销费用分析,使营销费用的支出与项目销售节奏相匹配,开盘前营销费用使用不得超过本期营销费用额度____%。

（3）营销设施的设计、建造、装修及部品采购必须实行招标或询价议价的方式。

（4）样板房装修工程按照不低于70%标准价收回。样板房设计费及物品按照不低于50%标准价收回。

（5）提高销售回款率加速资金周转，合同签约一个月内回款率不低于90%。

（6）根据本部门年度费用预算计划控制管理费用。

二、工作时间目标（见下表）

工作时间目标表

序号	工作内容	时间	
		开始	完成
1	市场定位		
2	销售展示区实施时间		
3	销售开盘时间		
4			

三、成本目标

营销管理部除完成上述主要作业目标外，为满足公司经营管理的需要，还需完成如下成本目标。

作业成本，营销管理部为确保项目的销售按照经营计划的要求完成而消耗的成本，是营销管理部独自控制的责任成本，包括内容如下表所示。

作业成本表

项目	作业量	单位	单价	总费用	备注
总计					
一、营销设施建造费					
广告设施及发布费					
现场包装费					
接待厅装修装饰费					
样板间费用					
销售模型费					
二、营销费用					
1.广告费用（媒体）					
广告公司设计费用					
户外广告牌					
电视媒体拍摄发布					
现场包装					
2.销售道具					
外卖场租用					

续表

项目	作业量	单位	单价	总费用	备注
营销活动费					
促销活动费					
3. 销售代理费及佣金					
中介策划及咨询费					
总产权登记费					
4. 分户产权转移登记费					
5. 房屋交易费及其他					
宣传资料及礼品费					
销售人工费					
看楼交通费					
三、物业完善费					
四、作业时间成本					从具备开盘条件之日到销售回款金额达到收回成本，每天时间成本按（资本化利息总额/总作业时间）计算
五、管理费用					
工资及福利					
行政及财务费用					
其他					

注：作业时间成本计算中，总作业时间为从签订土地合同到竣工入伙的时间，部门作业时间成本=单位时间成本×部门作业时间。成本测算时采用计划作业时间，动态结算或结算时采用实际作业时间。

四、控制要点

（1）营销费用计划应考虑全面、编制详细，分期（月、阶段）按计划使用，与销售进度保持协调。

（2）营销中心、样板间、广告牌、围板等营销设施根据需要设置，对营销有促进作用，不得盲目、重复建造。

（3）居家示范物品和现场销售设施最大限度回收组合利用。

（4）发售前，应组织设计、工程和成本人员拟订详细的《销售承诺事项清单》，防止因销售承诺增加公司投入。

五、资金计划

营销管理部应根据成本目标，合理安排本部门的资金（付款）计划，为公司的现金流管理提供支持。见下表。

资金（付款）计划表

费用名称	费用额度 /万元	资金计划（单位：万元）				
		××××年 ×季度	××××年 ×季度	××××年 ×季度	××××年 ×季度	××××年 ×季度
营销设施建造费						
营销费用						
物业管理完善费						
管理费用						
总计						

重要提示：

以上作业成本与牵头控制成本，归属为营销管理部责任成本管理范围，请努力控制在目标成本范围之内，并在保证作业目标的前提下力求降低。成本管理部是公司整体成本管理部门，参与公司各项成本决策，制定成本目标并反馈动态信息，并有责任为各部门成本管理工作提供支持，营销管理部及时向成本管理部通报成本决策信息和动态成本信息。财务管理部着重对除营销设施建造费用以外营销费用、物业完善费、管理费用非合同性成本和资金计划等进行管理，请及时反馈和沟通。

【他山之石】

成本管理部成本控制责任书

一、主要作业目标

（1）提供准确合理的项目目标成本测算。

（2）按月进行动态成本评估，准确分析成本动态信息并向公司管理层和相关部门通报。

（3）根据公司经营目标、项目目标成本组织实施全方位、全过程项目成本管理，对项目成本总体控制负责，结算成本不得超过目标成本____%（即目标成本变动率____%）。

（4）工程合同结算准确率不低于99%。

（5）根据本部门年度费用预算计划控制管理费用。

二、工作时间目标（见下表）

工作时间目标表

序号	工作内容	时间	
		开始	完成
1			
2			
3			
4			

三、成本目标

成本管理部除完成上述主要作业目标外，为满足公司经营管理的需要，还需完成如下成本目标。

（1）全面负责项目的目标成本（见下表）。

目标成本表

序号	费用项目	成本总额/万元	销售面积单方成本/（元/平方米）
一	土地获得价款		
二	开发前期准备费		
三	主体建筑工程费		
四	主体安装工程费		
五	社区管网工程费		
六	园林环境费		
七	配套设施费		
八	开发间接费		
九	开发成本		
十	期间费用		
十一	总成本		

（2）作业成本。成本管理部为完成成本管理而消耗的成本，是成本管理部独自控制的责任成本，包括内容如下表所示。

作业成本表

项目	作业量	单位	单价	总费用	备注
总计					
一、造价咨询费用					
二、作业时间成本					从主体施工图完成到定标之日，每天时间成本按（资本化利息总额/总作业时间）计算

续表

项目	作业量	单位	单价	总费用	备注
三、管理费用					
工资及福利					
行政及财务费用					
其他					

注：作业时间成本计算中，总作业时间为从签订土地合同到竣工入伙的时间，部门作业时间成本=单位时间成本×部门作业时间。成本测算时采用计划作业时间，动态结算或结算时采用实际作业时间。

（3）牵头控制成本。成本管理部负责组织设计部、工程部、项目经理部以及营销管理部等相关部门进行控制的产品实体成本，包括内容如下表所示。

牵头控制成本表

项目	作业量	单位	单价	总费用	备注
总计					
一、主体建筑工程费					
1.基础工程费					
土方工程		平方米			建筑面积
护壁护坡		平方米			建筑面积
桩基础		平方米			建筑面积
桩基检测费					
降水		平方米			建筑面积
2.结构及粗装修费					
混凝土框架		平方米			建筑面积
砌体		平方米			建筑面积
找平及抹灰		平方米			建筑面积
防水		平方米			建筑面积
其他		平方米			建筑面积
二、主体安装工程费					
1.室内水暖气电管线设备费		平方米			建筑面积
室内给排系统费		平方米			建筑面积
室内采暖系统费		平方米			建筑面积
室内燃气系统费		平方米			建筑面积
室内电气系统费		平方米			建筑面积
2.室内设备及其安装费					
通风空调系统及安装费		平方米			建筑面积

续表

项目	作业量	单位	单价	总费用	备注
电梯及安装费		平方米			建筑面积
发电机及安装费		平方米			建筑面积
人防设备及安装费		平方米			建筑面积
消防系统及安装费		平方米			建筑面积
3.弱电系统费					
居家防盗系统费		平方米			建筑面积
宽带网络费		平方米			建筑面积
有线电视费		平方米			建筑面积
三、表远传费		平方米			建筑面积
对讲系统费		平方米			建筑面积
电话系统费		平方米			建筑面积

四、控制要点

（1）做好成本信息的收集工作，用好成本软件，每月分析、发布项目动态成本信息并据以控制项目成本。

（2）按《项目设计阶段成本管理工作指引》参与设计各阶段的优化工作，及时对设计方案进行估算，提供给设计部门和公司决策层作为决策的依据。

（3）坚持工程量清单招标，减轻后期结算压力。

（4）做好预结算编审交底工作，合理确定审减金额，合理确定委托咨询费用。由于造价审减金额过大导致外委咨询费用的增加，应按合同约定由扣除对方违约金递减咨询费用。

五、资金计划

成本管理部应根据成本目标，合理安排本部门的资金（付款）计划，为公司的现金流管理提供支持。见下表。

资金（付款）计划表

费用名称	费用额度/万元	资金计划（单位：万元）				
		××××年×季度	××××年×季度	××××年×季度	××××年×季度	××××年×季度
预决算编审费						
管理费用						
总计						

重要提示：

成本管理部作为项目成本管理的业务主管部门，负责对项目成本管理的全过程、各环节进行协调，参与各项成本决策，负责造价审核和成本结算，向公司及各部门及时、准确通报相关成本信息。在成本决策过程中，重点配合设计部、项目经理部优化设计及施工方案，配合工程部开展工程量清单招标工作。成本管理部还应积极协助其他部门开展成本控制相关工作，提供专业支持，与财务管理部共同协作搞好成本核算工作。

某房地产公司目标成本管理实施细则

一、目标成本释义

（1）目标成本是公司基于市场状况，并结合公司的经营计划，根据预期售价和目标利润进行预先确定的，经过努力所要实现的成本指标。应体现"以经济合理性最大的成本提升产品的竞争力，并形成行业成本优势"的成本管理宗旨。

（2）目标成本文件分为三个部分：《目标成本测算表》《目标成本控制责任书》《动态成本月评估》。

（3）《目标成本测算表》是反映项目的总目标成本和分项目标成本的金额。建设项目的总目标成本是建设项目成本的控制线，由各分项目标成本组成。各分项目标成本包括各专业工程造价指标及各种费用指标。

（4）《目标成本控制责任书》是对各项目费用的责任部门及其主要职责的说明，包括控制内容、控制要点和手段，需要注意的是已完工程的失败教训。

（5）《动态成本月评估》反映各成本项目的动态变化情况，分析原因，提出成本控制建议。

二、目标成本管理原则

市场导向原则： 目标成本管理以市场为导向，确保目标利润的实现。

准确严谨原则： 目标成本指标应科学准确，每项来源都要有充分依据，保证目标成本的权威性。

事前控制原则： 目标成本管理贯穿于建设项目的每一阶段，凡事做到事先控制为主，事中事后控制为辅，在立项、设计、施工之前发现问题，减少无效成本。

动态管理原则： 建设项目的动态成本要及时与目标成本进行比较并纠偏，确保建设项目总成本在目标成本控制范围内。

三、目标成本文件制定的步骤及时间要求

项目定位阶段： 在投资分析和概念设计阶段，根据可行性研究报告，以及营销、设计、成本、工程、财务等相关部门互动讨论确定的项目定位，完成"项目定位阶段的全成本测算"。确定各项费用的计划金额，包括设计、报建、环境配套、营销费等，并向各费用的负责部门交底达成一致，作为各部门的工作目标。主体建安费以设计部编制的

《建设项目综合经济技术指标表》为依据,在五个工作日内完成,并根据测算基础,提出实施方案设计阶段的成本控制目标、措施或建议,形成《方案设计阶段的成本控制建议》,以此指导实施方案的造价控制。

实施方案阶段:实施方案确定后五个工作日内,对《项目成本测算表》进行细化和修订。根据各相关部门的工作现状和计划,对设计、报建、营销等费用进行分析或修正。建安费的控制在主要材料设备选型确定后,需增加主要材料设备的目标成本分析。结合设计院的承诺明确各产品类型的限额设计指标(如钢筋、混凝土含量等),形成《施工图设计阶段的成本控制建议》,作为《设计任务指导书》的一部分,发给设计院作为施工图设计阶段造价控制的依据。

施工图预算阶段:施工图完成后十五个工作日内,对《目标成本测算表》全面进行细化和修订,作为最终的目标成本。并按已完成的经验和"责任成本体系"的要求,编制正式的《目标成本控制责任书》,并以此指导招标、施工、采购等业务活动中的成本费用使用与管理。

各阶段的成本测算的相关资料(成本测算表、目标成本控制指导书)在定稿后即时报财务管理部成本审算中心,相关数据录入成本管理软件。

四、目标成本文件的编制

(一)目标成本测算表的编制

(1)目标成本测算必须应用统一测算表格,并体现量价分离的原则。

(2)目标成本的制定以项目的规划指标、建造标准以及各部门共同确定的销售交楼标准为基础,目标成本测算表必须附详细的产品建造标准及部品标准(施工图预算阶段)说明书。

(3)成本测算表中各成本项目的工程量,应根据已竣工的相似工程的结算分析得出的关联系数,由项目规划的基本指标(如建筑面积、基底面积、户数、单元等)推算得出,如按"窗地比"推算门窗面积,按基底面积推算屋面面积。施工图预算完成后《成本测算表》中的工程量,应是按图实际计算的结果。

(4)成本测算表中的单价应根据产品定位、交楼标准、图纸要求按当地工程造价计算依据、市场行情计算得出,如是参照已结算工程的单价,需注明参考数据的来源和依据。

(5)产品定位和目标成本测算是一个互动的决策过程,需要设计、营销、工程、成本反复沟通,标准是"满足品质要求的性价比最大化"。在本过程中可使用价值功能分析法得到最优的方案。

(6)施工图预算完成后《目标成本测算表》中的材料设备,对其品质应有准确描述,且应与楼盘的定位相适应,能提供品牌和图片说明为最佳。

(7)投资分析和实施方案阶段的成本测算的量价分析标准不明确时,可以根据已结算工程的经验直接填写可售面积单方成本或总金额,但需注明参考依据。

(8)各阶段的成本测算应有明显的可对比性,即后阶段的测算与原则不一致的地方应有充分的依据和说明,原则是偏差不应太大。

(二)《目标成本控制责任书》的编制

(1)目标成本控制责任书是目标成本管理的指导性文件,与设计任务管理指导书、工程管理指导书等互相补充，共同构成项目经营指导书内容。

（2）目标成本控制责任书的制定，应按照《责任成本管理体系》要求，明确成本发生各阶段的控制内容、控制原则、责任部门等。

（3）《目标成本控制责任书》应包含以下内容。

① 项目概况。总规划指标，分期规划指标，工程概况，入伙时间。

② 地价成本控制。目标、责任部门、控制手段和要点。

③ 开发前期准备费用控制。目标、责任部门、控制指标、控制手段和要点。

④ 主体建安、社区管网、配套设施费的控制。目标、责任部门、控制指标、控制要点，应避免的是已完工程的失败教训总结；还应包括材料的供应方式及供应商的选择要求。

⑤ 园林环境工程及样板间、卖场装修费用的控制。目标、责任部门、控制要点。

⑥ 开发间接费的控制。目标、责任部门、控制指标、控制手段和要点；包括营销费、资本化利息、物业基金等的控制（各成本项目的具体控制指标详见责任成本管理体系指引）。

（4）营销费的控制包括开发间接费中的"营销设施建造费"和期间费用中的"销售费用"。"营销设计建造费"额度的确定及实施过程，均需要设计、营销部门的密切配合，兼顾效果与成本的平衡；特别是卖场和样板间装修，在总额确定后，由设计部负主要控制责任，并将样板房装修费用的销售收回率作为成本控制的考核指标之一。"销售费用"应结合推盘计划，于项目定位完成后制定投放时间和费用额度计划。

（5）《目标成本控制责任书》由成本管理部负责编写，初稿完成后反馈到设计、工程、营销、项目经理部、项目发展部、财务部等各职能部门讨论、修改，达成一致后由各部门第一负责人签字确认，总经理签发执行。

五、目标成本的执行

（1）在项目实施过程中，应及时反映项目成本的动态情况，由成本管理部每月出一份《项目动态成本月评估》，包括各成本项目的变化情况表，并说明原因，提出成本控制的建议。

（2）《项目动态成本月评估》应包括"变更签证统计表"和"项目动态成本信息表"，并作为《成本信息月报》的部分内容，在完成后的三个工作日内报财务部成本审算中心（可在成本管理软件中完成）。

（3）成本管理部应根据合同签订情况、预算核对情况、结算编制情况及变更签证金额，每月在"成本管理软件"中对各项目的待发生成本进行评估，在软件中生成"项目动态成本信息表"。

（4）如在月内出现影响成本50万元以上的重大事项，变化发生的责任部门应及时向成本部提供相关资料，成本部及时计算相应成本变化金额和原因，向公司总经理和分管领导汇报。

（5）在合同审批时，即时揭示施工合同和材料采用的合同造价与目标造价的对比概况；反映营销广告合同、园林环境合同的额度使用情况；设计变更和现场签证应做到一单一算，月结月清，并录入成本管理软件。

（6）项目结算完成后或者年度成本管理工作总结时，应按照《目标成本控制责任书》对相关责任部门进行评估，并提交公司管理层作为业绩考核的依据之一。

（7）工程项目结算后，应按目标成本科目分类，总结各成本项目的造价指标和技术经济指标，并按照"成本数据库"的格式要求，录入数据库或整理成标准格式的 Excel 数据表作为新项目测算、结算初步审核的依据。

（8）项目结算完成后，应分析项目的主要材料用量，为相似工程的限额设计提供经验数据。

六、目标成本的修订

（1）施工图确定后的测算稿为最终目标成本，除规划条件、政府政策、市场环境有重大改变外不得修订。一般改变作为正常的成本动态变化在《项目动态成本月评估》中反映即可。

（2）工程施工和销售过程中，如果售价、成本发生较大变化时（对利润影响达2%），应对目标成本进行修订，并报公司总经理批准，同时报以财务部成本审算中心备案。

第 3 章
房地产目标成本预测与分解

> **引言**
>
> 要实现目标成本动态控制,必须在房地产项目建设的前期确定目标成本,再通过对目标成本的层层分解,将成本分解到每个分项工程每个工作包,方可使成本得到有效的控制。如果目标成本不进行预测,且不能做到很好的分解,目标成本的有效动态控制也就成了一句空话。

3.1 房地产目标成本预测

目标成本管理首先要进行的是成本预测。目标成本预测是指房地产开发企业在市场调研和对以往的历史数据进行分析的基础上，结合自身的经济技术条件和发展定位，在项目前期合理地预测开发项目的目标成本。在项目开发之前，要对即将开发的项目做一个成本预测，也可称为成本估算，一般在项目前期决策和可行性研究中进行。目标成本预测的目的是为了在开发前期对所建项目有一个清醒的认识，通过详细的市场调查，了解该项目的市场定位、销售的目标人群、该项目的竞争对手有哪些、公司对该地区的发展规划以及期望的利润率。并依此制定出目标成本，目标成本的预测也是将来制订各阶段成本计划的基础。

3.1.1 目标成本预测的注意事项

在进行目标成本的预测时应注意以下几点。

（1）目标成本的预测要在成本计划制订之前进行。因为目标成本预测是全过程成本管理的首要环节，是必不可少的科学分析阶段，在项目前期，通过调查和反复地测算，才能确定该项目的成本水平。反过来，如果已经制订了成本计划，那么在将来的执行过程中难免会出现由于早期考虑不够周全、调查不够详细而产生的各项费用，这样就不能很好地进行成本控制，所以目标成本的预测是成本控制的第一步。

（2）可以利用目标成本预测寻找可降低项目总成本的途径。在进行成本预测之前，必然要进行详细的调查，在此过程中，可以掌握成本是如何构成的并且详细了解成本形成的条件，这样就有机会发现可以尽量避免发生的成本类型，在项目前期到以后的实施过程中注意监控，尽可能多地节约成本。

（3）目标成本的预测可作为工程项目招标的依据之一。目前建设项目招标的依据主要是甲方造价人员依据施工图做出的施工图预算，但招标的标的并不等同于施工图预算。因此，进行过反复测算的目标成本预测可用于招标决策的依据。

（4）以市场为导向。在市场经济的环境下，企业的所有经营活动都要以市场为导向，房地产开发企业的成本管理也不例外。虽然土地成本在房地产开发项目中占有非常重要的地位，土地的价格是项目开发成本的决定性因素，但在如今的形势下，国家的宏观调控政策不断缩紧，房地产项目的开发成本必须要低于市场价格，否则企业将不能盈利，消耗的成本都将成为损失。

在房地产开发项目的成本预测的过程中，还应充分考虑项目未来的风险因素对成本的影响。首先是价格风险，房地产开发项目的开发周期一般比较长，在此期间，各种人工、材料、机械的价格都有可能产生波动，如不充分考虑价格风险的影响，在项目实施过程中将无法有效地控制成本。其次还要考虑项目施工过程中出现设计变更等的因素，所以应该预留出适当的成本预测来应对。

3.1.2 目标预测的方法

目标成本的制定有多种方法，目前主要采用的有倒扣测算法、比率测算法、直接测算法等。各方法的优缺点和适用条件如表3-1所示。

表 3-1　目标成本制定方法的比较

名称	方法	优点	缺点	适用条件
倒扣测算法	目标成本=预计销售收入−应缴税金−目标利润	简单易行	先要根据市场调查确定预计收入和目标利润	可用于多种产品成本预测
比率测算法	目标成本=预计价格/（1+成本利润率）	倒扣测算法的延伸	要求事先确定先进的成本利润率	常用于新产品的目标成本预测
直接测算法	根据上年预计成本总额和企业确定的成本降低目标来确定	简单易行	误差较大	只适用于可比产品的目标成本预测

最常用的方法是倒扣测算法，倒扣测算法可用以下公式来表示：

$$TP_i = P_i - M_i$$

式中　TP_i——产品 i 的单位目标成本；

　　　P_i——产品 i 的单位售价；

　　　M_i——产品 i 的单位利润。

在房地产开发项目的目标成本制定过程中，目标成本并不是通过一次测算就能完成的，需要不断地进行调整。一个项目的售价取决于该地的房地产市场和企业所制定的在本地区的战略规划，其可调整的幅度并不太大。这样一来，目标利润和成本之间就成了反比关系。如果利润太低，目标成本就会增加，导致成本的浪费。而如果利润太高，目标成本就会太低，或者根本无法实现，这样成本控制也就失去了意义。

综上所述，在房地产项目开发的前期，应根据市场情况和企业自身的战略目标反复测算目标成本，并最终确立一个合理有效的总目标成本。在项目实施的过程中，目标成本也并不是一成不变的，它需要跟随项目进展情况动态变化。当项目中出现政策变化、经济波动、市场变化或者设计变更等项目前期没有完全考虑到的情况发生时，应将这些变化导致的成本改变计入目标成本中，也就是说，目标成本的制定是一个动态的过程。

3.2　房地产目标成本构成维度的分解

3.2.1　房地产开发项目的成本构成

房地产开发成本是指房地产企业为了开发一定数量的产品所需支付的全部费用，主要包括土地费用、前期工程费、建筑安装工程费、基础设施建设费、配套设施费、不可预见费、开发期间税费、销售费用以及为开发项目而在企业内部产生的管理费用和财务费用等。

3.2.1.1　土地费用

土地费用一般包括土地出让金和拆迁补偿费等。土地出让金指的是各级政府的相关土地管理部门将某些建设用地的使用权出让给使用者，并且按照相关规定需要向受让人固定收取的土地出让的所有价款，或者当所出让的土地使用期满之后，土地的使用者需要继续使用该土地，而必须向相关的土地管理部门缴纳的续期土地的出让价款，再或原本是通过行政划拨的形式来获得的土地使用权的使用者，在将该土地使用权进行有偿的转让、出租或者是抵押，作价入股和投资之前，需要按相关的规定进行补交的一部分土地出让价款。拆迁补偿费一般是指建设单位依据相关标准向该土地上房屋的所有者或使用者支付的补偿费用。土地费用在房地产开发项目的成本中占有相当大的比例，平均占到总成本的30%～40%。

3.2.1.2 前期工程费

前期工程费是指开发商在拿到土地的使用权之后，项目开发建设之前所支付的一系列费用。一般包括可行性研究费用、勘察测量费、规划设计费、"三通一平"费用和其他费用等。

3.2.1.3 建筑安装工程费

建筑安装工程费是指项目在施工建设过程中发生的所有建设成本。包括主体结构、地下室、基础和安装部分、人防部分的费用。从房地产开发项目的成本构成上看，建筑安装工程费占了很大的比例，是主要成本类型之一。

3.2.1.4 基础设施建设费

基础设施建设费是指开发项目所必需的供水、供电、道路建设、园林绿化等方面的费用。配套设施费主要指为项目配套建设的生活必需的设施发生的费用，包括学校、超市等配套设施的费用。在房地产开发公司追求项目品质的今天，基础设施费和配套设施费在总成本中所占的比例不断升高，成为主要费用之一。

3.2.1.5 不可预见费

不可预见费又被称为预备费用，主要考虑建设期间可能发生各种的风险因素会导致项目总成本的不断增加，因而预先准备好的一些费用。

3.2.1.6 销售费用

销售费用是指房地产开发项目在销售过程中，销售部门所发生的一切费用。而管理费用是指在房地产开发企业的内部相关的行政管理部门为了组织并且管理开发企业的生产经营活动而导致的费用的发生。

3.2.1.7 开发期间税费

开发期间税费是指国家和各级政府机关在房地产开发建设过程中依法向房地产开发企业征收的各种费用，比如房产税、土地增值税、营业税、城市维护建设税和教育费附加等。在房地产整个项目的开发过程中，要缴纳的税费的种类较多。

3.2.1.8 财务费用

财务费用是指在项目建设过程中，由于资金需求量大，房地产开发企业向银行贷款所产生的各类利息支出、融资费用以及各类金融机构手续费等。

3.2.2 目标成本在成本构成维度的分解

依据房地产开发历史数据，各项成本在房地产开发项目的总成本中所占的比例如图3-1所示。

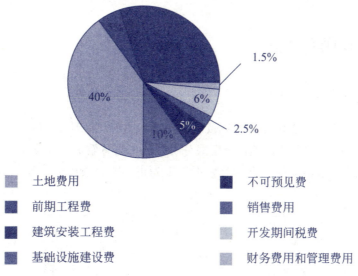

图3-1 房地产开发项目中各成本构成所占的比例

从图3-1中可以看出,在整个房地产项目开发的成本中,土地费用、建筑安装工程费用和基础设施建设费所占的比例最大,分别为30%、40%和10%。在商品房的建设中,土地为国家所有,通过拍卖、挂牌等方式由政府出让,土地价格也由政府根据规划制定。由于土地价格偏高,在所有成本中,土地费用占有相当大的比例,因此在成本分配中,应综合开发公司经济实力和对所需地块的战略规划合理分配土地成本。建筑安装工程费和基础设施建设费是开发项目的主要成本,而且为工程分包性质,如果成本分配过少,会导致施工单位低价中标,但在以后的施工过程中偷工减料,获取利润。前期工程费和不可预见费为弹性费用,成本的高低取决于公司对规划设计和风险管理的认知。其他的费用包括销售费用、开发期间税费、财务费用和管理费用等,虽然所占比例不大,但也不可忽视。销售费用可以根据市场调研和目标人群的定位来分配。开发期间税费、财务费用和管理费用等,应根据以往开发项目的历史数据来综合分析,尽可能地减少这些成本支出,提高资金的利用率,降低总成本。

因此,在目标成本分解时,要根据各项成本的不同性质和比重,分别分配成本计划,这样在项目实施过程中,才能根据成本计划来有效控制成本。目标成本按照成本构成维度分解的模型如图3-2所示。

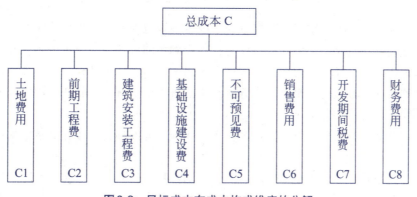

图3-2 目标成本在成本构成维度的分解

3.3 工作分解结构

3.3.1 何谓工作分解结构

工作分解结构（Work Breakdown Structure，简称WBS）跟因数分解是一个原理，就是把一个项目，按一定的原则分解，项目分解成任务，任务再分解成一项项工作，再把一项项工作分配到每个人的日常活动中，直到分解不下去为止。即：项目→任务→工作→日常活动，如图3-3所示。

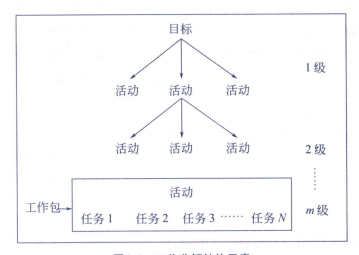

图3-3　工作分解结构示意

工作分解结构（WBS，Work Breakdown Structure），以可交付成果为导向对项目要素进行的分组，它归纳和定义了项目的整个工作范围，每下降一层代表对项目工作的更详细定义。

WBS总是处于计划过程的中心，也是制订进度计划、资源需求、成本预算、风险管理计划和采购计划等的重要基础。WBS同时也是控制项目变更的重要基础。项目范围是由WBS定义，所以WBS也是一个项目的综合工具。

3.3.2 房地产开发项目工作分解结构的注意事项

房地产开发项目的最终结果是要提供一个或者多个有形的、结构化的实体，在对房地产开发项目进行分解的时候，不但要对实体进行从粗到细的分解，还要考虑到开发项目不同阶段的特点。比如一个开发项目的地基工程被分包出去，这个地基工程成了一个工作包，并且位于工作分解结构的最底层。至于工作分解结构的进一步分解，也就成了承包商的责任，而由他们来进行。

因此，结合房地产开发项目的性质，在进行房地产开发项目的工作分解结构时，还应注意以下几点。

（1）百分之百规则。一个WBS元素所分解出的所有下一层的元素（子层）的加总必须能够百分之百地来表示该层（父层）元素所显示的工作。对于房地产开发项目来说，进行

WBS分解首先要识别完成一个成功的项目所要经历的所有阶段以及每个阶段的所有活动，这是WBS分解的基础，即每一个最小的工作包的加总必须包含开发项目的所有活动范围。只有这样，项目管理人员才能够保证对为了完成项目而必须完成的所有工作都已经做出了规划和进度安排。

（2）任务分解的终止。应尽可能地对房地产开发项目进行详细的分解，但分解并不是永无止境的。最终的工作包必须是项目所能完成的最小工作单位或者将分包给其他承包商来进行的工作。如在房地产开发项目中，工程主体的施工是通过招投标的形式由施工单位来承包完成的，开发商只是雇佣监理公司来进行监督和检验。因此在分解时就没有必要对工程建设阶段再进行更详细的分解。

（3）任务的编码。在开发一个工作分解结构时，通常需要对各种元素或者不同的级别进行编码或编号，这可以使工作分解结构更好地被应用到各种相关的计划中，因为将任务进行编码首先可以了解上下层的逻辑关系，知道每一个工作包隶属于哪一个工作阶段。其次，编码可以对以后将目标成本的控制进行信息化实现的时候提供方便。项目的编码可以采用很多种方法，但保持编码的一致性至关重要。而且必须要保证任何一项工作活动都可以用数字或者字母来做出唯一的识别。

（4）工作分解结构并不是一成不变。在房地产开发项目的早期，WBS开发的级别可能会很低，因为在这个阶段对项目的认识不够深入，还不能详细地定义工作。但是随着项目的进展，项目管理人员对工作的理解加深，工作分解结构也应该是不断地由粗略向具体、由概念向精细落实的过程。

（5）全体成员共同参与。项目管理人员应带领全体项目组成员来共同开发工作分解结构，或者至少是详细地共同检查工作分解结构。因为房地产开发项目范围很大，涉及多个不同的专业，单一的工作人员不能详细地了解所有的工程专业内容，所以需要全体项目组成员的共同参与。

3.3.3 目标成本在工作维度的分解

房地产开发项目的整个过程漫长而又复杂，涉及许多工作。在进行目标成本的分解时，要通对开发项目的工作分解结构来将成本信息详细地分解到每一个工作内容，这样才能在将来对目标成本进行控制时，根据已经分配的每个工作应该需要的计划成本来进行成本偏差分析。

一般来说，房地产开发项目的工作分解结构主要如表3-2所示。

表3-2 房地产开发项目的工作分解结构

一级	二级	三级
A 签订项目管理委托合同		
B 项目管理部进场		
C 工程图设计	C/01 方案设计 C/02 初步设计 C/03 初步设计报批 C/04 施工图设计	C/04.01 施工图设计 C/04.02 施工图审核 C/04.03 交付图纸

续表

一级	二级	三级
D 办理项目规划手续	D/01 申请规划设计方案审查通知书 D/02 专项审批（人防、消防、交通、园林）	
E 办理工程开工证	E/01 领取开工审批表 E/02 施工总承包合同运作	E/02.01 资格预审文件、招标文件的编制与送审 E/02.02 发招标文件 E/02.03 勘察现场 E/02.04 开标 E/02.05 组织投标单位答辩，编制评标报告 E/02.06 定标、发中标通知书，商定总承包合同并签署，总承包合同备案
F 施工准备	F/01 拆除 F/02 筹组施工项目部 F/03 三通一平 F/04 完成施工准备	F/01.01 市场调研、编制招标文件 F/01.02 申办拆除许可证 F/01.03 拆除施工
G 建安工程	G/01 降水、土方、护坡工程 G/02 地下结构 G/03 主体结构 G/04 屋面工程及屋面设备安装 G/05 电梯工程 G/06 高压变配电工程 G/07 通风空调工程 G/08 消防工程 G/09 弱电工程	
H 市政工程工验收、移交	H/01 图纸配套 H/02 市政施工	H/02.01 供电工程 H/02.02 排水系统 H/02.03 电信工程 H/02.04 供水、供热、燃气工程 H/02.05 园林绿化工程 H/02.06 道路工程
I 验收、移交	I/01 各专业工程验收 I/02 项目竣工备案 I/03 办理结算手续	

通过以上对房地产开发项目的分解，项目管理人员不但可以清楚地了解到该项目的全部工作，还可以根据该项目工作分解结构分配每项工作所需的成本。但须注意，必须保证所有工作所分配的成本的总额小于项目的目标总成本。在项目开发的初期，工作分解结构并不是一直不变的，而是随着项目的发展而不断改变、不断深入。因此目标成本在工作维度的分解也不是一劳永逸的，而是随着工作分解结构的深入而改变，变得更加符合项目的实际，更加合理。

3.4 组织分解结构

3.4.1 何谓组织分解结构

组织分解结构是一种特殊类型的组织表，为项目每个部分指定对其负责的组织部门的层次结构。将各工作包与各组织单位联系起来，组织结构逐级细化到最底层。其目的是提供一种框架来总结组织单位的绩效，识别负责工作包的组织单位，并将组织单位与成本控制账目关联起来。通常以层级模式按越来越小的单位来定义组织的可交付物，并经常采用传统组织结构。即使项目完全由一个团队完成，也有必要将团队结构分解，以指派预算、时间和技术性能方面的责任，并可与工作分解结构相整合。

3.4.2 房地产开发项目组织分解结构的方法

房地产开发公司一般采用的是矩阵制的组织结构。所谓矩阵制组织结构，是指某公司在一定的职能形态下，为了完成某种特别的任务，另外成立了一个专门的项目小组来负责，这个项目小组在完成项目任务时需要与原公司机构配合，在形态上是交叉的方式，即矩阵式组织结构。

3.4.2.1 矩阵式组织结构图示

矩阵式管理模式一般以产品线为纵轴，以区域机构为横轴，是一个公司发展多项目共同经营的基本模式，利用矩阵式结构可以发挥出其灵活高效并且易于同组织内部及时沟通的优点。在矩阵式的组织结构中，各地的分公司或者各产品线的经理因为身在项目现场，所以可以更好地了解当地客户的需求状况，然后提供差异化的产品或者服务，更容易赢得较多的订单和市场。矩阵式组织结构一般如图3-4所示。

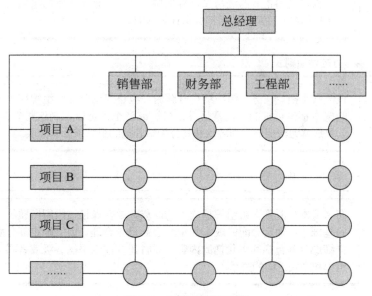

图3-4 矩阵式组织结构

3.4.2.2 矩阵式组织结构的优缺点

矩阵式组织结构的优缺点如表3-3所示。

表3-3 矩阵式组织结构的优缺点

矩阵式组织结构的优点	缺点
（1）将企业的横向职能与纵向组织相结合，有利于企业内部的沟通交流，团结协作 （2）针对特定的项目将不同职能的人员分配到需要的项目上，有利于员工发挥个人特长优势，集众家之所长，提高项目的完成质量 （3）各部门人员为同一个项目工作的组合，有利于信息的交流，增加了不同部门员工之间项目学习的机会，提高专业管理水平	（1）项目负责人的责任较大，项目负责人需要为整个项目的从开始到收尾的全部工作负责，涉及的专业范围很广，项目负责人对项目的成败起到了非常重要的作用，工作量较大，这对项目负责人的管理协调能力和经验水平要求较高，但是非常优秀的项目经理较难找到 （2）当一个项目结束时，员工要换到另一个项目继续工作，不利于工作的稳定性 （3）员工在工作中需要受到项目负责人和公司职能机构的双层管理，这样容易有要求不一致的情况出现，不利于工作效率

3.4.2.3 对房地产开发项目进行组织结构分解的原则

针对房地产开发公司的组织结构特点，在对房地产开发项目进行组织结构分解的时候要注意图3-5所示原则。

原则一 目标保持一致原则

目标保持一致就是要求每一个组织层次在分配成本计划时都要充分考虑到企业的经营目标以及开发项目的计划的总成本。使每一个组织层次的经营目标都可以和企业的经营总目标保持一致，而且使所属的组织层次的成本总额控制在开发项目的目标成本计划总额之内

原则二 可控性原则

该原则是指，在进行组织结构分解时，应该保证对每个组织或个人所分配的成本都是可控的，也就是说该组织或者个人可以控制这些成本的发生，如果成本无法控制，则应该将其分配给其他的组织或者其他层次

原则三 合理性原则

在将成本分配到各级组织层次上的时候，要在保证该组织所属的成本可控的基础上，确定分配的成本数量和金额是否合理。要明确定额分配数量并详细地分解包括和不包括的内容，同时还要注意平衡各级或者同一级别的组织和个人之间的关系

图3-5 对房地产开发项目进行组织结构分解的原则

3.4.3 目标成本在组织维度的分解

房地产开发公司的职能机构包括营销部、成本部、工程管理部、设计部、行政部、财务部等，每个部门中有负责不同工作职责的员工。如果在项目初期制定的目标成本可以有效地达成，就必须通过组织分解结构进行目标成本的分解。目标成本通过公司的职能部门和不同项目的各个部门自上而下、双重的、交叉式的分解，最终共同分解到每个项目不同部门的每一位员工身上，当项目开始正式实施后，再通过从员工到总公司这样从下至上的层次来共同控制目标成本，这样的目标成本最终才可以准确落实。目标成本在组织层次上的分解仍然不是一次就成功的，因为在项目实施的过程中，影响成本的因素会不断变化，进而影响总成本。在项目的总目标成本变化的同时，组织层面成本的分解也要随之动态地变化以符合项目的实际情形。

依据房地产开发项目矩阵式组织结构的特点，目标成本在组织维度的分解如图3-6所示。

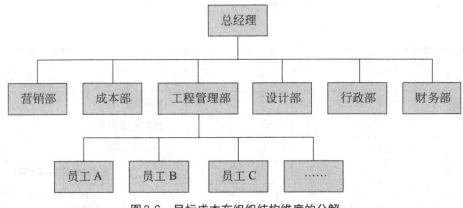

图3-6 目标成本在组织结构维度的分解

在目标成本的分解过程中一定要将目标成本根据公司和项目的矩阵式组织结构层层地进行分解，确保不同部门的每位员工都能被分配到控制成本的责任。虽然同一部门的不同员工所承担的工作责任不尽相同，但通过这样的成本分解，可以在以后的项目实施中，使每一位员工都在自己的工作职责内控制自身的责任成本。

3.5 按工程进度分解

工程进度的控制是指在项目建设之前首先制订出一个时间计划，该计划可以表明在建设过程中的各个阶段的工作内容、程序，项目所持续的时间以及前后工序间的衔接关系等，然后在项目实际建设中将计划辅助实施，并实时监督进度的执行情况，及时地发现和纠正偏差和错误。进行项目进度控制的最终目标是要确保项目可以在某一时间目标内完成。尤其是大型的工程项目，由于他们具有建造工期很长，并且投资的成本非常大等特点，如果项目可以如期竣工甚至提前完成，将可以快速地成为支持国民经济的大型资产，并具有扩大再生产的能力。因此，进行房地产开发项目的工程进度控制具有巨大的社会和经济效益。

3.5.1 工程进度的表示方法

3.5.1.1 甘特图法

甘特图法也称"线条图法"或"进度表法"。用线条图来安排和控制生产和工程进度的一种方法。由美国管理专家亨利·甘特所首创。其最大优点是非常直观,一目了然,故在计划管理工作中被广泛应用。设计甘特图的基本要求是:功能明确,流程清楚,简明清晰。

甘特图法的使用一般步骤如下。

(1)明确计划和控制的工程或产品对象,确定图表的功能和目标。
(2)收集有关资料,如工程的作业内容及其相互关系、工程的实施条件等。
(3)根据各项作业之间的相互关系,确定作业流程。
(4)计算确定各项作业的工作量和需要延续的时间。
(5)确定图表格式。
(6)用线条在图表上标明各项作业的起止时间和延续过程。

甘特图的表示方法如图3-7所示。

ID	任务名称	开始时间	完成	持续时间	2011年01月										
					2	3	4	5	6	7	8	9	10	11	12
1	任务A	2011-1-3	2011-1-4	2天											
2	任务B	2011-1-3	2011-1-6	4天											
3	任务C	2011-1-4	2011-1-5	2天											
4	任务D	2011-1-6	2011-1-10	3天											
5	任务E	2011-1-7	2011-1-12	4天											
6	任务F	2011-1-10	2011-1-10	1天											

图3-7 甘特图法

3.5.1.2 关键路径法(CPM)

关键路径法(Critical Path Method,CPM)是一种基于数学计算的项目计划管理方法,是网络图计划方法的一种,属于肯定型的网络图。关键路径法将项目分解成为多个独立的活动并确定每个活动的工期,然后用逻辑关系(结束—开始、结束—结束、开始—开始和开始—结束)将活动连接,从而能够计算项目的工期、各个活动时间特点(最早最晚时间、时差)等。

在这种方法中,需要推算的时间参数有:最早开始时间(ES),最早结束时间(EF),最迟开始时间(LS),最迟结束时间(LF),还有总浮动时间(TP),自由浮动时间(PP)等。

关键线路上的总浮动时间应该为零。因此,如果关键路径上的工作被延误了,那么整个项目的工期就会随之延长。相应的,不在关键路径上的工作可以存在一定的延迟而并不影响总项目的如期完成,但必须保证延迟的时间是在所规定的浮动时间之内。但是一旦某一非关键路径上的浮动时间用完了,那么此非关键路径将变为关键路径,如果在这条路径上再次发生延误,就将影响总项目的完成日期。

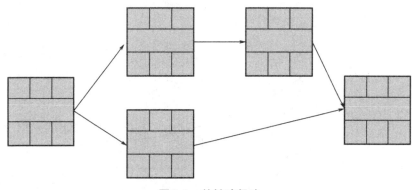

图3-8 关键路径法

从关键路径法（如图3-8）可以使项目的目标具有可见性，项目管理人员可以通过这种方法来控制项目目标的达成。

3.5.1.3 计划评审技术（PERT）

计划评审法是指运用网络技术编制、协调和控制工程计划的一种科学管理方法，英文简称PERT（Program Evaluation and Review Technique）。它的基本原理是将工程项目作为一个系统，把组成这一系统的各项作业按其先后顺序和相互关系，运用网络形式统一筹划，区别轻重缓急进行组织和协调，以期有效地利用人力、物力、财力，用最少的时间完成整个系统的预定目标，从而取得良好的经济效益。

3.5.2 进度对成本的影响

在房地产开发项目实施的阶段，对项目成本的影响因素不只包括建安工程等费用，工程进度对项目成本的影响也很大。从一般的工程项目来看，一个房地产开发项目从开工到竣工历时时间很长，在项目实施过程中，难免会受到施工方案、技术因素、地质以及气象因素的影响而导致对工期的影响。一般来说，工期越长，开发项目的成本就越高。在房地产开发项目的早期，也就是项目决策和规划设计阶段，项目投入总成本并不是太高，随着项目进入到实施阶段之后，人工费、机械费和材料费等建安工程费的比重会快速上升，项目的总成本不断增大，而到了项目的后期，随着主体结构封顶，室内外装饰接近尾声，项目成本的增速也会降低。

一旦项目的工期被拖延，相关的费用包括人工费、机械费等的费用也会升高。而且不仅仅是建安工程费用，公司为项目所付出的财务费用和管理费用也会不断地增多。开发项目的工期延长，就会有许多不可预见的因素出现，比如天气的因素、经济的因素和市场的因素等。企业有可能为项目工期延长而承担相当多的风险，相应的也会有成本的付出。所以要控制开发项目的目标成本，不能单单是考虑成本方面，项目进度的因素也是不可缺少的。在项目的实施阶段，要注意将工期和成本进行综合控制。但也并不是工期一味地缩短成本就会降低。在项目前期，如果决策和设计阶段的时间比较短，无法对地块和要建的项目进行详细地了解，对市场的调研也不是很充分，这样就会导致当项目落成之后要投入更多的销售费用和管理费用等。如果是在项目实施阶段，当工期不断地被压缩，施工单位会增加人工和机械来赶工期，成本反而会升高。并且如果工期很短的话，工程质量就不能得到保证，一旦工程质

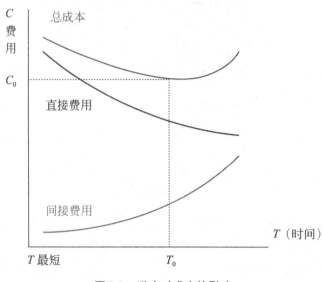

图3-9 进度对成本的影响

量出现问题,开发公司反而需要更高的费用来修复工程,工期也不能得到保证。进度对成本的影响如图3-9所示。

3.5.3 目标成本在时间维度上的分解

房地产开发项目是一个长期的过程,在这个过程中会有许多的因素导致项目总成本的上升,因此,在进行房地产开发项目成本分解的时候,不得不考虑时间对成本造成的影响。

在进行房地产开发项目目标成本的制定之后,要根据项目进行的财务年度进行成本计划的分配,甚至应该细化到一个财务年度中的每月、每周。在进行成本分配时应该考虑房地产开发项目的成本特点,比如在项目前期阶段进行规划设计、招标及施工准备时,可能这阶段进行的时间也会比较长,但在此阶段实际发生的成本在总成本的比例并不是太高,因此不会占用很多的成本。而当到了正式开始施工阶段以及进行竣工结算时,这阶段所占用的时间可能只有项目全部进度的一半,可是实际投入的资金成本却可达到90%。因此在将成本在时间维度上进行分解的时候要充分考虑到项目进行到哪一个阶段,该分配的成本比例是多少,这样才能做到科学合理地分配目标成本,不会到项目后期出现资金"前松后紧",以致被迫超支的现象。

3.6 房地产开发项目目标成本的四维分解

通过以上对房地产开发项目的成本构成、工作分解结构、组织分解结构以及工程进度对目标成本的影响等方面进行的分析,可以将房地产开发项目的目标成本通过这四个方面进行详尽地分解,这样可以为以后阶段对目标成本进行有效控制打下基础。这四个方面的成本分解之间并不是单一没有联系的,各个成本分解之间其实都存在着相互依赖、相互制约的关系。他们分别从不同的方面为目标成本的分解提出了要求,使得分解更加合理和符合实际。

房地产项目开发总目标控制表

1. 项目概况

1.1 总体规划指标

容积率：_____，绿化率：_____

总建筑面积：_____平方米，计入容积率的总建筑面积_____平方米

其中：可售面积：_____平方米，不可售面积：_____平方米

住宅总套数：_____套

总车位：_____个

1.2 期规划指标

容积率：_____，绿化率：_____

建筑面积：_____平方米，计入容积率的建筑面积_____平方米

其中：可售面积：_____平方米，不可售面积：_____平方米

住宅套数：_____套

车位：_____个

入伙日期：_____年____月

2. 经营目标

年份	销售面积/万平方米	结算面积/万平方米	销售金额/万元	项目利润/万元	净利润/万元	结算收入/万元

注：含住宅、商业、车库等所有可售资源。

3. 销售目标

××××年 × 季度		××××年 × 季度		××××年 × 季度		××××年 × 季度		××××年 × 季度	
面积/万平方米	金额/万元	面积/万平方米	金额/万元	面积/万平方米	金额/万元	面积/万平方米	金额/万元	面积/万平方米	金额/万元

注：含住宅、商业、车库等所有可售资源。

4. 开发计划

序号	工作内容	时间	
		开始	完成
1	取得土地证		
2	市场定位		
3	规划设计		
4	实施方案		
5	施工图设计		
6	工程量清单招标		
7	基础施工		
8	销售展示区实施时间		
9	主体结构		
10	销售开盘时间		
11	竣工备案时间		
12	入伙时间		

5. 成本目标

_____项目目标成本确定为_____元/平方米，按成本科目具体构成如下表所示。

序号	费用项目	成本总额/万元	可售单方成本/（元/平方米）
1	土地获得价款		
2	开发前期准备费		
3	主体建筑工程费		
4	主体安装工程费		
5	社区管网工程费		
6	园林环境工程费		
7	配套设施费		
8	开发间接费		
9	开发成本		
10	期间费用		
11	总成本		

注：含住宅、商业、车库等所有可售资源。

各部门责任成本汇总如下：

序号	费用项目	成本总额/万元	销售面积单方成本/(元/平方米)
	合计		
一、项目开发部			
1	作业成本		
2	牵头控制成本		
二、设计部			
3	作业成本		
4	牵头控制成本		
三、工程部			
5	作业成本		
6	牵头控制成本		
四、项目经理部			
7	作业成本		
8	牵头控制成本		
五、营销管理部			
9	作业成本		
10	牵头控制成本		
六、成本管理部			
11	作业成本		
12	牵头控制成本		
七、其他调整			
13	行政管理费用		

6. 成本分摊计划

成本跨期分摊表

项目名称	费用总额/万元	跨期分摊/万元				
		一期	二期	三期		
游泳池						
会所						
幼儿园						
学校						
球场						
设备用房						
车库						
合总计						

营销费用分期计划表

分期	销售收入/万元	营销费用比例/%	营销费用/万元
一期			
二期			
三期			
合计			

整体营销费用比例＝营销费用总和÷销售收入总和。

7. 资金计划

部门	费用总额/万元	资金计划（单位：万元）				
		××××年×季度	××××年×季度	××××年×季度	××××年×季度	××××年×季度
项目开发部						
设计部						
工程部						
项目经理部						
营销管理部						
成本管理部						
合计						

【他山之石】▶▶▶

房地产项目目标成本测算表

建设项目名称：　　　　　　　　　　　　　　制表单位：

项目	面积/平方米	造价指标/（元/平方米）	计划总金额/万元	按建筑面积摊/（元/平方米）	计算方法或依据文件
一、土地价款支出					
1 政府地价及市政配套费					
1.1 支付的土地出让金					
1.2 土地开发费					
1.3 向政府交纳的大市政配套费					
1.4 交纳的契税					

续表

项目	面积/平方米	造价指标/(元/平方米)	计划总金额/万元	按建筑面积摊/(元/平方米)	计算方法或依据文件
1.5 土地使用费					
1.6 耕地占用税					
1.7 土地变更用途和超面积补交的地价					
2 合作款项					
2.1 补偿合作方地价					
2.2 合作项目建房转入分给合作方的房屋成本					
3 红线外市政设施费					
3.1 红线外道路、水、电、气费用					
3.2 网络建造费					
3.3 管线铺设费					
3.4 接口补偿费					
4 拆迁补偿费					
4.1 建筑物或附着物的拆迁补偿净支出					
4.2 安置及动迁支出					
4.3 农作物补偿					
5 其他支出					
二、前期开发准备费					
1 勘测丈量费					
1.1 初勘					
1.2 详勘					
多层					
小高层					
高层					
1.3 沉降观测					
1.4 验线、复线、定线、放线、面积丈量					
2 规划管理费					
2.1 规划设计					
2.2 可行性研究					
2.3 方案招标					
2.4 方案评审					
2.5 交通影响分析					

续表

项目	面积/平方米	造价指标/(元/平方米)	计划总金额/万元	按建筑面积摊/(元/平方米)	计算方法或依据文件
2.6 模型制作					
2.7 效果图设计					
2.8 施工图设计					
高层					
小高层					
多层					
地下车库					
公建					
2.9 人防设计					
2.10 装修设计					
2.11 制图、晒图、赶图					
3 建筑研究用房					
4 报批报建费					
4.1 安检					
4.2 质检					
4.3 标底编制					
4.4 交易中心手续费					
4.5 人防报建					
4.6 消防配套设施					
4.7 散装水泥集资					
4.8 白蚁防治					
4.9 墙改基金					
4.10 建筑面积丈量					
4.11 路口开设					
4.12 规划管理					
4.13 拆迁管理					
4.14 招投标管理					
4.15 其他支出					
5 增容费					
5.1 水					
5.2 电					
5.3 煤气					

续表

项目	面积/平方米	造价指标/(元/平方米)	计划总金额/万元	按建筑面积摊/(元/平方米)	计算方法或依据文件
6 三通一平费					
6.1 临时道路					
6.2 临时用电					
6.3 临时用水					
6.4 场地平整					
7 临时设施费					
7.1 临时围墙					
7.2 临时办公室					
7.3 临时场地占用					
7.4 临时围板					
7.5 河道清淤、回填					
8 其他支出					
三、主体建筑（装修）工程费					
1 基础工程					
1.1 土方					
高层					
小高层					
多层					
1.2 护壁（坡）					
1.3 桩基					
高层					
小高层					
多层					
1.4 桩基检测					
1.5 降水费					
1.6 基础处理					
2 结构及粗装修					
高层					
小高层					
多层					
3 门窗工程					

续表

项目	面积/平方米	造价指标/(元/平方米)	计划总金额/万元	按建筑面积摊/(元/平方米)	计算方法或依据文件
3.1 室外门窗					
3.2 户门					
3.3 防火门					
4 公共部位精装修					
4.1 大堂					
4.2 楼梯间					
4.3 屋面					
高层					
小高层					
多层					
4.4 外立面					
高层					
小高层					
多层					
5 室内精装修					
5.1 厨房					
5.2 卫生间					
5.3 厅房					
5.4 阳台、露台					
6 地下车库					
7 临街公建					
8 其他支出					
四、主体安装工程费					
1 室内水暖气电管线设备					
1.1 室内给排水系统					
1.2 室内采暖系统					
高层					
小高层					
多层					
1.3 室内燃气系统					
1.4 室内电气系统（强、弱电预埋管）					
1.5 其他支出					

续表

项目	面积/平方米	造价指标/(元/平方米)	计划总金额/万元	按建筑面积摊/(元/平方米)	计算方法或依据文件
2 室内设备及其安装					
2.1 空调及安装					
2.2 电梯及其安装					
2.3 发电机及其安装					
2.4 高低压配电及安装					
2.5 消防及安装					
2.6 背景音乐及安装					
2.7 其他支出					
3 其他支出					
五、社区管网工程费					
1 室外给排水系统费					
1.1 自来水系统					
1.2 雨污水系统					
1.3 直饮水系统					
1.4 热水系统					
2 室外采暖系统费					
2.1 管道系统					
2.2 热交换站					
2.3 锅炉房					
3 室外燃气系统费					
3.1 管道系统					
3.2 调压站					
4 室外高低压系统费					
4.1 高压线路工程					
4.2 低压线路工程					
4.3 配电站					
4.4 开闭站					
5 室外消防系统费					
六、智能化系统费					
1 室内智能化系统费					
1.1 电信网络					
1.2 背景音乐及安装					

续表

项目	面积/平方米	造价指标/(元/平方米)	计划总金额/万元	按建筑面积摊/(元/平方米)	计算方法或依据文件
1.3 三表远传系统					
1.4 家居智能化系统					
1.5 其他支出					
2 室外智能化系统费					
2.1 保安监控					
2.2 小区停车管理系统					
2.3 电子巡更系统					
2.4 围墙监控照明系统					
七、园林环境工程费					
1 环境设计费					
2 绿化建设费					
2.1 区内绿化					
2.2 区外绿化					
3 建筑小品					
4 道路、广场建造费					
4.1 道路广场铺设					
4.2 开设路口工程及补偿					
5 大门围墙建造费					
6 室外照明					
7 标识系统制作					
8 室外零星设施					
9 其他支出					
八、配套设施费					
1 游泳池					
2 业主会所					
3 幼儿园					
4 学校					
5 儿童游乐设施					
6 环卫设施					
7 运动设施					
8 超市					
9 其他支出(零星公建)					

续表

项目	面积/平方米	造价指标/（元/平方米）	计划总金额/万元	按建筑面积摊/（元/平方米）	计算方法或依据文件
九、其他建设工程支出					
1 工程管理费					
1.1 工程监理					
1.2 预结算编审					
1.3 行政管理					
1.4 施工合同外奖金					
1.5 质检登记					
1.6 其他支出					
2 物业管理启动费					
3 其他支出					
十、管理费用					
1 职工工资					
1.1 工资					
1.2 奖金					
1.3 个人所得税					
2 办公费用					
2.1 办公用品					
2.2 通信费					
2.3 水电费					
2.4 工具书					
2.5 其他办公费用					
3 业务招待费					
4 差旅费					
4.1 旅差费					
4.2 通勤费					
4.3 误餐费					
5 工资附加费					
5.1. 职工福利费					
5.2 工会经费					
5.3 公积金					
5.4 社会保险					
6 折旧及摊销					

续表

项目	面积/平方米	造价指标/(元/平方米)	计划总金额/万元	按建筑面积摊/(元/平方米)	计算方法或依据文件
6.1 固定资产折旧					
6.2 低值易耗品摊销					
7 车辆费用					
7.1 公司					
7.2 车改					
8 房屋租赁费用					
8.1 办公用房租赁费					
8.2 职工住房租赁费					
9 咨询费					
10 其他支出					
十一、销售费用					
1 媒介广告费					
1.1 报纸广告					
1.2 刊物广告					
1.3 电视广告					
1.4 电台广告					
1.5 灯箱广告					
1.6 公交广告					
1.7 互联网广告					
1.8 印刷品广告					
1.9 户外广告牌					
1.10 工地围墙广告					
1.11 其他媒体广告					
2 促销活动					
2.1 产品推介会					
2.2 开盘庆典费					
2.3 房屋展销会					
2.4 促销活动费					
3 销售大厅					
3.1 样板房装修					
3.2 销售大厅装修					
3.3 销售大厅设备					

续表

项目	面积/平方米	造价指标/(元/平方米)	计划总金额/万元	按建筑面积摊/(元/平方米)	计算方法或依据文件
4 销售提成					
4.1 销售人员底薪					
4.2 销售人员提成					
5 其他费用					
5.1 平面设计费用					
5.2 沙盘模型费用					
5.3 建筑面积测量					
5.4 产权交易费用					
5.5 促销礼品费用					
5.6 赞助评奖费用					
5.7 销售人员服装					
5.8 机动费用					
十二、财务费用					
1 利息收支净额					
1.1 短期借款利息					
1.2 长期借款利息					
1.3 存款利息收入					
2 汇兑净额					
2.1 汇兑损失					
2.2 汇兑收益					
3 调剂外汇手续费					
4 金融机构手续费					
5 其他支出					
十三、各项税金					
1 营业税					
2 城建税					
3 所得税					
4 其他支出					
十四、预备费					
十五、总计					

第4章
房地产企业投资决策环节成本控制

引言

投资决策环节的成本控制是关系到项目投资成败的决策,项目投资决策成败直接关系到项目将来发生的实际成本。房地产开发投资的综合性、投资额大、建设周期长和涉及面广等特点使房地产投资决策难免出现失误,所以对一个房地产开发企业而言,如何建立科学的决策机制,正确规避决策中的各种风险,成了成本控制的关键。

4.1 投资决策环节概述

4.1.1 房地产投资决策的概念

投资决策是指投资者为了实现其预期的投资目标,运用一定的科学理论、方法和手段,通过一定的程序,对若干个可行性的投资方案进行研究论证,从中选出最满意的投资方案的过程。

房地产投资决策是指房地产投资活动中,房地产开发商必须对拟建房地产投资项目的必要性和可行性进行技术经济论证,对不同的房地产投资方案进行比较选择,做出判断和决定的过程。

4.1.2 房地产投资决策策略

房地产投资策略是指针对房地产投资决策事先安排的计划。其主要内容有以下几方面。
(1) 预备进行何种房地产项目的投资。
(2) 准备采用何种筹资方式。
(3) 如何合理使用资金。
(4) 如何确定投资方式。
(5) 如何确定经营方式。

房地产投资策略是实现正确的房地产投资决策的基本条件,按照投资策略进行投资决策是房地产决策的基本要求。

4.1.3 投资决策阶段的费用组成

投资决策阶段要考虑的是整个项目从建议书开始到建成交付使用所产生的全部费用,现行建设工程项目投资构成包括两大部分,即建设投资和流动资产投资。其中,最主要的就是建设投资。建设投资主要包括以下几项内容。
(1) 建筑安装工程投资(直接工程费、间接费、计划利润、税金)。
(2) 施工设备、工器具的购置费。
(3) 工程建设其他费用(土地使用费、与建设项目有关的其他费用、与未来企业生产经营有关的其他费用)。
(4) 预备费用(基本预备费、涨价预备费)。
(5) 项目建设期贷款所产生的利息。

4.2 投资决策阶段成本管理存在的问题

在房地产开发项目前期的投资决策阶段,项目的选址、建设标准、建设规模以及融资方式等内容都已基本确定了,在这期间,开发公司一般已经通过调研等方式拿出了几个方案以供决策。项目的前期决策是否正确,会直接影响项目的成败。因此,前期阶段正确的投资决策,是有效控制工程总成本的前提。如果前期的投资决策是失败的,那么后期整个项目所投入的全部成本都有可能无法收回,即使投入更多的成本也无法扭转失败的局面。这样的后果对房地产开发公司而言有可能是毁灭性的,会因为一个项目的失败而影响整个公司的全部项目。反过来,如果投资决策正确,那么在这个阶段所节约的投资也将是最大的。因此,在前期要非常重视投资决策阶段的成本控制。

4.2.1 投资决策阶段应做好的工作

在投资决策阶段,项目管理人员主要应做好以下方面的工作:投资机会分析、土地竞投工作、编制项目的可行性分析报告。

4.2.1.1 投资机会分析

投资机会分析一般是用来正确识别投资机会,包括投资的时间和方向。识别投资机会可以从以下三个方面来分析,分别是客观环境的分析、企业经营目标和战略的分析还有企业的内部和外部资源条件分析。

(1)客观环境分析。客观环境分析主要是分析房地产开发项目所在区域的地理环境、市场供求情况分析和政府政策与规划分析,如图4-1所示。

方式一	地理环境分析
	主要是指房地产开发项目所在区域的地理位置、气候条件、交通配套、发展前景等

方式二	市场供求情况分析
	主要是指收集房地产开发项目所在地区的全部开发商和消费者信息,通过运用科学的方法对过去和现在的供销状况和动态的影响因素进行分析研究,为开发做出正确的决策分析提供可靠的依据,还可以为开发项目的建设规模和产品方案提供依据

方式三	政府政策与规划分析
	主要指分析政府的规划和产业政策、财政税收政策以及预测经济可能发生的变化等,主要是为了了解政府最新的限制政策和优惠政策以及规划方案等,提高开发项目投资决策的准确度

图4-1 客观环境分析的内容

(2)企业经营目标和战略的分析。主要是分析该开发项目的决策是否符合开发企业的经营目标和在当地的战略,以及建成投产以后对经营目标和战略的影响主要有哪些。

(3)企业的内部和外部资源条件分析。企业的内部资源条件主要包括企业的管理能力、研发能力、资金状况、销售网络等。外部资源条件主要包括经济和社会环境、政治法律环境以及技术环境等。企业要对内外部的资源条件进行分析,可采用SWOT分析方法,即着重分析企业内部的优势、劣势和外部环境带给企业的机会、威胁等。

4.2.1.2 土地竞投阶段

土地竞投阶段主要是对所需土地进行各方面的调研并进行土地价格预测。影响土地价格的主要因素有许多，如图4-2所示。

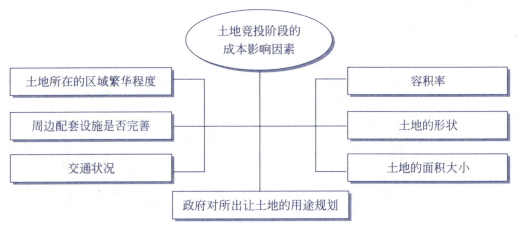

图4-2 土地竞投阶段的成本影响因素

对土地进行科学合理的价格预测是投资决策的一个重要方面，也是有效控制项目总成本的一个重要前提。如果土地成本超出预期，会导致项目总成本的高居不下，难以控制。目前，预测土地价格的方法主要有市场比较法和剩余法两种。但是，由于房地产开发项目的可比较性差，在同一地段内具有相似属性的地块较少，因此，房地产开发项目的土地预测无法采用市场比较法，而运用较多的方法为剩余法。所谓剩余法，就是从预计的不动产总价中减去除土地外的预计成本和预期收益后的"剩余价格"。

4.2.1.3 可行性分析

可行性分析是指为了避免开发项目投资决策失误、减少开发风险以及确保能够达到预期的投资效果而必须做好的研究分析工作。房地产开发项目的可行性研究分析通常包括图4-3所示几个方面。

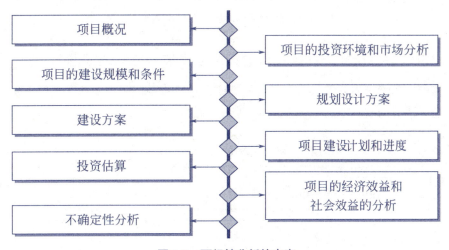

图4-3 可行性分析的内容

可行性研究分析对成本控制有非常重要的影响，它不仅是房地产开发项目前期投资决策的主要依据，而且是编制设计任务书、与有关部门签订合同的依据。通过编制可行性研究分析报告，可以使开发商对开发项目的各项经济技术指标以及风险因素做到心中有数，这样在后期可以有效地控制相关成本。

4.2.2 前期投资决策阶段影响成本的主要因素

房地产开发项目的前期投资决策阶段影响成本的主要因素包括项目的区位选择、开发项目的方案选择、建设时机选择等，如图4-4所示。

因素一　项目的区位选择

项目的区位选择主要指开发项目处于不同的地区，该地区的建安成本、配套设施成本等会有比较大的差异，不同地区的消费能力不同也导致了项目后期的营销推广费用不同。并且项目处在繁华地段会使前期的土地成本和拆迁费用等比在新城区的项目高出许多。因此，要根据项目的性质和市场调研选择项目的区位条件

因素二　开发项目的方案选择

开发项目的方案选择对成本的影响主要表现在好的方案会直接降低建安费用等成本，或是虽不能直接降低建安成本，但在后期的推广营销中可大量减少营销费用，进而使项目的总成本降低。而不适合的方案会增加项目的开发成本

因素三　建设时机选择

房地产开发项目在国民经济中的地位比较特殊，因此它受到国家宏观政策和区域经济的影响很大，因此，选择好的建设时机也是降低成本的一种有效方法

图4-4　前期投资决策阶段影响成本的主要因素

4.2.3 现阶段房地产开发项目投资决策的成本控制存在的问题

目前我国房地产开发企业大多对项目前期阶段的成本控制重视不够，我国现阶段房地产开发项目投资决策的成本控制存在着图4-5所示问题。

问题一　投资决策阶段的不确定性较多

问题二　在投资决策阶段不太重视投资估算，或者投资估算的精度不高

问题三　无专门的投资决策部门或者缺少完整的投资决策的流程

| 问题四 | 成本控制人员并没有参与到投资决策的工作当中 |

| 问题五 | 信息的不对称，或者信息获得不准确从而造成投资决策的失误 |

图4-5 房地产开发项目投资决策的成本控制存在的问题

4.2.3.1 投资决策阶段的不确定性较多

由于投资决策阶段的不确定性较多，容易出现突发事件和突发状况，造成不能按照原计划来控制项目总成本，或者出现决策失误，从而影响成本控制。

投资决策阶段的不确定性主要是包括市场经济因素的不确定和政策法律因素的不确定。房地产开发项目的投资周期一般较长，在如此之长的时间内，房地产供求市场和宏观经济都有可能发生改变。比如在投资决策阶段的房地产产品供不应求，但到了项目开盘的时间，市场发生了变化，导致项目销售困难，增加了销售费用和金融风险，造成了项目投资的失败。也有可能在此期间国家的宏观经济发生变化，利率、税率等发生了较大程度的波动，影响项目成本。另外，房地产开发项目所处的地区的宏观政策和法律制度的变化也会直接影响项目成本。这之中影响最大的包括住房制度改革、财政政策和金融政策的改变等。

4.2.3.2 在投资决策阶段不太重视投资估算，或者投资估算的精度不高

这一点会直接影响后期的成本控制。大部分的开发商为了提高资金的周转率和资金的使用效率，一味地追求工程进度，对投资决策阶段没有投入相当的重视，或者对项目意见书及可行性研究报告采取敷衍了事的态度来对待。不能深入地进行市场调查，也无法系统科学地进行投资估算，导致投资估算的精度完全达不到要求，从而影响后期的成本控制。

4.2.3.3 无专门的投资决策部门或者缺少完整的投资决策的流程

房地产开发企业没有专门的投资决策部门或者缺少完整的投资决策的流程，投资决策阶段的随意性较强。大多数的房地产开发企业对投资决策并没有一个清醒地认识，投资决策被认为是部分领导人该做的事情，与大多数的员工并无关系。这样就会导致领导在做决策时的主观性加强，受个人因素的影响过大。一旦领导对某一项目的宏观经济形势、市场需求、政策信息等的了解和把握上发生了偏差，或者对项目过于乐观，而忽略了周期性的因素，就可能导致决策的随意性较强，使项目的成本难以控制。

4.2.3.4 成本控制人员并没有参与到投资决策的工作当中

在投资决策阶段中，成本控制人员很难参与到项目的投资决策工作，而往往是在项目实施阶段进行成本的后期控制。但是一旦前期的决策就是失误的，那么后期的成本控制将无法进行，成本超支也无法挽回，这种现象对房地产开发项目整体的成本控制工作是极为不利的。

4.2.3.5 信息的不对称，或者信息获得不准确从而造成投资决策的失误

当前大多数房地产开发企业信息化水平比较低，缺少有效的先进信息收集手段，使收集市场信息或者进行投资估算时获得的信息并不准确。这样会使前期的投资估算出现偏差，并直接导致项目的后期运行阶段的成本与前期的估算金额有较大的出入，造成成本失控的局面。

4.3　投资决策不当对成本的影响

当前，我国房地产开发市场的投资环境较复杂，存在潜在风险。且我国房地产市场竞争激烈，稍有不慎，就可能决策失误，给企业带来巨大的投资风险。在企业管理体系下，风险的存在直接会影响项目的开发成本。房地产开发企业决策不当对项目成本的影响主要体现在以下几个方面。

4.3.1　经济形势变动影响项目开发成本

经济形势变动会导致房地产开发商经济上的巨大损失，如市场需求、购买力、利率、税率、汇率等，由于从可行性研究到楼盘上市的时段内，市场需求变动的可能性很大，消费者对户型结构及单元面积的偏好也会发生变化。原来的细分市场上该类物业还供不应求，而不久却可能大量积压，难免使投资收益远远偏离预期。通货膨胀时期，货币贬值，价格全面上涨，房地产虽然具有一定的抵抗通货膨胀的能力，但其价格也会上涨。而人们手中持有的货币量是一定的，这样购买力相对下降，可能无力支付日渐升值的房地产，从而导致房地产企业开发的项目难以售出而承担风险。

4.3.2　法律政策风险影响项目开发成本

法律政策风险是指一个国家所处的国际国内政治环境变动及相应的政策法律调整（如金融政策和财政政策变动、土地使用制度改革、住房制度改革），造成房地产开发商经济上的损失。对房地产开发商影响最为直接的是金融政策和财政政策。就金融政策而言，实行紧的货币政策还是实行松的货币政策直接影响开发者和购买者所持有的资本，影响项目的开发和出售，从而影响企业项目开发所需的成本费用。

4.3.3　相关决策人员素质偏低加大开发成本

首先，在我国房地产企业中，从事项目考察、项目测算的人员素质普遍不高。根据这些人员指定的项目企划进行投资分析，决策者很难做出正确的决策，从而造成了项目投资失误，给企业带来一定的损失，这些损失都要计入企业的开发成本。其次，企业开发决策者自身缺乏敏锐的市场洞察力和战略眼光，对项目预期不准确盲目开发盲目建设，造成项目开发后难以出售或在出售后难以得到预期效果，使得成本难以收回或收回速度较慢。

4.4　投资决策阶段成本控制的对策

投资决策阶段的成本控制是事前控制，由于决策阶段影响项目投资的程度最高。因此在决策阶段就应对项目投资成本进行预测，建立成本控制目标体系，确定投资控制目标。对于投资决策阶段的成本控制目标就是投资估算，投资估算的准确与否，是决定决策阶段成本控制的关键。因此，在投资决策阶段重点应对项目的投资估算的精确度进行控制，采用合理的估算方法进行编制，从而确保项目投资决策的可靠性。而正确的投资决策来源于高水平的项目可行性研究。所以，投资决策阶段的成本控制主要从项目的可行性研究和投资估算这两个方面来考虑。

4.4.1 企业内部完善投资决策流程

在房地产开发企业内部应该设立专门的机构来进行投资决策分析，并且使成本控制人员参与到前期的投资决策阶段。各部门的员工共同进行分析可以避免人员单一导致的考虑不周全等，使项目的决策变得科学化、合理化、避免盲目投资。各不同部门的员工在以后的项目管理中也可以通过对项目投资决策的了解深入，而及时地提出各种意见和建议，有利于项目从立项开始的成本控制工作就进行得很彻底。

4.4.2 充分了解市场和政策法规信息

4.4.2.1 充分了解房地产市场的相关信息，随时跟踪经济形势的发展和房地产市场的动态

房地产行业是一个行业关联性很强、政策导向性很强的行业，它的发展与国家及地区的政治经济、社会形态、法律、金融等因素息息相关。因此，在进行房地产开发项目的投资决策时要充分地了解这些相关的政策信息，并且要随时地跟踪房地产行业发展的动态，了解项目所在地区的经济情况、竞争对手情况和已有项目的销售状况等，甚至对今后几年，到项目建成时期潜在的需求进行分析和预测。在这方面，房地产开发公司可以设立专门的部门和人员来进行投资决策的分析，或者委托信誉度较好的中介公司进行随时跟踪和分析预测，定期地给出房地产开发项目的动态情况报告，使投资者可以做出更好的决策。

4.4.2.2 要尽量充分地了解房地产开发行业和其他相关行业的政策和法规

房地产开发企业的领导和相关工作人员一定要充分地了解行业的政策、法规和政府出台的相关信息，避免在开发过程中不按规则办事，导致额外的行政处罚或者导致项目无法顺利进行。如果项目的进度受到了影响，那么项目的成本也将大幅增加，造成浪费。

4.4.3 开发项目可行性研究

4.4.3.1 可行性研究的目的

房地产开发是一项综合性经济活动，投资大、建设周期长、涉及面广，要想使开发项目达到预期的经济效果，必须做好可行性研究工作，实现项目决策的科学化、民主化，减少或避免投资决策的失误，提高项目投资的经济效益，使房地产开发项目的许多重大经济技术原则和基础资料得到切实的解决和落实，最终得出结论，使投资者决策建立在科学而不是经验或感觉的基础上。

4.4.3.2 可行性研究的操作流程

房地产开发项目的可行性研究，就是要从市场、技术和经济等多方面对项目的前景进行分析预测，对项目进行整体的综合评价，从而判断项目在技术上是否可行、经济上是否合

理，并对多个方案进行优选的科学方法。可行性研究使决策科学化、程序化，提高决策的可靠性，帮助我们更透彻更清楚了解市场和项目本身的特点、定位，有效规避投资风险，增强投资者对项目的把握能力。

4.4.3.3 可行性研究的主要工作

房地产开发项目可行性研究的目的主要是解决四个问题：研究开发项目产品的可行性；研究开发项目的市场定位和技术方案的可行性；研究开发项目的建设条件；进行财务、经济、技术分析和评价，解决项目建设的经济合理性。

针对以上的四个问题，可行性研究主要从以下几个方面进行考虑。

（1）市场研究与需求分析。

（2）项目定位和客户群体分析。

（3）产品方案与建设规模。

（4）项目选址和市场环境条件分析。

（5）产品的建筑方案设计与分析。

（6）项目实施进度安排。

（7）投资估算与资金筹措。

（8）财务效益和社会效益评估。

4.4.3.4 可行性研究阶段的成本控制

可行性研究阶段的三大支柱是市场研究、技术研究和效益研究，三者缺一不可。因此，这个阶段首先对市场进行研究预测。例如针对目前市场上存在的许多空置房，分析空置的原因，为合理的规划提出参考数据。技术研究阶段的分析则需要紧密结合初步设计方案，进行功能分析及方案比选，从而选择出技术与经济结合较好的方案。

可行性研究阶段是建筑项目初始阶段，这个阶段的定位决定着项目是否能顺利实施，以及项目的整体规模和经济目标是否可以利润最大化。因此，加强建设项目的前期分析，可以有效提高项目的投资收益。

4.4.4 对开发项目进行投资估算

4.4.4.1 投资估算的意义

投资估算是在对开发项目的建设规模、产品方案、新技术应用及设备方案、建筑设计方案及项目实施进度等进行研究并基本确定的基础上，估算开发项目所需资金总额并测算建设期各年资金使用计划。投资估算是拟开发建设项目建议书和可行性研究报告的重要组成部分，是项目决策的重要依据之一。

在整个房地产开发投资过程中，是否进行开发决策取决于开发项目投资估算。投资估算要保证必要的准确性，如果误差太大，必将导致决策失误。因此，准确全面地估算开发项目的造价是项目可行性研究及整个项目投资决策阶段造价管理的重要任务。在可行性研究的各个阶段，由于基础资料、研究深度和可靠程度要求不同，决定了各阶段的内容和投资估算精度也有所不同。

4.4.4.2　投资估算对成本控制的影响

投资估算是房地产开发项目决策阶段成本控制的总目标，是以后各阶段成本控制目标分解的基础。投资估算成本控制是项目筹资决策和投资决策的重要依据，对于确定融资方式、进行经济评价和进行方案优选起着重要作用；投资估算是编制初步设计概算的依据，同时还对初步设计概算起控制作用，是项目投资控制目标之一。

总之，项目决策的深度影响投资估算的精确度，也影响工程造价的控制效果。投资决策过程是一个由浅入深不断深化的过程，依次分为若干阶段，不同阶段决策的深度不同，投资估算的精确度也不同，如投资机会及项目建议书阶段，是初步决策的阶段，投资估算的误差率在30%左右；而详细可行性研究阶段，是最终决策阶段，投资估算误差率在10%以内。

第5章
房地产项目设计阶段成本控制

引言

设计阶段对投资的影响程度高达70%~90%。设计阶段工作水平的高低,设计质量的高低,不仅影响施工阶段投资的多少,而且也影响项目建成投产以后经济效益的高低。控制房地产开发企业项目的建设工程成本,首先应从设计开始,因为设计是工程项目付诸实施的龙头,是工程建设的灵魂,是控制基本建设投资规模,提高经济效益的关键。

5.1 房地产项目设计阶段成本控制的必要性

房地产开发在设计阶段的成本控制是为了实现项目开发全过程的事前控制,其目的是为了最大限度地减少建筑施工过程中不确定因素导致的事后变动而带来的成本增加,具有高屋建瓴的作用。在房地产开发的整个项目的成本预算中,设计费用占其中很小的比例,只有1.5%～3%左右,但是其对项目开发成本的影响深远,可影响整个房地产项目的75%以上,所以设计阶段的成本控制具有十分重要的地位性作用。合理科学的设计阶段成本控制,能够在一定程度上非常有效地降低工程造价。

5.1.1 设计管理与成本的关系

房地产开发项目设计的每一个阶段都会受到上游成本工作的限制。要做到对房地产开发项目设计阶段的成本控制,就要做到将成本部门对成本控制的要求也要贯彻到设计部门,成为设计部门的成本控制的目标。设计管理和成本管理之间的关系如图5-1所示。

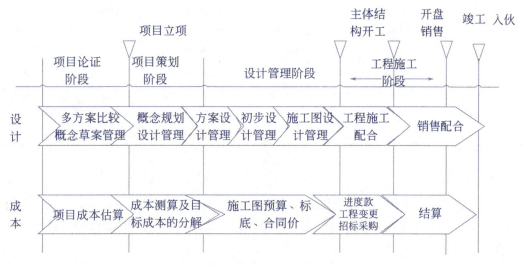

图5-1 设计管理和成本管理之间的关系

5.1.2 设计阶段成本控制的影响因素

5.1.2.1 建筑设计

建筑方案的优劣关系到其余各专业方面的优劣,关系到各专业成本控制的成败,可以说是单体设计中成本控制的第一步。建筑专业设计的好与不好,不但决定着结构专业的成本,同时也对给排水、电气、智能化、内外装修等也有重大影响。什么样的建筑方案才是一个最好的呢?其实没有最好的,这就需要我们在美观舒适与控制成本之间找到一个平衡点。从这个角度考虑,房地产企业可以从以下几个方面考虑控制成本,具体如表5-1所示。

表5-1 建筑设计成本控制的考虑点

序号	考虑点	说明
1	规划设计方案	在项目规划设计方案时,要根据项目的基本功能和要求,合理安排住宅建筑、公共建筑、管网、道路及绿地的布局,确定合理的人口与建筑密度、房屋间距和建筑层数;布置公共设施项目、规模及其服务半径,以及水、电、燃气的供应等,并划分上述各部分的投资比例
2	建筑的平面布置	对于同样的建筑面积,若建筑平面形状不同,其工程量和建筑工程费用也不同。一般来说,正方形和矩形的建筑既有利于施工,又能降低工程造价。另外,在单元住宅设计时,小单元住宅以4个单元,大单元以3个单元,房屋长度在60～80米较为经济,即相应可以降低工程费用
3	建筑的层高和净高	建筑层高和净高对工程费用影响较大。据资料表明,在满足规范的情况下,层高若每降低0.1米,就可以节约成本1%,同时,还可节省材料,节约能源,节约用地,并有利抗震
4	建筑的层数	建筑层数的多少,直接影响着工程费用的高低。低层建筑具有降低工程费用、节约用地的优点。建筑超过6层,就要设置电梯,需要较多的交通面积(过道、走廊要加宽)和补充设备(垃圾管道、供水设备和供电设备等)。特别是高层建筑,要经受较强的风力荷载,需要提高结构强度,改变结构形式,使工程费用大幅度上升。高层建筑超过18层和高度超过100米都是有较大费用变化的界限,因而,合理地规划建筑层数有利于降低工程费用
5	户型和住户面积	建筑户型分一室户、二室户、三室户和多室户。户室比要根据一般家庭人口组成、生产活动、工作性质等情况来决定。户型和住户面积以及配套功能房和辅助房的数量对工程造价的影响非常大。因此,房地产项目要根据项目的实际情况,确定小区内多层住宅、小高层和高层住宅的配比

5.1.2.2 结构设计

结构是建筑的骨架和主体,其造价在土建成本中占有相当大的比重,因此,优秀的结构设计是控制成本的重要部分。根据行内专家的建议,结构方面的成本控制主要从表5-2所示几个方面考虑。

表5-2 结构设计成本控制的考虑点

序号	考虑点	说明
1	选择合理的结构体系	结构体系的选择,是结构设计中的第一要素。一般而言,钢结构贵过钢筋混凝土结构,而钢筋混凝土结构又比砖混结构造价更高。因此,应根据建筑的层数和使用功能,选择合理的结构体系
2	优选结构方案	在确定采用何种结构体系之后,还要对结构进行多方案比较。由于现代的建筑平面越来越不规则、体型越来越复杂,加上现在科技更先进,在满足结构安全的前提下,有多种结构方案可供选择,通过比较后,选取一个最佳方案。这种比较是非常有必要的,一个优秀的结构方案比一个差的结构方案要节省很多,对工程造价影响比较大

续表

序号	考虑点	说明
3	严格控制计算结果	在结构设计中，设计人员在计算与配钢筋时，常犯错误：一是计算时取荷偏大，该折减的不折减，该扣除的不扣除；二是在输入计算机时，计算参数有意识放大1.05～1.15倍；三是出施工图配筋时，担心计算不准，有意识的根据计算结果又扩大10%～15%的配筋量，所以其最终出图结果显然比精确计算大很多。此外，还有所谓的"算不清加钢筋"等现象。因而，作为房地产的管理人员，应该与设计人员多沟通，认真审核计算书与设计图，及时调整
4	优化基础设计	建筑基础的合理选型与设计是整体结构设计中的一个极其重要和非常关键的部分。它不但涉及建筑的使用功能与安全可靠，还直接关系到投资额度、施工进度和对周边现有建筑物的影响。基础的经济技术指标对建筑的总造价有很大的影响，基础的工程造价在整个工程造价中所占的比例较高，尤其是在地质状况比较复杂的情况下，更是如此

5.1.3 设计阶段成本控制的重要性

设计阶段的成本控制的重要性表现在以下方面。

（1）在设计阶段的工程造价控制分析的科学和合理的方式可以提高资金的使用效率，项目成本结构更加合理。设计编制预算是设计阶段的工程造价的重要工作，通过设计预算项目成本构成的资金分配的合理分析，也可以利用价值工程分析工程理论相匹配的功能和成本各组成部分的功能和调整，使其有更合理的成本。

（2）工程成本估算分析可以提高投资控制在设计阶段的效率。房地产企业可以分析了解项目设计的各个组成部分的投资比例估计，投资比例相对较大的部分应作为投资控制的重点，它可以有效地提高投资控制的效率。

（3）在设计阶段控制工程成本将使成本控制更主动。在设计阶段工程造价的控制，首先按照项目计划的费用，列出各部分的质量标准、该方案的费用。在系统详细设计中确定该方案的成本估计，并且列出项目各部分的成本控制指标，如果有比较大的差异，要主动采取一些控制方法，减少分歧，提前达到控制成本的目的。

（4）在设计阶段项目的成本控制技术与经济要相结合。不仅要考虑项目的功能、审美和使用要求，在设计阶段并应充分考虑开发项目的成本。设计实现科技与经济的结合，达到设计的目的——"经济、美观"。

5.1.4 明确设计阶段各专业人员的成本责任

一个开发项目从方案设计开始，到之后的建筑、结构、电气、给排水等设计图纸的完成，涉及多个专业的设计人员，并且设计过程将贯穿整个开发项目的始终。无论在哪一个设计阶段，都不能离开成本控制人员的参与，只有这样，才能达到对规划设计阶段进行成本控制的目的。

对规划设计阶段进行有效的成本控制还要从优化设计流程上着手。对于房地产开发企业而言，建立一个规范的管理流程可以使工作变得更加高效，还可以节约时间成本。因此房地产开发项目就要针对规划设计阶段的流程进行不断地探讨，使设计流程和成本控制流程都可以变得更加合理，通过规范的、系统的流程引导，规划设计管理和成本管理就可以相互联系、相互制约。

同时要提高全员的成本意识。房地产开发项目的成本控制并不仅仅是成本部门的责任，而应该是所有部门共同来参与，相互协作完成的。成本部门在制定成本目标并在实施控制成本的过程中向其他部门不断渗透成本控制的思想，使设计部、工程管理部、销售部等每一个部门的员工都能知道成本控制的重要性，了解自己应该担负起成本控制的责任。成本控制中各部门的职责如表5-3所示。

表5-3 各个部门在成本管理中的职责

职能部门	在成本管理中的职责
设计部	1. 设计费用的管理与控制 2. 根据相关部门及专家的建议进行设计优化
成本部	1. 开发项目成本管理与控制 2. 材料设备的采购管理 3. 合同及招投标管理 4. 目标成本的编制和动态成本的跟踪控制
工程部	1. 对工程的质量、进度和成本进行全面的集成控制 2. 工程签证和设计变更的现场管理和控制
销售部	销售费用的管理与控制
财务部	1. 财务费用的管理与控制 2. 公司总体资金计划的管理 3. 项目财务指标的控制
行政部	对公司管理费用的有效控制

【他山之石】

项目设计阶段成本管理工作指引

1. 目的

为了提高设计阶段的成本意识，提供在设计阶段进行成本管理的基本手段，特制定本工作指引。

2. 范围

主要包括概念设计、实施方案设计、施工图设计三个阶段和建筑、结构、安装、景观、室内设计五个专业。

3. 原则

3.1 以客户价值为核心。在设计阶段应选择客户认可价值与支付代价最大差值的方案与部品，不宜单纯追求效果，也不宜片面追求低成本。公司可结合成本收益等综合情况，选择应用一定的新产品、新技术，但从中长期看不降低选择常规产品和技术时的项目利润率，在应用新产品、新技术的同时，应做好市场培育和客户引导工作，增加品牌价值并尽早让客户认同。

3.2 方案优化。在各阶段设计和单项设计中，都应持续地开展方案优化工作，比较不同设计方案的所带来品质、效果、成本、效益等方面的差异，同时还要考虑物业维护成本、客户使用成本，从中选择最优设计方案，兼顾长期利益和短期利益的平衡。

3.3 动态测算、及时反馈。成本管理部门在概念设计、实施方案设计、施工图设计等决策过程中，都应全面测算项目成本，及时计算出单位可售面积成本等指标，并联合财务部门测算项目效益水平，提供给设计部门和公司决策层调整设计，使之满足公司的经营要求，作为最后设计决策的必备资料。

3.4 取得设计单位配合。公司应做好与设计单位沟通工作，着力取得设计单位在成本控制方面给予最好的配合，并在设计合同中，将需要设计单位给予的工作配合事项和技术经济指标要求，清晰、明确地表述在设计合同中，可设置一定的履约奖惩措施。

4. 组织与分工

4.1 集团成本预算中心、规划设计部、工程管理部负责本指引的编写、修订、解释和培训。

4.2 项目一经确定，进入设计阶段后，分公司设计部应牵头设立项目设计工作小组（非常设性组织）。小组成员应覆盖设计、成本、工程、物业四个职能部门，并包括建筑、结构、安装、景观、室内设计等各个专业，公司设计部项目负责人组织工作的开展。

4.3 小组可根据自身能力，外聘专家，协同做好设计阶段的成本管理工作。

4.4 在各设计阶段的重要节点工作中，项目设计工作小组应组织专题研讨会，并与设计院保持良好和紧密的沟通，深入广泛地讨论和比较各方案的经济性。成本管理部应及时提供方案比较需要的成本分析、综合效果与经济性，以及各专业的要求，选择最优秀的方案。

4.5 各阶段设计完成后，成本管理部提供包括成本测算在内的成本资料，方案论证应结合成本因素进行综合评价。

5. 概念设计阶段

5.1 本阶段工作的基础是在投资分析阶段营销、设计、成本共同完成的《项目定位分析报告》《项目可行性研究报告》，定位需要调整时仍需以上三个专业共同讨论。

5.2 公司于设计工作开展之前，应按项目总体经营要求和市场定位，确定项目的成本控制目标。一般情况下，项目可行性研究及定位报告中确定的成本估算应作为确定设计阶段成本控制目标的主要参考。

5.3 本阶段的设计任务书中，除应包含"项目概况及用地分析"等设计专业的要求外；对于成本，应根据项目的地理位置、自然景观、配套情况等自身特点，以及项目定位时确定的拟建产品类型及风格，结合预期售价，给出一个相对宽松的成本区间范围，对概念设计单位进行交底。

5.4 在多个概念设计间进行选择时，除关注交通、功能分区、景观分析等方面以外，成本方面应重点考虑以下几个方面。

（1）建筑主体应避开原水塘等软地基所在位置。

（2）道路环境标高、基础埋深等引起土方挖填总方量最小。

（3）水泵房、配电房、煤气调压站、控制中心等配套设施的位置能使得各种管线的铺设长度最短。

5.5 对方案调整引起的下列变化应重点关注。
（1）商业面积调整。
（2）地下室及人防面积调整。
（3）停车比例及方式的调整（提高架空停车、地下车库等非路面停车的比例）。
（4）基础形式的调整。
（5）设备配套方案的调整。
（6）场地平衡基础处理等。

5.6 方案调整引起的建筑覆盖率、计容积率面积、不计容积率面积等发生变化时，各项具体的成本费用的变化是不一致的，部分科目的费用等比例变化、部分科目不严格按照比例改变，部分费用甚至不变。即不同方案进行成本收益比较时，应准确反映其实际变化情况。

5.7 因各产品的利润率不同，在测算项目总利润时，往往会调整各产品类型的比例。在测算地价、配套设施、环境等费用时，应综合考虑各产品的实际受益，在按占地面积、建筑面积、可售面积等分摊标准中选择最切合实际的分摊方法，准确反映各产品类型的成本和收益情况，为产品比例的调整指引正确的方向。

5.8 概念设计阶段需要特别注意不可售的建筑面积（会所、管理用房、设备用房、不可分摊的走廊），在满足项目配套需要的前提下，要与项目的定位相适应，同时兼顾长期的使用和经营管理的成本。

5.9 人防地下室造价较高，某些城市可以在自行建造或缴纳人防异地建设费中选择，本阶段应对两种方案分别测算，选择较为经济的方案。

5.10 进行实施方案的成本测算时，应检查设计有没有考虑物业管理模式、以往的特殊要求，避免后期修改。

5.11 测算时要注意不计建筑面积的实体（不足2.2米的设备层、不利用的吊脚架空层等）对成本的影响，防止遗漏。

5.12 不同阶段的成本测算发生变化时，成本人员应对变化情况和原因作分析，并向设计、营销提供改进建议。

5.13 本阶段应对建筑平面、户型结构、主要设备、停车方式等的可行性及经济性进行预研究，避免实施方案设计阶段调整幅度过大。

6.实施方案设计阶段

本阶段重点关注：建筑平面、基础类型、结构形式、结构布置、建筑装饰标准、停车方式及比率、小区供配电方式、主要设备选型。

6.1 建筑专业

6.1.1 确定建筑方案时，要尽可能从结构设计方面考虑建造成本，尽可能减小建筑专业的不合理布置带来的结构设计成本的增加。同时兼顾结构类型的选择，分别评估平面、竖向等各方向的复杂程度，不选择不规则或非常不规则的建筑方案。

6.1.2 单体及户型设计时，应寻求效果与成本的平衡，除商业与公建外，不宜选择体型过分复杂的单体；单体周长与面积的比例系数无特殊要求时应选择适中，在体现一定超前意识的同时，不至于同市场上的常规选择差异悬殊，符合产品的定位。

6.1.3 在确定层高时，应综合市场取向、产品自身的定位，同时考虑长期的取暖及制冷的能源消耗，不盲从客户要求，对销售人员培训以对客户能有正确的引导。选择合适的层高，层高每增加0.1米造价增加该层造价的3%～5%。

6.1.4 在门窗的设计中，在必须满足通风及采光要求的同时，应注意选择合适的窗地比（外墙门窗面积与建筑面积比）。铝合金或塑钢门窗除风格要求外，分格不宜过小，以降低型材的用量。

6.1.5 在选择停车方式时，必须满足规划的要求，若规划只要求停车位的数量，各停车方式的优势与劣势一般如下所述。

（1）地面露天停车造价最低，业主使用较为方便。但不可销售，除月租金可补贴物业管理外，开发商没有收益；且对于景观的影响较大。

（2）建筑物一层架空停车。多数城市可以颁发产权证，允许销售或长租；结构可以利用上部住宅的柱网，若无环境的要求，对围护结构要求也不高，故造价属中间水平。但因上部住宅的柱网不规则，平均每个车位的面积往往较大；对环境亦有轻微的影响。

（3）建筑物下的地下停车库。多数城市可以颁发产权证，允许销售或长租。造价较高，且因上部住宅的柱网不规则，平均每个车位的面积往往较大，但因可以利用建筑的基础，实际增加的成本较地下的停车库反而要低，多数情况下可以通过销售收回成本。地下室兼作地下车库的经济柱净距建议如下表所示。

地下室兼作地下车库的经济性净距

停车类型	小轿车（标准车型尺寸为长×宽×高=4.90米×1.80米×1.60米）
两柱间停车数	建议柱净距/米
1	2.4
2	4.7
3	7.0
4	9.3

（4）平战结合的人防地下室停车库。多数城市不颁发产权证，不可销售，但对于是否可以长租各城市规定不一，可以长租的往往还需与人防管理单位分成；和平时期一般可以用月租的方式补贴物业管理费用。人防地下室兼作停车库的成本非常高，即便可以长租往往也无法收回成本，故该种停车方式除硬性要求外，一般不主动选择。

（5）半地下停车。往往用于坡地或山地建筑，其成本与收益情况介于一层架空停车与地下室停车之间。

6.1.6 材料部品的选择必须满足集团工程或设计部确定的通用标准，另外还要与所建产品的定位与售价相适应，在此基础上尚有选择余地时，可以运用价值工程进行计算，选择最合适的材料部品。

6.1.7 材料部品的选择应考虑当地市场的供求状况，尽可能利用当地的优势资源，减少选用差异不大但需从外地购买的材料部品。

6.1.8 地面、楼面、屋面以及墙面等建筑做法应遵循技术合理、实用经济的原则。

6.1.9 方案比较进行成本测算时，应注意容易忽略的露台、不算面积的架空层、假复式、骑楼等引起的成本增加；有计算退台的建筑的占地面积和屋面面积时，应注意与普通建筑的区别。

6.1.10 规划设计方案确定之后，成本管理部应即根据方案做出细致的成本测算，并分析与可行性研究阶段成本估算的差异，反馈给公司设计部和公司管理层。

6.2 结构专业

6.2.1 钢筋和混凝土成本占主体建筑成本的较大比重，单方钢筋含量和单方混凝土含量应作为结构设计控制、审查重点，并与同类建筑进行比较分析。

6.2.2 设计工作小组应与设计院设计师就各结构参数作深入探讨与交流，力求得到安全、最经济的结构参数。其中重点审查以下内容：结构计算时输入的荷载值、结构计算参数、结构计算结果、结构构件的几何尺寸及配筋率。

6.2.3 一般情况，各基础类型的成本按以下顺序递增：天然浅地基基础、复合地基浅基础（有时采用强夯挤密砂桩等处理方式代替）、筏板、预应力管桩、人工挖孔桩（逐渐受限制）、灌注桩；相邻的两种在具体的设计方案中成本有时会颠倒，最准确的方法是请设计院初步估算进行设计，再测算其准确造价。

6.2.4 结构形式的成本递增顺序一般是：矩形柱框架、异形柱框架、框架短肢剪力墙、框架剪力墙、剪力墙；住宅一般较少采用框架筒体结构。同样，相邻的两种在具体的设计方案中成本有时会颠倒。

6.2.5 采用框架结构和框剪结构时，建筑与结构专业应互相进行反复修正，在对户型进行少许修改能够在结构上有较大节省的方案应积极采用，避免建筑定型后再进行结构设计的被动局面。

6.2.6 异形柱框架与矩形柱框架比较，结构造价一般会高出10%～20%，同时矩形柱的使用可能会对建筑使用功能造成一定影响，建议异形柱和矩形柱综合考虑。

6.2.7 柱、梁截面尺寸直接影响结构的混凝土和钢筋含量，也对建筑使用功能有一定影响，项目设计工作小组需着重考虑。

6.2.8 上述三个重要节点工作确定时的成本工作，一种方法是根据初设进行计算，另外也可邀请外部专家进行成本比较的定性分析，选择合适的方案。

6.3 安装专业

6.3.1 给水管、排水管、导线的种类选择。应符合行业的发展方向，保证一定时间内不会被淘汰。

6.3.2 给水管、排水管、导线的规格选择。满足使用要求有一定的富余量。

6.3.3 给排水、电气设备、智能化设备的选择。首先应充分调查市场，了解各种品牌的声誉及供应状况；其次在满足使用要求的前提下，性价比较高，且兼顾长期使用成本。

6.3.4 对于分期建设的大型小区的总配电房、分配电房及水泵房的方案设计时，应提前做到合理规划，全面考虑。

6.3.5 提交设计院的住宅套内的设计负荷指标、回路数量应合理考虑，对于项目应急负荷的指标应准确提供，以便进行发电机型号、功率的合理选择。

7. 施工图设计阶段

7.1 建筑专业

7.1.1 设计人员应根据规划设计阶段的成果，撰写施工图设计招标文件和设计合同，制定"项目设计任务书"，负责跟踪控制目标技术经济指标；负责保证图纸及时到位和质量；组织图纸会审、设计交底等工作。

7.1.2 项目设计工作小组中的成本人员应协助设计人员确定设计合同的经济条款、技术经济指标要求。在设计过程中，须及时提供设计优化需要的各项目标成本数据。

7.1.3 主体的外立面及公共部位的二次装修费用易被忽略或控制不严，设计与成本应提前在施工图设计时预测、确定其费用控制目标。

7.1.4 厨卫有装修时，固定橱柜、镜面覆盖处可以不满铺墙砖（或地砖）。

7.2 结构专业

7.2.1 若结构布置已确定，本阶段成本工作的重点在于设计过程中对计算书进行复核，核查配筋率，并在正式出图之前进行细致的审图工作。

7.2.2 设计前应根据规划方案设计的成果，结合集团成本数据库中已建类似建筑，提出钢筋、混凝土的限额指标，并在施工图设计开始前在设计指导书中列明；可在合同中约定，在最终成果达到要求后，给予一定的奖励，惩罚条款需谨慎采用。

7.2.3 应要求设计院或结构工程师完成结构结算后提供包括结构设计计算书、各层结构平面布置图、各层墙梁柱板的配筋量简图、柱底内力图在内的相关资料，并就计算书中的内容与设计师交涉、探讨。

7.2.4 具体结构计算及设计的细节中，以下手段可供参考。

（1）地基承载力的确定。勘察单位提供持力层地基承载力数据后，与相近类似地块的数据进行比较，在保证安全的前提下，与设计院一道同勘察单位沟通，保证提供的地基承载力数据不偏于保守。

（2）地下水压（浮）力是确定地下室底板与外墙厚度的主要因素。设计部、成本管理部负责争取勘察单位提供的地下水压（浮）力数据准确，无夸大。

（3）明确各层使用功能，可以得出较为准确的设计使用荷载，有利于结构设计。竖向墙体荷载按已明确的材料计算，并注意扣除窗和门洞的面积。

（4）在满足规范最小埋深及建筑功能的前提下，尽量减小地下室的高度和埋深。

（5）裙楼、地下室剪力墙与上部塔楼剪力墙及其洞口应尽量保持上下对齐。

（6）剪力墙体厚度在满足结构要求的前提下，在当地施工工艺的能力范围内应尽量取接近规范要求的最小厚度。

（7）高层建筑中，柱墙等竖向构件混凝土等级与梁板混凝土等级宜按受力要求分别采用，不得将梁板混凝土等级为求施工方便而刻意提高。

（8）梁板体系及简支构件的跨高比选择要经济；梁、柱截面尺寸都可按初估的荷载先行估算，并结合工程师自己的经验确定，再进行细致核算。柱在满足规范轴压比限值的情况下，宜减小截面尺寸，柱截面尺寸以轴压比和构造配筋为衡量标准。梁筋按计算配置即可，尤其是梁端面筋不应人为放大。

（9）主、次梁的负筋全部拉通的数量满足规范要求即可，不得全部直通。

（10）除地下室底板、屋面、剪力墙板及特殊要求部位外，其他各板式构件一般不宜采用双层双向配筋，其上部负筋在跨中应考虑断开。

（11）满足使用功能前提下，优先采用规范规定的最小板厚，但要验算变形和裂缝。条件许可时（板跨在经济范围内），应尽量少设梁，尤其是厨卫降板处不宜多设小梁（可采取折板或建筑垫层的做法），去掉小梁后板仍为构造配筋。不要因预埋或其他局部性的构造要求全面加大板厚。

7.3 给排水专业

7.3.1 室内管线敷设，满足管线敷设长度最短。

7.3.2 外立面的雨水管、空调凝结水管除了在建施图中反映外，还需在水施图中表示，便于施工。空调凝结水管可考虑尽量合并到雨水管，以节约管材、改善立面。立管的布置应综合考虑建筑使用功能，避免影响门窗的开启。

7.3.3 避免雨污水管穿越斜屋面，并详细标注安装高度。禁止雨污水管穿越客厅及卧室，禁止雨水直接排放到露台。

7.3.4 对于底层花园、顶层为假复式或斜层面有单独水电要求时，应单独绘制水电施工图；避免用标准层代替，而在施工过程中再以变更进行纠正。

7.3.5 给排水施工图中各类套管的位置及规格标注不能遗漏。

7.3.6 雨污水出户管应结合总平排水设计，避免施工期间的大量调整。

7.4 电气专业

7.4.1 电气系统的线路设计时，应考虑各楼层共用电缆母线，到达楼层再接分支，在具备条件的情况下，优先考虑使用预分支电缆。室内线管的敷设方案应在"沿地暗敷""沿墙敷设"中选择线路较短的敷设方式。

7.4.2 卫生间的金属构件接地建议采用在卫生间埋设构件的方法，不从配电箱内单独分设PE线回路。特别是给排水管采用塑料管的，在满足规范的前提下建议不进行等电位联结板的设计。

7.4.3 选择低压断路器，确定保护整定值，校验低压线路末端单相短路保护灵敏度应符合规范要求。导线电缆截面的选择应在满足发热及各种校验的条件下，取最经济值。

7.4.4 户内配电箱的系统图设计应做到在满足规范的前提下，尽量减少漏电开关数量，建议优先采用插座回路共用一个总的带漏电保护的断路器的配电方式、照明回路采用单级开关，根据户内配电箱与上级电表箱的开关配合情况选择双级隔离开关作为户内配电箱的总开关。

7.4.5 小区智能化系统中，监控系统的摄像头、周界防越界系统的定位应做到合理考虑，在满足功能的情况下采用尽量合理的设备数量。

7.4.6 居家防盗报警、对讲系统的方案设计，应充分了解产品性能，确定性能稳定的对讲产品，了解当地相关政策，在满足规定的情况下，尽量优先选择安保型（对讲报警一体）的对讲产品。

8. 环境设计

8.1 委托环境设计之前，应根据项目档次、定位报告的目标成本，确定环境工程的单位成本，并向设计师进行交底，作为概念设计的依据。

8.2 根据景观区域的位置可把环境分为重要景观区、组团景观区、宅间景观区等，设置成本分配系数，让成本投入能在重要的区域有所侧重。

8.3 详细的环境方案设计中，可把总的环境费用按道路及广场、绿化、建筑小品、室外照明、室外部品及设施、围墙等进行拆分，明确方案的成本目标。在方案完成后，再逐步核算分项费用、总费用是否超标，并反馈给设计师，再调整、再核算。

8.4 环境设计方案的调整，多数情况下属于面层不同做法的调整，或者是树木种类及规格的调整，建立完善的环境部品及材料库有利于环境设计的成本测算。

8.5 景观设计公司的景观结构设计做法往往较为保守，项目设计工作小组应重点进行优化，同时将优化后的常用景观结构做法提供给景观设计公司。

8.6 对于表观性景观材料,最好由设计部、成本管理部共同确定,保证合理的性价比。

8.7 环境设计还需考虑长期的物业维护费用,如入口的数量、水景的选择、草皮与乔灌木的比例。

8.8 景观设计应综合考虑与各种管网的协调,避免绿化树木根系对管网的潜在破坏,避免管井井盖对路面的不雅影响。

9. 销售包装工程设计

9.1 精装修中设计费所占比例较高,对于设计师的选择有四个档次——普通设计师、国内知名设计师、港台知名设计师、国际著名设计师。普通情况下选择中间两类,或选择合作较多、配合较好的第一类设计师,高档别墅和卖场可适当提高。

9.2 样板房实施前,应由设计、营销、成本共同讨论确定装修的套数和费用总额,并按每套房的设计费、装修工程、家具及家电设备、饰品等几项费用进行分拆,向设计师交底,各项费用可以互相调剂,但总额一般情况不允许超出。

9.3 装修工程编制预算时应考虑一定比例的设计变更费用。

9.4 家具家电设备、饰品根据效果的需要,由设计部与成本管理部(或财务)共同按货比三家的原则进行购买。

9.5 样板间的饰品及家具,在风格不相冲突时,可在下一期的样板房中重复利用。

9.6 样板间总费用控制方法:事前给设计师一个最高限额,由设计师自行把握效果与成本(公司设计师及领导认为效果不佳时仍然可以要求变更),完成后根据确定的合同单价对工程进行结算,不超过限额时按实结算,超过时只支付最高限额。此方法只有当设计和施工是同一公司时方可实施。

5.2 房地产项目设计管理的程序及内容

房地产开发中的设计管理从前期土地获取中对于意向地块的规划研究分析,设计过程的管理,到施工中的技术配合和效果控制等,基本上贯穿于整个房地产开发过程的始终。

房地产项目设计阶段的管理有其特殊性。首先设计的成果是由建筑规划设计院完成的;其次房地产开发公司设计人员在策划和设计过程中起沟通、协调、监控作用。因此在建设项目的设计运作过程中,房地产开发公司如何介入,如何控制设计过程,充分发挥内部资源和外部资源的能动性,是取得项目设计成功的关键。

设计管理的程序主要为编制设计任务书、设计过程控制、设计成果评审和设计变更控制这四个环节。

5.2.1 编制设计任务书

设计任务书是设计的输入。

5.2.1.1 方案设计阶段

方案设计阶段,设计任务书的输入主要应包括公司最高领导层的规划意见、营销部门提供的项目定位、房地产企业和客服部门提供的客户建议、开发部门提供的政府征询意见、预算部门提出的初步成本建议以及项目现场管理部门提供的勘测报告等。

5.2.1.2 初步设计和施工图设计阶段

初步设计和施工图设计阶段,设计任务书的输入则主要应包括前面的设计成果、报批过程中获知的反馈意见、预算部门提供的细化成本要求以及项目现场管理部门提供的配套设备的设计要求等。

5.2.1.3 设计输入不够充分或设计输入质量不高的原因

在设计的上文所述两个阶段,设计任务书输入的重点不太一样,前者的重心在于政府规划、项目定位、领导意图,而后者的重心则在于报批反馈意见、成本要求。由于后续参与设计成果评审的部门基本与提供设计输入建议的部门一致,因此若此环节将某个部门省略,那么后续的设计评审也将缺乏针对性的效果。一般来说,房地产企业能意识到该环节的重要性,但总是由于这样或那样的原因导致设计输入不够充分或设计输入质量不高,总结下来,主要有以下几点,如图5-2所示。

原因一　时间紧张

目前有不少工程项目,为了图快,为了赶一个好的上市时机,往往工期紧张,留给设计的时间并不多,也因此导致了设计任务书编制匆匆忙忙,包括后续的设计过程控制和设计成果评审都是敷衍了事,一切问题由施工过程中的设计变更和工程签证来解决。同样因为工期紧张,也大大影响了其他部门提供资料的质量

原因二　人力资源紧张

房地产企业专业人才缺乏的现象普遍严重,匮乏的人才使得很多大家都知道重要的工作却没有办法开展,比如收集客户信息,了解客户需求,同时,在精力分散的情况下也降低了工作质量,如设计深度要求的质量可能因为精力不够而大打折扣

原因三　忽视

在方案设计的设计任务书编制时,忽视了地质勘探报告的重要性,导致后续大量的土方签证和一系列的设计缺陷;在扩初设计时,忽视了项目现场管理部门提出的配套设备的设计要求,导致后续土建、配套和景观的设计矛盾现象

原因四　积累不足

成本方面的积累不足导致预算部门难以提供有效的设计限额要求,客户方面的积累不足导致营销部门、客服部门不能提供有效的客户需求建议等

图5-2　设计输入不够充分或设计输入质量不高的原因

5.2.2 设计过程控制

设计过程的控制是设计意图得以图纸化的有力手段。多数工程在设计的过程中不太重视过程的控制，缺乏必要的跟踪，导致设计结果出现不应有的偏差。做好这环节的工作可以从图5-3所示几个方面要点来考虑。

要点一 关键节点控制

在设计开始实施前，设计部门与公司领导拟定该设计项目的关键节点计划；在关键节点，设计部门组织检查，必要时可组织各部门参与的研讨会，同时碰到不确定性问题时应即时征询规划部门意见，尽早发现问题，提前解决问题

要点二 日常跟踪

在设计过程中，设计部门应有专人及时跟踪，及时掌握设计动态，避免设计偏离重心，造成返工现象

要点三 过程记录

在与设计单位的沟通交流中，随时随地做好详细的过程记录，便于项目完结后进行统计分析，避免类似问题的复发，也便于对设计单位的考核管理

图5-3 设计过程控制的要点

5.2.3 设计成果评审

设计成果评审是设计意图得以图纸化的另一重要手段。设计评审是房地产企业对设计单位提供成果的最后一次把关，这一次把关的成败很大程度决定了后面设计变更和工程签证的多少，房地产企业应给予高度的重视。目前，一些房地产企业或采取口头等非正式沟通的方式或不重视走形式，导致该环节的控制作用不能很好地发挥。设计成果评审会的实施可以考虑做好图5-4所示几点。

重点一 评审会的合理组织

房地产企业业务部门的工作时间异常宝贵，应尽可能地花工夫进行组织，以使之更加科学合理有效。在时间上应充分考虑到评审参与者的工作安排，避免出差或其他原因导致的缺席；设计方案或施工图应根据量的大小提前（2～3天）下发评审参与者，以备消化吸收，提高评审会效率；选择权威人士担任主持人，提高各参与部门的重视程度，同时在出现争执意见时决策拍板，避免长期争执影响效率

图5-4

重点二　参与部门充分

一般来说，提供设计输入的部门以及领导都应参与，核对提供的设计要求或建议是否在设计图纸中得到体现。必要时，还应邀请外部有关专家参与

重点三　参与部门重视

参与部门重视才能起到评审的效果，而参与部门往往都是比较忙碌的业务部门，要避免来了听听走人的心态

重点四　管理评审纪要

管理评审纪要的严肃对待可以提高部门的重视程度，并且为日后的设计分析总结提供素材和依据。各个评审会都应有详尽的评审意见记录，并要求签字确认

图5-4　设计成果评审的重点

5.2.4　设计变更控制

设计变更可能产生好的影响，如节省成本、产品在功能上更加符合业主的要求，也可能产生不好的影响，如带来成本的严重超出。

5.2.4.1　设计变更的产生原因

设计变更的产生可以有多方面的原因，主要包括图5-5所示几种。

原因一　公司领导要求变更

因领导的换届导致现有设计风格不符合领导要求，或原有领导基于公司发展的角度要求进行变更等

原因二　营销部门要求变更

产品的功能设计不符合业主的要求或给业主带来十分不便等情况，营销部门提出进行变更

原因三　施工单位要求变更

施工单位因材料设备使用问题而提出来的变更，如原有材料设备缺货要使用替代产品，又比如使用新材料；施工单位发现图纸设计失误而提出来的变更，如出现明显的图纸错漏现象

原因四 设计院要求变更

这种情况多数发生于多边工程（边勘察、边设计、边施工、边图审、边报批），由于工程设计仓促、图审报建滞后等原因，导致施工图错、漏、碰、缺问题百出

图5-5 设计变更产生的原因

5.2.4.2 设计变更的控制要点

设计变更的控制主要从设计变更发生的次数和每一次设计变更的处理两个方面进行控制。具体要注意图5-6所示几点。

要点一 减少设计变更次数

要想减少设计变更次数，最关键的是将风险前移，也就是说将发生设计变更的可能性尽可能的在前面的设计管理工作中予以解决。概括来说，就是做好前述的设计任务书编制、设计过程控制和设计成果评审三项基本工作。根据笔者经验，做好该三项工作后，设计变更的次数可以得到一个较好的控制

要点二 严格控制设计变更的发生

设计变更发生的控制主要是坚持先研讨再测算最后决策的控制原则，简单来说，先从技术上验证是否可行，然后从成本上验证是否可行，最后决策是否变更。这样来做，可能会影响施工效率，在此可以适当地给予项目负责人一定设计变更的权限进行操作

要点三 选择合理的设计单位

一般来说，大型建筑规划设计院设计水平高，设计质量更为可靠，但价格稍高而且配套服务不能跟上，中小型建筑规划设计院设计水平偏低，设计质量也相应折扣，但价格稍低而且配套服务质量高。建议房地产企业根据自身资源情况选择合理的设计单位，不要盲目地追求大型建筑规划设计院，也不要一味地追求节约成本

要点四 设计先行，科学合理安排设计工期

设计工作往往是前松后紧，概念方案设计久拖不决，施工图设计夜以继日、疲于奔命，影响了图纸设计质量

图5-6 设计变更的控制要点

5.3 规划设计阶段成本控制的措施

规划设计的考虑，要围绕住宅和商业店铺产品销售的市场和利润的大小来研究，如高层、多层的比例要合理，容积率高，设计平面组合好，将会使产品销售好，从而经济效益也高。因而要保证设计的质量，尽量减少施工期间的洽商变更，就必须采取有力措施，切实加强设计阶段的工程成本管理。

规划设计阶段成本控制的措施主要有以下几个方面。

5.3.1 加强设计阶段的经济论证

设计阶段是工程建设的重要环节，它决定整个工程项目的规模、建筑方案、结构方案，设计方案优化与否，直接影响着房产项目工程总造价，影响着工程建设的综合效益。在方案比较时，可以采用成本-效益分析方法，在满足工程结构以及使用功能的前提下，依据经济指标选择设计方案。设计单位在技术经济分析中应大力开展价值工程方法的应用。价值工程是分析产品功能和成本的关系，力求以最低的产品寿命周期成本实现产品的必要功能的一种有组织的活动和管理方法，以求获得最佳综合效益。

5.3.2 实行限额设计

5.3.2.1 限额设计的概念

限额设计是按照投资或造价的限额进行满足技术要求的设计。它包括两方面内容，一方面是项目的下一阶段按照上一阶段的投资或造价限额达到设计技术要求，另一方面是项目局部按设定投资或造价限额达到设计技术要求。

限额设计是建设项目投资控制系统中的一个重要环节，一项关键措施。在整个设计过程中，设计人员与经济管理人员要密切配合，做到技术与经济的统一。设计人员在设计时以投资或造价为出发点，做出方案比较，有利于强化设计人员的工程造价意识，优化设计；经济管理人员及时进行造价计算，为设计人员提供有关信息和合理建议，达到动态控制投资的目的。

5.3.2.2 限额设计的特点分析

限额设计是控制工程成本的重要手段。限额设计是按上一阶段批准的投资来控制下一阶段的设计，并且在设计中以控制工程量为主要内容，抓住控制工程造价的核心，从而克服"三超"。所谓"三超"即概算超估算、预算超概算、决算超预算。造成这种现象的主要原因之一就是没有实行限额设计。

限额设计也是投资控制的最有效最直接的方法，但是限额设计只考虑了项目的一次性初投资，没有考虑项目建成后的运行和维护费用，同时由于限额的要求，也限制了新材料、新技术的应用，制约了创新技术的发展，尽管新技术和新材料一次性初投入比较大，但后期使用和运行费用比较低。还有的项目甚至出现为了满足限额设计要求而降低设计标准的现象。尽管项目限额设计的效果较好，但项目的价值不一定达到最大化。

5.3.2.3 限额设计的体系

为保证限额设计工作的顺利进行并且能够取得成效,应该建立限额设计的纵向和横向控制体系。

(1) 限额设计的纵向控制。通过实施纵向控制来使限额设计贯穿到各个设计阶段,而在每一阶段中又必须贯穿到各个专业、各个工序,使各个环节相互连接成有机的整体。在每个专业、每道工序中都应把限额设计作为重点工作内容,明确限额目标,实行工序管理。限额设计的纵向控制应注意图5-7所示三个环节。

环节一　方案选择

初步设计要重视方案选择,依据批准的可行性研究阶段的投资估算进一步落实投资的可能性。初步设计是多方案比较的结果,是项目投资估算的进一步具体化。在初步设计阶段,对关键设备、总图方案、工艺流程、主要建筑和各种费用指标要提出技术经济评价,以保证投资限额的实现

环节二　施工图设计阶段的限额设计

施工图设计阶段,设计必须严格依据批准的初步设计所确定的原则、范围、内容、项目和投资额进行,如果设计方案、产品方案、工艺流程或建设规模发生重大变化时,就要重新编制或修改初步设计及其概算文件。施工图设计阶段的投资分解和工程量控制的项目划分,应与概算书要求相一致,并由设计和技术人员协商并经总设计师审定。施工图阶段的限额设计重点应放在工程量控制上,各专业、各工序实施限额设计,以保证总限额的实现

环节三　加强设计变更管理

应该尽量避免变更的发生,对不可避免的变更,应尽量提前,变更发生得越早,损失越小,否则损失越大

图5-7　限额设计的纵向控制环节

(2) 限额设计的横向控制。限额设计的横向控制是指建立并加强设计单位及其内部的管理制度和经济责任制度,明确界定设计单位及其内部各专业科室以及设计人员的职责和权力;把设计任务质量和实现限额指标程度引入考核制度。

总而言之,限额设计就是按照批准的设计任务书和投资估算,在保证功能要求的前提下,控制初步设计以及按照批准的初步设计总概算控制施工图设计。同时,各专业在保证达到使用功能的前提下,按分配的投资额控制设计,严格控制设计中不合理的设计变更,保证工程竣工结算不突破总投资额。限额设计并不是一味考虑节约投资,也绝不是简单地将投资砍一刀,而是要尊重科学,尊重事实,精心设计和保证设计科学性的实际内容。投资分解和工程量的控制是实行限额设计的有效途径和主要方法。

在各设计阶段,尤其在限额设计目标值确定之前的可行性研究及方案设计时,房地产企业应加强价值工程活动分析,认真选择功能与工程造价相匹配的最佳设计方案。以下提供某地产企业的"限额设计参考意见"供参考。

某地产企业的"限额设计参考意见"

1. 项目档次界定及设计费限额

序号	项目档次界定	售价	设计费限额/（元/平方米）	备注
1	超高档	当地平均房价200%以上	多层：中高档、高档	超高档次项目设计费可上浮10%；中档档次项目设计费可下浮10%
2	高档	当地平均房价140%以上		
3	中档	当地平均房价80%～140%		
4	低档	当地平均房价80%以下		
5	别墅	与当地别墅的平均房价相对比	联排： 独栋：	

说明：延用成熟产品方案，其设计费总额应低于限额之下限。

2. 结构设计

序号	限额措施
1	在设计任务书中应列入各主项指标限量，如每平方米钢筋用量、每平方米混凝土用量等，具体根据项目所在地区抗震、结构形式、层数等确定
2	招标之前或过程中，若发现实际材料数量超出设计限量，必须要求设计单位进一步对施工图进行优化，力争控制在指标限量以内
3	地下室结构设计，除重点控制钢筋、混凝土用量指标外，降低地下室顶板覆土的厚度，顶板上部地面用作园林景观时，应该尽可能地安排灌木和草地，避免种植大型乔木，以免过度增加覆土厚度；顶板覆土以1米左右为宜。消防通道也应尽量避免经过顶板上部地面
4	屋面造型造价影响建筑安装成本明显，在设计上应注意简洁；16层以下建筑，尽可能不采用斜屋面，或控制斜屋面面积比例

3. 外窗

序号	限额措施
1	窗积比控制在0.30以内，以0.25～0.28为宜
2	控制开窗面积，降低外墙保温投入，减少飘窗、转角窗面积
3	如无外立面保温隔热地方性规范要求，除超高档物业以外，不宜选用断桥隔热铝型材、双层中空玻璃
4	若项目成本利润率低于15%，则应降低一个档次选择门窗用料
5	各不同物业外窗选材参考

续表

物业类型	档次	铝型材表面处理	玻璃	小五金	限额/（地上单方，元/平方米）
非别墅	超高	可选用氟碳喷涂	双层中空，可按需要选用单面LOW-E（单反玻璃）		
	高档	粉末喷涂	双层中空		
	中档	表面粉末喷涂	单层或双层玻璃		
	低档	塑钢型材	单层玻璃		
别墅	超高	可选用氟碳喷涂，或采用复合材料	双层中空，可按需要选用单面LOW-E		
	中高档	粉末喷涂	双层中空		

4. 外立面装饰

序号	限额措施
1	墙积比控制在1.2左右，不宜超过1.5
2	除超高档次项目以外，不宜在除造型线条以外大面积采用氟碳喷涂、高级弹性涂料或金属漆，应选用合资品牌的中等档次
3	中档及以下项目，不宜选用大比例、成规模的幕墙类饰面，如石材幕墙、玻璃幕墙、金属板类幕墙
4	若项目成本利润率低于15%，则应考虑降低一个档次选择用料
5	不同物业外立面用料及档次选材参考

物业类型	档次	石材及比例	面砖及比例	涂料及比例	限额/（地上单方，元/平方米）
非别墅	超高	可选用进口石材，石材用量不宜超过六层	可选用高档合资品牌外墙砖，比例不限	无限制	≤160（不含抹灰、保温）
	高档	可选用进口石材，但进口石材占石材总量的比例不宜超过40%	可选用较高档次外墙砖，比例不限	比例不限，不宜选用高档涂料	
	中档	不宜使用进口石材	普通档次面砖	比例不限，不宜选用高档涂料	≤110
	低档	不宜使用	普通面砖，比例不宜超过50%	不宜选用高档涂料	≤80
别墅	超高	可选用进口石材，石材比例可以达到60%	可选用高档合资品牌外墙砖，比例不限	无限制	

续表

物业类型	档次	石材及比例	面砖及比例	涂料及比例	限额/（地上单方，元/平方米）
别墅	高档	可选用进口石材，比例不超过40%，石材总量比例不超过外墙面积的50%	可选用高档合资品牌外墙砖，比例不限	无限制	
	中档	不宜使用进口石材	宜选用较高档次面砖，比例不限	比例不限，不宜选用高档涂料	

5. 公共部位装饰

物业类型	档次	大堂	电梯厅	消防楼梯（电梯）	限额/（元/平方米）
非别墅	超高	可使用进口石材，地面和墙面可满铺石材	地面可使用进口石材，墙面可选用高档次抛光砖	不宜满铺地砖，可选用级咀砖；楼梯扶手应以简单的钢质材料为主，不宜使用木质装饰性扶手	
	高档	墙面不宜选用石材，地面可以使用进口石材	地面可使用少量进口石材，墙面可使用较高档次抛光砖		
	中档	墙面不宜选用高档次大规格抛光砖；地面可使用少量国产石材	地面不宜使用进口石材，墙面不宜选用大规格高档次抛光砖		
	低档	墙面不宜使用抛光砖；地面不宜使用石材	地面不宜使用石材，墙面不宜使用抛光砖		

6. 室外园林

序号	限额措施		
1	注意软景与硬景的比例搭配；少用名贵苗木，多用本地普通苗木；水景造价高，使用管理费用更高，控制其规模		
2	限额指标参考		
物业类型	档次	按空地面积单方造价限额/（元/平方米）	按项目总建筑面积单方造价限额/（元/平方米）
非别墅	超高		
	高档		
	中档		
	低档		
别墅	超高		
	高档		
	中档		

【他山之石】

项目规划方案简评表

项目名称：_____ 用地面积：_____ 总建筑面积：_____ 容积率：_____
倾向方案：_____ 填表人：_____ 时间：_____

	内容	倾向方案优缺点	其他方案优点
总体规划构思	技术性		
	经济性		
道路系统规划	道路及地下车库出入口布置		
	静态交通布置		
	人流组织		
	货流组织		
景观系统规划	现有自然资源的保护与利用		
	与总体规划、建筑风格的协调统一		
	主要景观与次要景观的合理划分		
	与周边环境有无冲突因素、间距、日照、通风等		
配套系统规划	配套系统的完整性与规模		
	规划布局的合理性		
	其他特殊功能的满足		
空间环境	建筑总体布局		
	空间层次性与连续性		
	建筑空间与绿化空间关系		
	建筑空间合理性（围合、通风等）		
建筑设计	建筑造型		
	技术标准的符合程度（间距、朝向等）		
	尺度控制及空间比例关系		
	与周边环境及地形地貌协调		
	成本控制		
	项目开发节奏和分期开发方案		
主力店要求满足			
综合评价意见（对倾向方案的总体评价、须改进的方向、其他补充意见）：			

注：本表应附评审会现场记录。

5.3.3　实行工程造价和设计方案相结合的设计招标方法

目前，房产项目普遍实行了招投标制度，设计的招投标制度对提高设计水平，促进良性竞争起到了很好的作用。推行工程造价和设计方案相结合的设计招标方法，可以促使设计单位和设计人员不仅在建筑造型、使用功能上动脑筋，而且要在如何降低工程造价上下功夫。一个优秀的设计方案，既要建筑造型美观，又要造价合理，从而保证项目的经济利益。

5.3.4　要加强设计出图前的审核工作

加强出图前的审核工作，将工程变更的发生尽量控制在施工之前。从设计阶段所设计的成果来看，设计方案的不足或缺陷加以克服时，所花费的代价最小，可取得的效果最好。在设计出图前要加强对设计图纸的审核管理工作，以求得提高设计质量，避免将设计的不足带到施工阶段，减少不必要的浪费。

> **特别提示**
>
> 房地产企业应成立专门的工程设计管理部门，配备经验丰富的建筑、结构、水电方面的专业人才和经济分析人员，制定详细的设计要求和下达设计任务，并对设计单位所出的设计方案和施工设计图进行审核，对工程项目的结构形式、装修标准、材料设备选型、设计的合理性和安全性等进行全面的评估和审核。

【他山之石】▶▶▶

扩初（施工图）设计会审表

工程名称	
会审部门	
会审意见：	
部门签字	年　月　日

注：以上意见应该在收到总工程师室图纸文件后三个工作日内回复，并形成汇总意见报总经理办。

工程方案、扩初、施工图审批表

工程项目名称：	设计单位名称：
总工程师室：	项目详细说明：
	（主要是项目大小、项目性质、图纸设计情况、总工程师室意见） 年　月　日
总经理意见：	
	年　月　日

图纸签发登记表

项目名称：	图纸类别：		设计单位：
领取图纸部门	套数	备注	签字

5.3.5 有效规范工程招投标制度，推进设计监理制

要切实推行工程招投标制度，房地产企业就要建立一个健康、公平的竞争环境，严厉杜绝不规范的行为发生。只有这样，在技术先进、造型新颖、安全适用、经济合理、节约投资基础上的最优设计方案才有可能脱颖而出。为了实现这一点，建设主管部门已经做了大量工作，如严格设计行业人员的执业资格考试与注册制度、施工图的审查制度、开展 ISO9000 贯标活动以及积极推进工程设计责任保险工作等。随着设计监理制的推进，还可以利用监理作为第三方的特殊位置，使其参与到招投标的全过程，对招投标的整体环境起到一个约束、监督和协调的作用。

此外，通过设计阶段监理，能在一定程度上更正设计工程中出现的技术、经济方面的失误,从而提高设计质量,有效地控制工程造价。具体做法是:当设计单位确定后,建设单位应及时委托监理单位对设计单位的执业资质及参加人员的专业素质进行核定,进而对工程项目设计的全过程进行监理,协调建设单位与设计单位的异议,运用自己的专业知识对设计提出合理建议,必要的时候请技术人员对设计方案及其重要环节进行技术经济论证。

5.4 地产项目设计阶段成本优化

房地产企业应总结设计阶段成本优化的方法,在正式施工图完成前,实施成本优化,提高设计阶段的成本管理意识,提高成本控制效果。

5.4.1 设计前期成本控制要点

5.4.1.1 整理出相关信息

房地产企业在开始设计前应要求设计部、开发拓展部、策划部整理出政府规划要点、土地属性(用地分析)、市场定位三方面信息。

(1)政府规划要点。房地产企业应根据政府规划要点批复,得出如表5-4所示信息:

表5-4 政府规划方面的信息

地块名称:

基本信息			
总占地面积		容积率	
建筑用地面积		建筑密度	
总建筑面积		绿地率	
计容积率面积		户数	
住宅建筑面积		限高	
配套设施			
商业		会所	
学校		幼儿园	
物业用房		设备用房	
活动中心		服务中心	
卫生院		电信、移动中心	
公共卫生间		……	
游泳池		球场	
其他			
车位类型	数量	面积	备注
自行车车位			
车位			
人防面积			

（2）土地属性。房地产企业应通过勘查现场，对土地属性信息分析，土地属性如表5-5所示。

表5-5 土地属性的分析内容

项目	详细描述	备注
市政解决方案（水、电、气、道路）		
市政污水		清楚了解距离红线的距离，是否组建污水处理站
市政给水		清楚了解距离红线的距离
临水		清楚了解距离红线的距离
永久电		清楚了解距离红线的距离
临时电		清楚了解距离红线的距离
市政煤气		清楚了解距离红线的距离，是否组建煤气瓶组处理站
出入道路		清楚了解是否需要维修、建造道路及高架桥等
公交站场		清楚了解小区建造公交站的数量
红线内土地情况		
场地高差情况		1.清楚了解场地高差情况，以便估算场地平整费用，挡土墙费用 2.山地建筑分析场地坡度面积比率
植被情况		清楚了解场地内植被情况，与设计一道决定是否有可以保留的树木，以便估算景观成本
河流、箱涵情况		清楚了解场地内是否有河流、箱涵，河流、箱涵的长度、深度及宽度，以便估算改造费用
鱼塘、湖泊情况		清楚了解场地内是否有鱼塘、湖泊，鱼塘、湖泊的面积，以便估算改造费用
高压线情况		清楚了解场地内是否有高压线通过，如果有，需要埋地或改变走向的长度
输油管等市政情况		清楚了解场地内是否有输油管、市政设施等，如果有，需要搬迁或改变走向的距离
市政道路情况		清楚了解场地内是否有市政道路或以后是否有规划市政道路，如果有，具体长度及宽度、建造标准
拆迁情况		
地质情况		清楚了解场地内地质情况，以便决定采用基础形式
建筑退让红线情况		清楚了解场地内建筑退让红线情况，以便准确计算建筑物占地面积
红线外土地情况		
噪声情况		考虑是否需要防噪玻璃
可视景观		清楚了解场地周边的可视景观情况，决定是否需要改造可视景观

（3）市场定位。也就是说房地产企业要清楚地了解该项目的市场定位，如表5-6所示。

表5-6 市场定位的分析表

项目类型	面积比率	户型面积	层高	一梯几户	附加值				立面风格	开窗	园林	装修			售价
					花园	阳台	凸窗	地下室				大堂	电梯厅	室内	
项目1															
项目2															
项目3															
车位配比要求															
车位售价、可售比率															
商业配套要求															
会所配套要求															

5.4.1.2 成本控制需要关注的重点

以上信息整理完成后，成本控制需要关注的重点有以下几点。

（1）场地内的特殊地形，如果出现河流、箱涵、高压线等问题需要仔细分析，了解清楚其处理办法以及影响并估算其改造成本，注意需要预留部分不可预见费用。

（2）车位要重点关注其建造方式（地下、半地下、露天），是否计算容积率，会所是否可售。

（3）外电需要重点关注距离、是否已经有电缆沟、是否需要破路等费用，注意考察周边楼盘是否可以合作以便降低部分成本。

5.4.2 概念、规划设计阶段成本控制重点

5.4.2.1 建筑、结构方面

规划设计前，成本管理中心应同设计部、策划部、销售部共同探讨产品类型布置方案，作单一产品估算以及组合方案的成本估算，形成较为详尽、准确的最优产品组合（已确定）方案的成本估算，用以指导概念、规划设计。应结合周边环境、用地景观资源，合理确定不同地域的不同产品布置；让产品销售利润、土地价值最大化。成本管理中心应就土地价值与建筑产品的组合向设计部、策划部、销售部提出建议（注意：重点是通过产品容积率来区分不同产品间成本差异）。

（1）路网布置

① 道路设计满足消防及道路交通相关规范。

② 路网应合理简洁（减少路网的不合理曲线、弯折）。

③ 优化出入口布置（优化建议时成本人员需要考虑周边环境以及客户使用需求，不能够减少出入口后引起客户投诉，导致后期整改而增加成本）。

④ 道路宽度（设置双车道或单车道加会车区）。

（2）停车布置。要综合销售建议、规划要求、停车效率、成本等因素选定停车方式。
① 土地利用。要确保地面露天车位最大化，地面停车按照最大边线原则布置。
② 停车方式。要确保车位平面布置最优化，限定面积内停放量最大。

> **特别提示**
>
> 车位建造成本由低到高的顺序为：地面露天车位→首层架空车位→地上独立车库→半地下车位→地下车位，具体停车方式要结合容积率情况综合考虑。

③ 停车位体形控制。主要包括高度、单独车位面积。
④ 车库设置。车库宜集中设置，以减少建造成本，机械车位及地下车库高度要预留。
⑤ 车库设置注意考虑客户使用要求，占地面积较大项目，车位数量需要合理分配，避免集中设置而引起业主投诉（示范区尤其需要注意）。

（3）控制不可销售的公建及配套建设面积
① 不可销售的公建及配套（含附加值多建面积）或不能整体转让经营的面积满足土地规划要求即可。
② 提升附加值而多建的面积，要结合市场销售价格估算建设的必要性，注意提醒设计部：国家有了新的建筑面积计算规范，"虚报面积"而招致的政策风险需要注意避免。
③ 通过业态分析和市场调查合理确定商业面积。

（4）出入口布置。应综合物业管理成本、建造成本，合理布置规划物业出入口大小，出入口岗亭、车辆出入口、人流出入口组团布置相对集中，以减少管理人员。

（5）确定场地标高。结合项目周边道路、市政管网的情况，按照土方费用最小的原则确定场地标高。
① 因地制宜，确保动土量最小，尽可能使场地土方挖填平衡。
② 设计规划，充分考虑现有地形，降低排水坡度。
③ 山地建筑除考虑土方量以外，需要尽可能减少挡土墙、护壁等的设计。
④ 土方平衡需要在具体的工程实施前，由设计部、工程部出一份现场的等高线图以及拟修建建筑的标高图纸，两者合二为一后，再由成本估算出整个项目的土方挖填工程量，以及挡土墙、护坡成本，并将计算结果交给公司决策。

（6）山地建筑
① 山地建筑应结合地形情况确定产品类型，根据山体高差确定产品类型、控制土方开挖工程量及埋置在土方中的基础。
② 山地建筑必须比选边坡支护方式，结合山体实际情况及高差明确边坡支护方式。边坡支护方式成本递增顺序一般是自然土方放坡、预应力锚杆+混凝土喷设、毛石挡墙、混凝土挡墙。
③ 山地建筑应该结合地形情况确定赠送面积大小，赠送面积大小对于市场的销售来说至关重要，所以要充分利用山地建筑。
④ 合理利用场地地形地貌，利用原有地形的起伏关系完成山水造型。避免洼地堆山、水系开挖的大量土方施工费用和地下管线反刨以及大面积新作水系增加防水、补水费用（此项

优化工作需要成本人员熟悉项目地形和设计意图,并对管网给排水等成本都有一定的了解)。

(7)总图规划。总图规划综合考虑开发周期和永久建筑、园建、交通的合理布局,避免(临时办公室、施工生活区、项目临水、临电、临时道路)重复建设。

5.4.2.2 安装方面(电梯布置方案选择)

从成本角度,超高层尽量选用两阶段提升布置方案。在市场无特殊要求下,采用一梯多户(或四户以上)方案。在设计时一定要估算以及选定电梯轿厢装修标准,建议按照不同档次设计一至两个装修标准,以后每次套用即可。

5.4.2.3 园林环境方面

(1)充分考虑利用场地景观资源(天然景观及人造景观)提升项目品质。不同景观与建筑产品的合理搭配;不同分期、不同项目与景观位置、特性的均衡组合。

(2)明确景观单位控制成本。根据公司已有项目系列将每个项目的景观成本总结出来,然后根据最新的市场价格和项目的特殊情况调整后,提交最新单位景观成本供设计、营销考虑,同时提供给设计院作为设计控制参考,注意根据景观重要程度区别对待。

(3)明确软硬景控制比例。统计已有项目软硬景面积比例,提供给设计部及建筑规划设计院作为设计控制参考。通常软景比硬景便宜,因此应尽可能多的设置软景,少做硬景。

5.4.3 方案设计阶段成本控制重点

5.4.3.1 建筑、结构方面

(1)建筑方案选型。房地产企业应评估平面、竖向等各方向的复杂程度,选择规则的建筑平面,尽可能减小建筑专业的不合理布置带来成本的增加。

① 高层建筑单体应选择对称形式。
② 考虑抗震及成本要求,外挑外挂构件宜减少。
③ 控制屋顶造型。

> **特别提示**
>
> 对于建筑项目方案的评估、选择等需要成本人员有一定的结构知识,因此成本人员平时要多参与相关结构方面的讨论和协商,提高结构方面的专业水平,积累经验,并形成一定的规则。

(2)确定合理层高。要结合销售、成本等因素来确定层高,一般情况下,住宅层高2.8米性价比较优,因为层高每增加0.1米造价增加该层造价的3%~5%。

(3)窗地比控制

① 通过节能估算指标来控制窗地比。注意节能控制主要是窗墙比以及可开启面积,要注意转换窗墙比和窗地比的关系。总体来说目前节能规范对成本控制窗地比是有利的,需要重点关注的是一旦节能方案在审批上通不过,成本管理部提的优化建议首先是减少开窗面积,而不是保持开窗面积不变而去采取其他措施来满足节能要求。

② 单体方案确定后，估算不同单体户型窗地比，合理控制产品窗地比（是否开窗或开窗大小需要与设计一起沟通），窗地比应不超过同类产品经验值。

（4）栏杆、栏板的限定

① 栏杆类型尽量要少，估算以往项目单体户型栏杆、栏板的单价，进行参考。

② 将各种栏杆栏板的分类统计做成标准产品，以后栏杆的做法就不需要再估算单价成本，只需要统计含量即可。

（5）外墙装饰设计优化方案的初步确定

① 提供目前不同产品外墙不同做法价格表，以便作为参考（平涂、质感涂料、劈开砖、釉面砖、石材等综合价格）。

② 提供目前各种产品外墙平涂、质感涂料、面砖、石材各自占有比率，以便设计合理确定外墙涂料、面砖、石材的面积比率。

③ 提供常用外装材料适用性能。

④ 关注外墙立面复杂程度，并提出改进建议。

（6）优化比选阳台、露台、屋面等的具体做法。成本管理部应提供目前不同产品阳台、露台、屋面具体做法及价格表，以便设计作为参考选择，并且优化比选具体的做法。

（7）节能方案

① 尽量采用体形系数满足节能要求的产品，以最优经济方式解决节能方案。

② 通过合理的窗墙比实现节能达标。

③ 通过墙体材料来实现节能达标。

④ 控制节能取值范围。

（8）结构方案优化

① 结构模板平面确定后，设计、成本管理中心配合审核柱网布置、结构形式，选择最优结构方案。

② 减少挑板、外挂装饰钢构件数量。

（9）山地建筑应结合地形情况确定产品类型

① 根据山体高差确定产品类型。

② 控制土方开挖工程量及埋置在土方中的基础。

（10）山地建筑必须比选边坡支护方式。

① 结合山体实际情况及高差明确边坡支护方式。

② 边坡支护方式成本递增顺序一般是：自然土方放坡、预应力锚杆+混凝土喷设、毛石挡墙、混凝土挡墙。山地建筑必须比选边坡支护方式，注意挡土高度超过3米以上时有可能混凝土挡墙成本比毛石挡土墙还便宜，因此高挡土墙需要进行方案估算比较。

（11）确定赠送面积。山地建筑应该结合地形情况确定赠送面积大小，注意从客户角度衡量其是否需要并考虑是否可以不计建筑面积或者容积率，尽量规避政策风险。

5.4.3.2 安装方面

成本控制中心应估算配电设备（高压柜、变压器、低压柜、柴油发电机组）分期或分项目集中布置或分散布置不同方案的经济合理性，因为涉及供电等垄断行业，有可能成本控制中心拿到图纸时方案已经定案，因此成本人员一定要提前关注到此事，避免优化工作不到位。根据场地等实际情况按不同方案计算测定，安装方面的优选要点如表5-7所示。

表5-7 安装方面的优选要点

序号	类别	优选要点
1	供配电设备安装定位设计优选	（1）所有供配电设备（除发电机组外的高压柜、变压器、低压柜）尽可能设在同一房间内，确保在符合规范要求下距离最短，以减少之间连接线路 （2）估算供电方案采用环网式或是开闭所式的综合经济性，提出优选方案 ① 一般情况环网式比开闭式经济 ② 合理布置开闭所位置，使走线长度之和最短 ③ 设置开闭所时，应尽量考虑多期共用 ④ 条件允许时，可考虑借用项目附近原有开闭所，避免新建
2	供水方案的优选	供水方案中重点考虑建造水泵房的必要性 （1）现阶段采用建设水泵房方式供水方式较好 （2）建造水泵房时应考虑建造位置及占用空间大小 （3）当选用负压供水方案时要与水泵房水池供水方案估算对比，确认实施的经济合理性
3	合理设置消防分区	（1）在符合消防规范的前提下，最大限度布置消防分区 （2）布置防火分区应注意住宅、商用、地下车库（单体、复式）的区别 （3）尽量利用建筑墙体设置防火墙，减少防火卷帘、防火门作为防火隔离等方法，合理设置消防分区，减少消防喷淋系统的设置
4	中水处理站与中水提升泵站	（1）中水处理站应根据项目特征，选用设计规定的最小规模 （2）中水处理站与中水提升泵站应选择在地块中心，使管线布置长度最短
5	污水提升泵站	对大量填土地块，由于自然坡度无法达到排水要求，需考虑建设污水提升泵站
6	地块内高压线路改线	（1）入地方式：造价高 （2）电缆沟方式：相对较高 （3）管道埋设方式：相对较低 （4）建设高压走廊：造价较低

5.4.3.3 园林环境方面

（1）园林环境方面按目标成本控制指标，实行限额设计。

（2）提供常用软硬材料规格型号及单价，铺地材料尽量本地化，避免大面积使用花岗岩等贵重材料，根据不同位置合理确定石材厚度；植物选择本地常用、易成活、养管费用低的种类。

（3）提供基层标准做法，供设计部及规划建筑设计院使用。

（4）软景观中，苗木比例适当。重点效果部分使用大规格苗木，一般区域和庭院使用小规格苗木。

（5）选择合适的材料尺寸，控制各类材料损耗。

（6）材料档次的选择主要以满足功能性需求为主，并综合考虑后期维护成本。

（7）控制木作的使用面积，尽量少用水景（主要是后期维护管理成本太高）。

（8）绿化灌木种类尽量少一些，灌木造价比草皮贵很多，优化时注意尽量减少灌木面积，灌木主要利用在住宅或者水景周边起到一些防护作用，其余的地方尽量种草皮，并配以不同乔木搭配，以达到节约成本、保证效果的目的。

5.4.4 扩初设计阶段成本控制重点

5.4.4.1 建筑、结构方面

建筑、结构方面成本优化要点如表5-8所示。

表5-8 建筑、结构方面成本优化要点

序号	措施	说明
1	明确结构含量控制指标	（1）向设计部门（设计部或外聘规划建筑设计院）下发施工图结构设计成本控制要点，明确结构含量设计限额 （2）结构含量中需要将各部位含量细化，以便于以后估算控制，如果遇到山地建筑等地形比较复杂而设计院不肯签订设计限额指标时，可以采用地上限额、地下部分过程控制的方法来签订设计合同 （3）限额后一定要设立合适的奖惩措施以保证条款顺利执行
2	选择最优基础形式及埋深	根据勘探报告，设计部门初步估算进行设计，成本控制中心审核设计部门选用的基础类型及基础设计的经济合理性。一般情况，各基础类型的成本按以下顺序递增：天然浅地基基础、复合地基浅基础（有时采用强夯挤密砂桩等处理方式代替）、筏板、预应力管桩、人工挖孔桩（逐渐受限制）、灌注桩
3	明确合理结构布置，复核结构参数	设计部门就各结构参数应做深入探讨与交流，力求得到合理结构形式、合理柱网布置、合理结构构件尺寸、合理结构计算参数，安全、最经济结构参数。其中重点审查：结构计算时输入的荷载值、结构计算参数、结构计算结果、结构构件的几何尺寸及配筋率
4	结构含量指标计算	（1）成本管理中心根据设计院提供的设计电子稿或者白图计算钢筋含量及混凝土含量，保证钢筋含量及混凝土含量控制在目标成本范围内，并及时反馈设计部门，以便进一步优化 （2）验算时注意抽取基础、首层、标准层、天面层等来予以验算，确保结果不会偏离太远，估算结果符合目标成本要求后再出施工图纸 （3）如果局部或者全部指标超标，需要分列细项详细分析超标部位原因，并将结果发给设计部门和主管结构优化的工程师以及相关领导，推进设计优化工作完成，遇到特殊情况确实需要超标的要报主管领导审批同意后再进行下一步的设计工作
5	复核建筑控制指标	复核窗地比、外墙面砖、涂料、石材比例等，控制在目标成本内
6	选择符合节能要求的成本最优方案	配合设计开展节能方案估算比选，选择符合节能要求的成本最优方案。在立面方案已经确定的情况下，节能方案经济性优先顺序为：减小窗墙比>加厚外墙砌体材料>外墙聚苯颗粒砂浆>外墙保温板>采用LOW-E玻璃
7	部品材料选配标准应尽量与目标成本估算标准保持一致	复核部品材料设计选用表，确定选配标准，不符合项要与设计部门协商解决方案并进行相关成本估算分析

5.4.4.2 精装修方面

（1）室内精装修。根据确定的装修标准，实行限额设计，控制在目标成本内。

（2）公共装修。装修方案确定后，估算销售大厅、会所、大堂、电梯厅成本是否在估算成本内。

（3）根据装修建筑尺寸，选择合适模数的材料尺寸，将各类材料损耗降到最低。

（4）材料档次的选择主要以满足功能性需求为主，并综合考虑后期维护成本。

（5）减少精装房的差异，对应不同建筑产品的装修方案统一材料选用，便于提高经济采购批量。

5.4.4.3 安装

成本控制中心应估算并比选高压柜、低压柜不同品牌、型号及不同组合方案情况下的成本。

（1）变压器（不同单台容量）组合方案的比选。在需求总容量不变情况下，选用变压器台数越少越经济，除可节省费用外，还可节省空间。但若实际使用容量不能达到或接近本台较大变压器容量的，会形成空转，在按变压器计量收费情况下，电费可能较高，单台容量要综合评选。

规格1250千伏安以上变压器价格昂贵，建议不选用。

（2）配电主干线路方案比选。配电主干线路不同材料、不同敷设方式、不同走向方案比选。一般情况下，价格递增顺序为电缆+电缆穿刺接头、电缆+预分支接头、母线槽、防火桥架（或线槽）+普通电缆（或阻燃电缆）敷设方式、普通桥架（线槽）+耐火电缆的敷设方式。当然回路较少时采用导线（或电缆）穿管（阻燃管价格远低于镀锌钢管）方式可能更加节省成本。

（3）室外供配电线路设计优化。室外供配电线路设计优化要点如表5-9所示。

表5-9 室外供配电线路设计优化要点

序号	类别	优化要点
1	市政供电线路引入	（1）在场地、环境允许情况下，架空线路最省 （2）当影响环境采用电缆时，单线电缆截面规格不得超过300平方毫米，避免再行选大一级（或大一级以上规格），产生浪费 （3）在线路最短原则下，首选市政已建电缆沟敷设 （4）当在线路最短原则下市政无已建电缆沟，而延长线路就可利用市政电缆沟时，要根据实际情况估算在延长线路条件下利用市政电缆沟敷设与自行新建电缆沟或采用直埋敷设方式时的最优方案 （5）一般情况下，敷设方式不同时的价格从低到高排序为：利用市政已建电缆沟→直埋+过路套管→全程穿管→自行新建电缆沟 （6）电缆沟深度、宽度在满足有关要求前提下要控制在规格最小范围内
2	小区配电线路	最省方案排序：铠装电缆直埋+过路套管→导线+全程穿管→普通电缆+全程穿管→铠装电缆+全程穿管→普通电缆+电缆沟→铠装电缆+电缆沟。但当电线、电缆根数达到一定数量集中敷设时，可能选用电缆沟敷设方式更省，具体需要通过实际方案估算才能确认

> **特别提示**
>
> 铠装电缆是由不同的材料导体装在有绝缘材料的金属套管中，被加工成可弯曲的坚实组合体，铠装电缆包括铠装热电偶、铠装热电阻、铠装加热器和铠装引线。

（4）配电箱内断路器、接触器等器件不同品牌、不同组合方案比选。尽量选用国产或合资产品会使价格降低，注意要符合当地供电部门的地方要求，避免来回反复，浪费工期。

（5）供水方案比选。根据项目产品组合（高层、小高层、多层），进行供水方案技术经济比选（带水箱变频加压控制系统、无负压管网直联式供水系统、市政压力直供或多方案组合等）。

（6）室内水暖材料设备选用要点。在满足压力、温度等技术条件下优先选择综合单价较低的管材（如常用采暖管价格增序排列：PPR管→铝塑复合管→PB管）。

对价格较高的风管、冷凝水管的保温材料使用予以控制。

（7）消防报警器材、消防预埋管材的选用。满足功能前提下，含超高层在内，对温、烟感探测系统的设备选型优先选用国产设备、报警器材（注意配套选用，以及项目产品的连续性和后期的维护费用一并考虑）。

消防喷淋系统平面布置优化。

通风、排烟管道选用形式（如镀锌铁皮风道、玻璃钢风道）应做经济对比分析后择优选择。

消防预埋管当地无明确规定的选用阻燃塑料管替代钢管最为经济。

（8）空调设计优选。根据实际情况估算比选集中空调方案或小中央空调方案的经济合理性；并对不同品牌、不同系统方案比选。

集中空调系统应根据具体使用功能及长期能耗，估算确定氟系统或水系统方式。

对价格较高的风管、冷凝水管的保温材料使用予以控制。

空调安装设计过程中，一定要充分考虑出风口，出风口的合理布置对于项目建成使用后有很大的便利性。

根据实际情况估算比选有无机房电梯方案或不同型号电梯适用范围的经济合理性；并对不同品牌、不同系统方案比选。

5.4.4.4 园林环境方面

在园林环境方面，要考虑每个组团小品配置均衡，以免后期业主投诉。根据扩初成果图计算造价，确认成本是否控制在目标成本范围内。

（1）估算中列出各种不同材料用量比例提供给设计参考，并为以后的成本优化工作积累经验。

（2）估算中列出各种乔木每平方米的用量提供给设计参考，并为以后的成本优化工作积累经验。

（3）灯具设计优化时要考虑后期维护和使用情况，并通过收集物业管理公司的建议减少不必要的装饰灯具。

（4）建立统一的园建结构，从经济实用的角度出发，减少以后园建结构部分的优化工作。

5.4.5 施工图设计阶段成本控制重点

5.4.5.1 建筑、结构方面

(1) 工程做法与交楼标准统一，避免因两者不一致造成拆改。

① 应力求设计院按我方交楼标准编写施工图工程做法。

② 确属无法统一的做法，需在招标文件及其他相关技术标准中明确。并在项目实施时由设计师向工程部、施工方进行技术交底，避免错误施工造成拆改。

(2) 部品及材料选择

① 根据项目定位、产品类型选择材料部品，避免功能溢价。

② 在立面图基础上针对不同规格外檐墙、面砖进行合理排布，减少断砖损耗。

③ 厨卫大样图、楼梯间大样图根据平立面、踏步尺寸合理选择砖型，减少断砖损耗。

④ 减少栏杆、装饰钢构件等的种类，提高标准化产品的使用程度。

(3) 出图要求和图纸自审制度。设计部对规划建筑设计院的出图要求和图纸要组织建筑、结构、安装各专业人员进行审核、协调，减少错漏碰缺。图纸自审由设计部负责组织。接到图纸后，设计部应及时安排或组织有关人员进行自审，并提出各专业自审记录。同时，要及时召集有关人员，组织内部会审，针对各专业自审发现的问题及建议进行讨论，弄清设计意图和工程的特点及要求。图纸自审的主要内容包括以下几个方面。

① 各专业施工图的张数、编号与图纸目录是否相符。

② 施工图纸、施工图说明、设计总说明是否齐全，规定是否明确，三者有无矛盾。

③ 平面图所标注坐标、绝对标高与总图是否相符。

④ 图纸上的尺寸、标高、预留孔及预埋件的位置以及构件平、立面配筋与剖面有无错误。

⑤ 建筑施工图与结构施工图，结构施工图与设备基础、水、电、暖、卫、通等专业施工图的轴线、位置（坐标）、标高及交叉点是否矛盾。平面图、大样图之间有无矛盾。

⑥ 图纸上构配件的编号、规格型号及数量与构配件一览表是否相符。

(4) 组织图纸会审工作。房地产企业应组织图纸会审工作，完善图纸细部设计，减少错漏碰缺，为控制项目的建筑安装成本打下良好的基础，成本人员应该积极主动要求参加图纸会审并认真审核图纸。

① 尽量赶在工程项目开工前进行，了解设计意图，明确质量要求，将图纸上存在的问题和错误、专业之间的矛盾等，尽最大可能解决在工程开工之前。

② 审查施工图的基础工程设计与地基处理有无问题，是否符合现场实际地质情况。

③ 审查建设项目坐标、标高与总平面图中标注是否一致，与相关建设项目之间的几何尺寸关系以及轴线关系和方向等有无矛盾和差错。

④ 审查图纸及说明是否齐全和清楚明确，核对建筑、结构、上下水、暖卫、通风、电气、设备安装等图纸是否相符，相互间的关系尺寸、标高是否一致。

⑤ 审查建筑平、立、剖面图之间关系是否矛盾或标注是否遗漏，建筑图本身平面尺寸是否有差错，各种标高是否符合要求，与结构图的平面尺寸及标高是否一致。

⑥ 审查建设项目与地下构筑物、管线等之间有无矛盾。

⑦ 审查结构图本身是否有差错及矛盾，结构图中是否有钢筋明细表，若无钢筋明细表，钢筋混凝土关于钢筋构造方面的要求在图中是否说明清楚。

⑧ 复核结构指标是否满足限额要求。

(5) 通过管理减少对设计工作的拆分和尝试设计总包。进行设计总承包和施工总承包，设计总承包和施工总承包是为了相关专业间合理衔接并统一责任，为事后的投资方权力追溯提供保障。因而，房地产企业应通过管理减少对设计工作的拆分和尝试设计总包。

目前钢结构、幕墙、铝合金门窗、弱电、景园工程等分项工作的设计多由专业设计机构或公司来完成。比如，规划建筑设计院只负责施工图中土建及水暖电等部分的设计，结果是施工图与专业分项图纸矛盾点较多或冲突，不同专业工程衔接性差，造成工程中的变更、签证数量激增，返工和修整量大，致使施工进度延误和成本增加。由于专业机构或公司设计方案的不同造成投标报价不具可比性，造成成本上升。产生重大质量问题时，责任不清、相互推诿，给投资方造成重大的经济损失。

5.4.5.2 安装

(1) 市政及小区管网设计优选

① 着重考虑管材优选。综合施工、使用等因素，给水管经济合理性排序为：PE管→焊接钢管→无缝钢管→镀锌钢管→UPVC塑料管→球墨铸铁管→钢塑管。

排水管排序，规格500以内：UPVC波纹管→钢筋混凝土管→PE波纹管；规格500以上：钢筋混凝土管→UPVC波纹管→PE波纹管。

一般情况下，机动车道下选用重型（Ⅱ级管或S2管材），对非机动车道下选用重型要严控。

② 优选检查井规格及井盖。避免设计盲目地统一选用大规格井；控制重型井盖使用部位。除机动车道外的非机动车道或绿化带等部位严控采用重型，并尽量减少检查井数量。

③ 尽量减小排水管坡度，降低管网埋深，减少动土量。

④ 优化管网走向、长度，合理布局管网的分布。

(2) 水暖施工图审核成本要点

① 满足压力、流量等技术条件时的管径选择（达到要求即可，不能过大），如给水排水干管、立管、支管、户内管管径应经计算核定，一般每户住宅给水进户管管径要统一。

② 需要的预留洞、预埋件图中标示要清楚齐全（包括孔洞尺寸、位置、标高、予埋材料），避免后期凿剔。

(3) 智能化设计优化

① 室外智能化、景观灯具设计优化应结合项目定位、市场接受程度、销售价格、周边楼盘使用状况、小区场地布置（含绿化组团和道路布置）综合考虑，在提升产品品质前提下还应兼顾实用性、经济性。

② 以项目的市场定位、规划设计思想和物业管理思路来确定智能化系统规划设计方案（如：封闭管理社区选用红外对射周界防翻越系统、开放的大社区管理结合封闭的单元管理选用电视监控加电子巡更系统）。

③ 家居安防与可视对讲系统分别设置和二合一的技术经济比较及产品档次选择。

④ 红外对射探头的设置与小区围墙的走向优化（避免不规则围墙增加探头数量）。

⑤ 景观灯具的布置应根据项目定位，分期设定灯具总价来控制灯型、位置和数量（向设计提供常用灯型种类和单价）。

5.4.5.3　园林环境方面

（1）注意园林环境设计与建筑、配套管网设计的衔接，避免标高、平面布置差错出现。

（2）估算各项指标是否在目标成本内，并提出优化建议。

（3）综合考虑后期管理维护成本，提出相应优化建议。

（4）清单编制完成后，作出最后的完整的预算并同目标成本比较，按照以上园建估算方法一样提出最后的修改和复核意见。

5.4.6　二次设计阶段成本控制重点

5.4.6.1　铝合金

（1）根据当地气候条件、项目、项目定位和保温节能要求，选择相应的门窗系统（常见门窗系统按成本高低排序依次为木铝复合→铝合金窗→塑钢窗）。

（2）根据建筑施工图进行门窗分格设计时，在满足采光通风要求前提下，避免门窗面积过大和窗型过多过小。

（3）对于使用较好导热性能的窗框材料如铝合金窗框材料，大面积的玻璃较小面积的玻璃好，因为大面积玻璃减少窗中窗框材料的比例，通过合理配置中空玻璃的结构，可以使整窗的性能最大优化。

（4）高性能窗的热性能弱点是窗框材料和玻璃边部材料，因为玻璃中心是高效率的，窗框和玻璃边部传导相对较高，应该选择绝缘间隔条（没有金属/很少金属）及热隔断性能好、低传导的窗框材料。

（5）避免大面积西晒玻璃的使用，日落之前可获得较好的采光条件，但是进行空气调节的费用是很高的。

（6）在考虑满足通风要求的条件下尽量减少开启扇数量，并注意防止空气渗漏以及紧急出口设置，平开窗可以较推拉窗获得高的通风能力，但是开启形式设计需要考虑风压作用。

（7）加大版面设计，减少窗框和扇的材料面积，提高整窗的视野通透及性能。

（8）门窗五金件选择。根据门窗系统（木、铝、塑）、项目、项目定位、建设期和使用期全寿命周期费用综合选择门窗五金件系统。避免功能不足或过剩。

5.4.6.2　金属构件

（1）栏杆百叶等非承重构件，需控制断面尺寸不宜过大或过厚，满足强度和刚度即可（需注意节点构造设计）。

（2）注意对栏杆百叶的间距控制（满足安全间距和遮挡要求）。

（3）玻璃雨篷等承重钢构件，需由结构工程师进行强度复核（装饰设计计算一般保守）和结构优化。

（4）钢构件需区分使用场所（室内外）分别采用不同的面层防腐处理：如室内楼梯扶手、楼梯间栏杆刷防锈漆+调和漆即可；室外栏杆选择氟碳喷涂或镀锌+静电喷涂。

（5）提出优化建议时注意综合考虑楼盘档次、规范要求以及后期维护使用成本。

（6）常用栏杆百叶做成标注做法备选，减少重复优化工作。

第6章
房地产项目招投标环节成本控制

> **引言**
>
> 招投标环节的成本控制涉及工程、设计、审算、销售等多个部门的实际运作,在程序上没有太多变数,但具体内容特别是招投标评审委员的选择则须有很强的针对性。在这个环节中要通过确定参加投标单位及资格审查、承发包模式、合同计价方式、编制标底及标底价格审查、评标方法、开标、评标等方面对成本进行控制。其成本控制的难点在于标书制定,重点在于评标。

6.1 房地产项目工程招投标成本概述

6.1.1 招投标阶段对成本控制的影响

6.1.1.1 招标文件对成本的影响

招标文件是招标过程甚至一个项目实施全过程的纲领文件,是一个项目的成本控制的关键,招标文件中的主要条款都将直接影响项目的成本控制。招标文件对成本控制的影响主要表现在以下几个方面。

(1)招标文件中若出现模糊不清或前后自相矛盾的内容,就会使得在工程的施工工程中出现索赔,给整个工程的造价造成不确定的因素。

(2)招标文件会出现对投标人有利的内容,这样使得投标人能加以利用提出索赔或是采用不平衡报价,为以后工程的造价埋下隐患。

(3)招标文件中如果出现不明确的内容或出现某些遗漏,大多会成为招标文件中可以调整的内容,而投标人就会利用可以调整的内容为自己谋取利润。

6.1.1.2 计量计价模式对成本的影响

从2003年7月1日起,我国开始实施建筑工程工程量清单计价方式,这种方式对招投标阶段成本控制的影响有以下几个方面。

(1)工程量清单的编制如果出现错项或漏项而引起的风险将由业主承担,可能最后的成本会远大于预期的成本。

(2)我国市场体制不够健全,难以避免地会出现低于成本价的竞争,这些会直接对工程的质量和工期、成本等造成很大的影响。

(3)投标人的不平衡报价会造成施工过程中的变更增加,从而影响成本。

6.1.1.3 投标方案对成本的影响

投标人往往是结合自身的施工技术水平和能力并分析市场竞争及对手实力来做出自己的投标报价,一旦中标,其施工方案将会对项目的成本产生非常大的影响。主要表现在以下两方面。

(1)投标人串标抬高报价,利益分成,会使得中标价远大于实际成本。

(2)投标人故意压价而在施工时偷工减料,使得工程质量出现隐患,工程返工重建或维修的费用将会很高。

6.1.2 工程招投标阶段的控制流程

从招投标阶段的控制流程(如图6-1所示)可以看出,招投标环节的成本控制涉及工程、设计、预算等多个部门的实际运作,在程序上没有太多变数,但具体内容特别是成本控制相关条款的编制和标底的编制与审查则须有很强的针对性,这个环节成本控制的难点在于标书制定,重点在于评标。

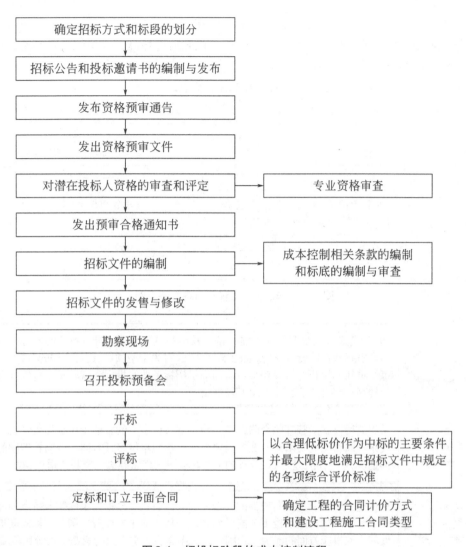

图6-1 招投标阶段的成本控制流程

6.2 招标过程中的成本控制措施

房产项目工程招标投标包括设备、材料采购招投标和施工招投标两个方面,通过招投标开发商选择施工单位或材料供应商,这对项目投资乃至质量、进度的控制都有至关重要的作用。因此,在招标过程中成本控制,应注意加强以下几个方面。

6.2.1 选择合理的发包模式

6.2.1.1 工程项目发包模式

(1) DBB模式。DBB模式即指 Design-Bid-Build(设计-招标-建造)模式。采用DBB模式,一般是建设单位在可行性研究决策的基础上,首先采用邀请招标或公开招标的方式委托设计单位进行工程设计,签订相关的委托合同。其次,在初设完成并审查通过后,根据工程的特点,组织工程招标、采购招标等。然后,各中标单位先后进场施工或组织设备制造。DBB模式下,工程参与各方的关系如图6-2所示。

① DBB模式的特点。DBB模式具有图6-3所示特点。

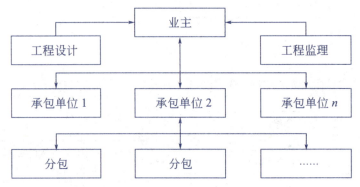

图6-2　DBB模式工程参与各方关系图

特点一	DBB模式可以根据不同工程的特点及市场具体情况,进行科学的分标,利用竞争降低合同价,选择专业的承包单位。对大中型项目,进行合理的分标后,每个单独的标相对规模较小,从而满足招标条件的投标人就较多,竞争性得到提高,使合同价有较大的下降幅度
特点二	采用这种模式所签订的合同较多,建设方(业主)的管理工作量加大,也较复杂,同时交易费增多,业主需要与多个承包单位签订合同,合同管理中的沟通协调工作量比较大,分标的数量越多,工作量越大,交易费用也越高
特点三	这种模式要求业主方有较高的管理能力。只有在充分把握工程技术特点和充分了解市场情况的前提下才能做到合理分标。业主方要有协调不同标段间进度和资源供应方面的能力,否则,施工中将会产生大量的索赔、纠纷和争端
特点四	各标段相对独立,能独立施工,减少标段间的相互干扰

图6-3　DBB模式的特点

② DBB模式的适用条件。第一,业主的管理能力要强。第二,工程项目具有较强的独立性,互相依赖性较弱。第三,专业化的施工承包单位有较高的管理能力和水平。

③ DBB模式的优缺点。DBB模式的优缺点如表6-1所示。

表6-1　DBB模式的优缺点

DBB模式的优点	DBB模式的缺点
(1)通用性较强 (2)可以自由地选择咨询、设计及监理单位 (3)参与各方都熟悉标准的合同文本,对合同管理及风险管理有利,也有利于减少投资	(1)项目周期长,要经历规划、设计、施工后才移交业主 (2)业主的管理费较高 (3)变更的时候易产生较多的索赔

（2）CM模式。CM模式即建筑工程管理模式（Construction Management）。CM模式常用的模式有如下两种：第一种形式为代理型建筑工程管理（CM/Agency）方式；第二种形式称为非代理型建筑工程管理（CM/Non-Agency）方式。在代理型建筑工程管理方式下，CM经理充当业主的咨询和代理。CM经理同业主签订的服务合同规定费用是固定酬金加管理费。业主和各承包商签订工程施工合同。采用非代理型建筑工程管理形式，CM经理同时也担任施工总承包商的角色，一般业主为保证投资控制，会要求CM经理提出保证最大工程费用（GMP：Guaranteed Maximum Price），如果最后结算总造价超过GMP，则需由CM公司进行赔偿，如果低于GMP，则节约的投资归业主所有，但因为CM公司额外承担了保证施工成本的风险，因此能够得到额外的收入。CM/Agency模式下工程参与各方的关系、CM/Non-Agency模式各参与方关系如图6-4、图6-5所示。

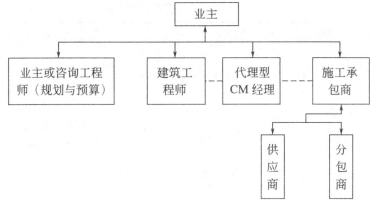

图6-4　代理型CM模式工程参与各方关系

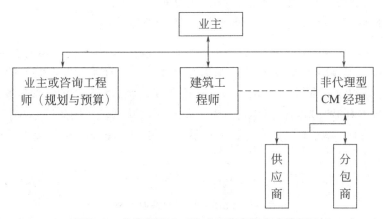

图6-5　非代理型CM模式工程参与各方关系

① CM模式的特点。CM模式的特点是由业主及其委托的项目经理与工程师组成联合小组共同负责项目组织和管理项目的规划、设计和施工。业主在每一个单项工程的设计完成后即可以对该部分进行招标，由其直接与每个单项工程的承包单位签订承包合同。

② CM模式的优点。可以缩短工期，节约成本，减少风险，并可以较早获得收益。

③ CM模式的缺点。由于进行分项招标从而导致承包费较高，要分析研究分项工程的数目以确定最优的结合点。

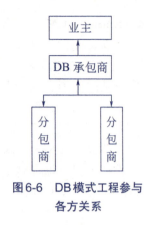

图6-6 DB模式工程参与各方关系

（3）DB总承包模式。DB总承包模式即设计-施工总承包模式（Design-Build），是工程总承包的一种。根据建设部《关于培育发展工程总承包和工程项目管理企业的指导意见》建市[2003] 30号文件中的定义，工程总承包是指从事工程总承包的企业在业主的委托下，根据合同的约定对工程项目的勘察、设计、采购、施工、试运行（竣工验收）等实行全过程或若干阶段的承包。DB总承包模式即总承包单位按合同约定，承担项目的设计和施工，对工程的质量、安全、工期和造价负责。DB总承包模式下，工程参与各方的关系如图6-6所示。

DB总承包模式的优缺点如表6-2所示。

表6-2 DB总承包模式的优缺点

DB总承包模式的优点	DB总承包模式的缺点
（1）单一的权责界面。设计与施工是同一单位，对于品质、预算和工期等整体绩效来说，可以形成一个紧密合作的单一权责界面 （2）可以缩短工期 （3）可以确保品质。因为DB总承包商要对最后的产品负责任，同时其成员皆是一个团队，必须讲团队精神和整体效能 （4）可以降低建造成本。由于设计与施工是同一单位，在设计时，可以考虑资源的使用及施工方法的有效性和可施工性，将其纳入设计中，从而达到降低成本的目的 （5）提升行政效率。用DB总承包模式，在招标文件准备及后续选择承包单位时比传统的承包模式要投入更多的人力与时间资源，但随着时间的推移，工作人员的负荷会逐渐减少，工作效率会逐步提高	（1）与传统的承包模式相比，DB总承包模式倾向于有限竞争，投标竞争性相对降低 （2）投标方不同的设计方案与施工计划间的评价比较困难和复杂 （3）业主要有专业的设计顾问对设计进行审核，否则会降低对项目的控制

（4）Partnering模式。Partnering模式是指在互相信任、尊重及资源共享的基础上，项目参与各方为获得最大的资源效益而达成的一种短期或长期的相互协定。参与各方共同组建一个团队来确保各方利益及共同目标得以实现。Partnering模式流程图如图6-7所示。

Partnering模式的特征主要是自愿、高层管理者参与、partnering协议不是法律意义上的合同及信息开放性。

Partnering模式的优缺点如表6-3所示。

表6-3 Partnering模式的优缺点

Partnering模式的优点	Partnering模式的缺点
（1）可以减少工程实施过程中争议及冲突产生的概率 （2）可以提高工作效率，达到项目低成本高质量的要求	（1）该模式要建立在相互信任的基础上，而我国传统模式是建立在对立的基础上的，所以在短时间内难以建立相互的信任 （2）该模式中各参与方易产生依赖心理，容易导致责任不明或责任划分混乱，降低工作效率 （3）在初期投入比较高

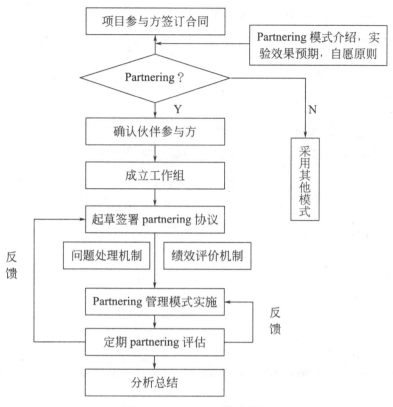

图6-7 Partnering模式流程

6.2.1.2 基于熵权模糊集的工程项目发包模式选择模型

（1）工程发包模式评价指标体系。根据发包客体、主体及环境将工程发包模式评价指标分为项目属性、业主管理能力和经验及对项目的要求以及建设环境三个一级指标，每个一级指标又分为若干个二级指标。工程发包模式指标体系见表6-4。

表6-4 工程发包模式指标体系

项目	一级指标	二级指标
影响工程发包模式的指标体系的要求	工程项目属性B_1	项目规模B_{11} 技术难度B_{12} 项目的经济属性B_{13} 设计深度B_{14}
	业主管理能力、经验及对项目的要求B_2	业主管理能力和经验B_{21} 对工期的要求B_{22} 对质量的要求B_{23} 对投资控制的要求B_{24}
	建设环境B_3	建设条件B_{31} 潜在承包人竞争性B_{32} 建设法规完善承担B_{33} 市场主体诚信度B_{34}

（2）模糊综合评判模型。假定有 m 个发包模式，有 n 个评价指标，即对工程项目属性、业主管理能力经验及对项目的要求、建设环境等，建立评判模型。

① 利用式（6-1）计算在 j 属性下，第 i 个发包模式的贡献度。

$$p_{ij} = \frac{x_{ij}}{\sum_{i=1}^{m} x_{ij}} \tag{6-1}$$

其中，x_{ij} 指各属性得分值；m 指发包模式的个数。

② 利用式（6-2）计算发包模式对属性 j 的贡献总量（熵值）。

$$E_j = -k \sum_{i=1}^{m} p_{ij} \ln p_{ij} \tag{6-2}$$

其中，$k = \frac{1}{\ln m}$，$k > 0$，$0 \leq E_j \leq 1$。

③ 计算第 j 属性的差异性系数 d_j。

$$d_j = 1 - E_j \tag{6-3}$$

④ 计算各属性的权重。

$$W_j = \frac{d_j}{\sum_{j=1}^{m} d_j} \tag{6-4}$$

其中 n 指属性的个数。

⑤ 用熵权法确定一级指标的权重，即 W_B，并计算每个发包模式的得分，即 $S'_1, S'_2, \cdots S'_m$，见式（6-5）。

$$S'_m = X_{ij}^T W_B \tag{6-5}$$

⑥ 同理用熵权法确定二级指标权重，并计算各个发包模式得分，即 $S'_1, S'_2, \cdots S'_m$。

⑦ 鉴于对一级指标打分比较粗糙，二级打分较详细，所以对一级指标赋权0.4，二级指标赋权0.6，最后计算加权得分即得到每个发包模式的最后得分，选择得分最高的即为较优发包模式。

6.2.2 合理划分标段

6.2.2.1 什么是标段

标段是指对一个整体地产工程项目按实施阶段（勘察、设计、施工等）和工程范围切割成工程段落并把上述段落或单个或组合起来进行招标的招标客体。广义的工程标段可分为三种，如表6-5所示。

表6-5 标段的类别

序号	类别	说明
1	分期标段	有的大型、特大型房地产工程由于资金供应、市场需求等方面的原因需要分期实施并分期进行招标，这类按期进行招标的招标客体即"期"，称为分期标段
2	工程标段	工程标段是指把准备投入建设的某一整体工程或某一整体工程的某一期工程划分为若干工程段落并或单个或组合起来进行招标的招标客体

续表

序号	类别	说明
3	分部分项标段	某一工程标段的总承包商在中标以后,根据总承包合同条件,可以把总包项下的工程分为若干工程部分,甚至在分部以后还划分为若干子项工程,然后把部分分部工程、子项工程通过招标的方式分包给相应的分包商,这类成为分包合同招标客体的分部工程、子项工程就称为分部、分项标段

6.2.2.2 招标标段的划分

招标标段的划分对投资控制有一定的影响,这种影响是由多方面因素造成的,其中最直接影响是由管理费的变化引起的。一般情况下,一个房地产建设项目应当作为整体进行招标,这样有利于建设实施过程的统一管理,人工、机械设备、临时设施等可以统一使用,可降低相应费用,但承包商可能需要进行分包。在这种情况下,业主付与承包商分包给分包商的价格一般会比业主直接发包给承包商(即前述的分包商)的相应价格高,所以项目整体招标的总投资一般会比划分标段招标累加的总投资高。反之,若业主直接发包,当出现各个独立的承包商之间的协调十分困难时,会造成工期的延长和投资的增加,所以应具体分析房地产建设项目的情况,合理划分招标标段。

从投资控制角度来看,如果房地产建设项目的各项工作能衔接、配合好、交叉少、专业性强、责任清楚,则可考虑划分标段发包;反之,则应考虑将房地产建设项目作为一个整体发包,因为由一个承包商进行协调和管理,比业主更容易做好衔接工作。

如果采用分标段进行招标,应合理划分各标段的招标范围,明确各标段合同包的工作界限和责任,确定总承包单位,制定总承包单位与分包单位的管理流程,达到控制投资和保证工期的目的。

6.2.3 编制工程量清单和招标控制价

工程量清单和招标控制价是表现拟建工程的分部分项工程项目、措施项目、其他项目名称及其相应数量的明细清单和价格,是按照招标文件、设计图纸和国家标准《建设工程工程量清单计价规范》(以下简称"计价规范")、省统一计价依据的要求,将拟招标的全部项目和内容编制成表格和文字说明。

6.2.3.1 工程量清单招标的优势

(1) 有利于房地产企业的成本管理向前期转移。在整个项目造价管理过程中,招标阶段无疑比施工阶段影响要大。使用工程量清单招标将对造价管理工作起积极作用,主要表现为以下几方面。

① 在招标时编制工程量清单有利于促进房地产企业在项目前期阶段进行项目的合同规划。工程量清单的编制过程中必然要涉及施工总承包范围,这就在招标时需确定总承包工程、指定分包工程、独立承包工程等几方面的承包范围、标段划分、施工界面划分等。

② 在招标时编制工程量清单将涉及材料供应方式(包括甲供、甲方指定品牌、甲方暂定材料价格等)。在招标时,对某些材料事先确定品牌,有利于投标单位参与各清单单价的竞争。

③ 工程量清单招标有利于更早地确定成本目标与掌握设计数据。

在某项目建设工程招标过程中，有相同的两栋住宅 A 楼与 B 楼，其结构形式、基础形式、层数等均类似，而工程量清单编制过程中发现了两栋楼的钢筋指标就相差每平方米建筑面积 8 千克。经对钢筋详细数据的核查发现，这两栋住宅属不同的设计人员设计，钢筋布置方式的不同导致钢筋指标的差异。这个问题在招标阶段被发现，这样，在施工前开发商有足够的时间与设计单位进行交涉，通过数据说服了项目设计单位，修正了项目规划相关内容和数据，为开发商节省了不少材料费用的支出。

（2）解决了措施费与总包配合费的归属问题。在工程量清单招标时需要投标单位列出措施费及总承包服务费（总承包服务费是指总承包人为配合协调发包人进行的工程分包自行采购的设备、材料等进行管理、服务以及施工现场管理、竣工资料汇总整理等服务所需的费用），避免了因措施费及总承包服务费难以准确计量与估算而需在施工前后反复谈判的工作。

（3）有利于数据的重复运用，提高效率，减少差错率。在房地产开发公司中，相同类型的住宅单体或住宅组团，分布在不同地区，但相当部分的设计数据是一致的，若使用定额，因各地方定额存在差异，同样住宅的设计数据得出的造价数据是不同的，而若使用国家统一的清单，在不同地区的相同房地产项目之间可以做到数据的相互利用或相互对比。工程量清单可以做到全国性房地产项目的计价模式相对统一，这样就可以对各分部工程（如土石方工程、砌筑工程、混凝土工程、屋面防水工程、金属结构工程、楼地面工程、墙柱面工程、天棚工程等）以及详细的数据（如钢筋、混凝土等）进行技术指标或经济指标的分析与比较。

（4）有利于房地产项目中数据的积累与相互对比。根据房地产项目已积累的技术、经济指标等数据，对比新项目的工程量清单，以利于评价该项目的清单数据是否准确、合理。

（5）便于财务进行成本核算。工程量清单形式，简单明了，便于财务进行成本核算。

（6）有利于施工期间的造价控制

① 单价合同可以减少房地产企业在中期付款的价格审核的工作量。在总价包干的合同中表现尤为明显，房地产企业甚至可以按比例支付或预先进行造价切分与细分。

② 减少结算审核的工作量，有利于减小结算审核的核减率。

6.2.3.2 工程量清单招标的条件

工程量清单招标的条件如图 6-8 所示。

条件一 招标图纸、技术规范、技术要求的提供

招标图纸可能是施工图纸，也可能是初步图纸。根据不同深度的图纸，制定不同的清单招标方式。根据房地产企业提供的技术规范、技术要求的详细程度确定招标中的暂定因素的多少，如暂定材料价、暂定数量、暂定金额等

条件二 招标人的要求（包括标段划分、材料供应方式、建筑做法表等）

在很多房地产项目中，房地产企业会对施工图纸中结构以外的装饰做法、砌体类型等做出修改。在招标时就有房地产企业自行编制的"建筑做法表"及交房的标准，并在工程量清单编制过程中予以贯彻，将有利于减少施工过程中的设计变更

条件三 了解与掌握施工现场实际情况

现场的实际情况将直接影响投标报价,如地质勘察情况、现场标高情况、临时水电、项目周边道路情况等

条件四 了解投标单位的总体实力情况

投标单位实力较强,在招标时增加房地产企业确定的材料品牌报价项目,增加投标竞争性,反之将对部分清单项目暂定材料价,避免投标单位之间的报价差异过大,增多询标、评标时的时间与难度

条件五 招标时间紧张程度

招标图纸比较详细,而招标时间较短,趋于使用暂定数量的清单招标方式,有利于节省工程量清单的编制时间,也减少评标的时间。反之,可以以固定工程量的清单形式进行招标

条件六 有关国家或地方性的政策规定

国家或地方性的规定也可能是工程量清单招标制约条件。如在某些地区,只允许以单价招标,而不允许工程量清单总价形式招标

图6-8 工程量清单招标的条件

6.2.3.3 工程量清单计价方式的分类

工程量清单包括列项(即项目描述)、单位、数量。项目描述依据图纸、结合技术规范,并需符合招标文件条款的规定。招标图纸越完整,清单描述就越准确。相当多的房地产项目以施工图的固定数量的总价形式招标,但为了满足房地产项目快速开发进度,以初步图纸的暂定数量的单价方式进行招标也较为常见。工程量清单计价方式的分类见图6-9。

方式一 以暂定数量的单价方式招标

由招标单位根据招标文件、招标图纸、技术规范编制统一的工程量清单。在暂定数量招标时要求数量能尽可能的准确或接近,以避免投标单位进行不平衡报价

方式二 固定工程量的总价方式招标

在固定工程量的工程量清单招标时,房地产企业或咨询单位提供统一的工程量清单,并说明该清单供投标单位参考,投标单位有权与有义务复核清单数量,并可按房地产企业要求进行增减项目与增减数量

图6-9 工程量清单计价方式的分类

6.2.3.4 工程量清单与承包合同的衔接关系

清单的编制要求特别注意清单与承包合同的衔接问题,主要内容有以下几个方面。

(1) 清单措施费、配合管理费的内容。工程量清单计价规范中列出了十余项措施费,也规定措施费可以由招标人或投标人根据需要自行补充。措施费的内容需在合同条款中予以明确,配合管理费内容也需在合同条款中做出规定。但目前国家的招标文件及承包合同范本对措施费、配合管理内容的条款规定的比较少。这方面可以参考港式的合同版本,其合同的组成部分——基本措施费用对措施项目描述非常详细与贴切;其合同款中将总包对指定分包工程、独立承包工程的配合管理的内容也描述得非常详细,值得借鉴。

(2) 甲供材料的调整。清单解释明确:甲方供料应计入投标报价中,并在综合单价中体现。甲供料在清单中需采用材料指定单价的形式。但甲方需供应的数量与清单数量有所不同,又与实际完成的工程量有区别,这就涉及消耗率的问题。为了在清单中解决这个问题,需要投标单位在报价时对相关的单价进行分析,包括投标消耗量。例如清单规定如下:供应数量相等于装妥后的实物工程量×(1+主材消耗率)。

(3) 暂定价材料的调整。在工程招标时,很多建筑材料需采用材料暂定价的形式,如装饰材料(如墙地砖、涂料等)、市场波动幅度比较大材料、安装材料等。材料暂定价的项目也需在单价分析中设定消耗量,而实际的供应单价与约定的暂定物料单价有所不同,可按以下公式计算材料价差做出相应调整:

材料价差=装妥后的实物工程量×(1+主材损耗率)×(实际供应单价-暂定物料单价)

但为避免以上例子中出现的暂定价和实际单价的差别,当暂定材料按实际材料价格调整时,除调整材料差价外,管理费、利润、税金也按同比例调整,但如此合理的调价,会使调价的工作相对比较繁琐。

(4) 清单暂定数量的合同约定。在单价形式的承包合同中,涉及清单暂定数量与实际结算数量之间的差异,如FIDIC(国际咨询工程师联合会)合同条件中,清单数量差异+15%以上,将调整单价。在房地产项目中一般约定结算工程量与招标工程量差异不予调整合同单价,但清单数量差异会涉及招标中可能出现的不平衡报价,所以清单暂定数量与项目实际接近也是非常重要的。

6.2.3.5 工程量清单编制的重点

工程量清单编制的重点在四个方面,如图6-10所示。

> **重点一** 清单总说明
>
> 清单总说明是文字形式的说明,但不完全是项目情况介绍,而应与招标文件与招标图纸紧密联系起来,特别是对招标文件中相关内容的补充,如承包范围的补充、清单项目计算规则的完善、清单单价组成的说明、对招标图纸可能存在不足而需技术处理的说明等,所以总说明是否完整与内容是否丰富直接决定或影响着清单编制的优劣

重点二 分部分项工程量清单

清单项目的细分（或拆分）非常必要。如清单项目的楼地面装饰做法包括基层、找平层、防水层、面层；又如各种类型的基础（如带基、独立基础、满堂基础、桩承台基础等），既包括现浇混凝土基础，又包括了基础垫层的工作内容。在项目实施过程中，上述装饰做法、基础或基础垫层的尺寸或标号的变化都将涉及单价的调整。但承发包双方在单价调整时往往难以达成一致意见，而按照施工工序进行细分（或拆分），无疑解决了这个问题

重点三 措施项目清单

措施项目是为完成施工，发生于工程施工前或施工过程中的技术、生活、安全等方面的非工程实体项目。措施项目清单的金额应根据施工方案或施工组织设计，参照《建设工程工程量清单计价规范》确定

重点四 其他项目清单计价表

其他项目清单包括招标人部分及投标人两部分。招标人部分又包括各指定分包工程的指定金额、暂定金额或预留金；投标人部分可包括各指定分包工程、独立承包工程的配合管理协调费等

图6-10 工程量清单编制的重点

6.2.3.6 不同情况下的工程量清单编制

工程量清单应根据项目的实际情况进行编制，如：具备完整施工图纸和只有初步设计图纸而未具有施工图纸的编制方法是不尽相同的。下面分别介绍。

（1）具备完整施工图纸。具备完整施工图纸情况下工程量清单和招标控制价的编制步骤与要领如表6-6所示。

表6-6 工程量清单的编制步骤与要领

序号	步骤	要领
1	准备工作	了解房地产建设项目的施工图纸和进度要求，熟悉编制工程量清单和招标控制价所需要的主要法律法规、计价依据、有关文件规定和材料设备价格信息等
2	计量工作	按照计价规范的规定，根据施工图纸计算工程量，做到以下几点 （1）按计价规范规定正确描述工程量清单项目，要求详细表达各清单项目的特征及内容 （2）准确计算各分部分项工程项目的工程量 （3）参加施工图纸会审会议，对设计图纸有疑问或表达不清楚的，及时向设计单位和房地产企业反映，使施工图纸更清楚、更完善 （4）根据施工图纸会审意见和招标答疑会议纪要，及时、准确地修正工程量清单项目及其相应的工程量 （5）参照常规施工组织方案，合理确定措施项目及其工程量

续表

序号	步骤	要领
3	定价工作	（1）结合实际应用的典型案例，进一步分析设计阶段选型的各种材料设备优缺点，并进行市场询价，确定材料设备的价格 （2）根据有关施工规范及类同工程的实践经验，确定措施项目费 （3）针对房地产建设项目实际情况，界定其他项目的范围、内容和要求，估算其他项目费，并与房地产企业商定预留金 （4）根据计价依据的规定和确定的材料设备价格，分析工程量清单项目的综合单价，计算分部分项工程费、措施项目费、其他项目费、规费和税金，汇总项目投资
4	报告工作	当各专业项目投资计算结束后，应撰写编制报告，报告做到以下几点 （1）应用电子表格，列出各专业项目投资，达到直观清晰、一目了然地掌握项目各专业项目投资情况 （2）对计价过程的主要技术问题做出必要的说明，并明确已考虑的风险 （3）对材料设备价格的确定做出详细的说明 （4）对其他项目费的取定做出分析和说明，明确该费用考虑的主要因素，避免施工阶段发生纠纷 （5）明确所有成果文件和报告归类、采集的方法，并储存于项目信息系统，确保项目资料的完整和备查

（2）只有初步设计图纸而未具有施工图纸。在只有初步设计图纸而未具有施工图纸的条件下进行施工招标，是因为项目受工期要求紧等特殊原因的影响而不得已采用的招标，是属于边设计、边招标、边施工的"三边"工程。由于没有施工图纸作为依据，而初步设计图纸又对一些关键部位和大样等没有表达清楚，这给编制工程量清单和招标控制价带来了极大的困难，所以需要采取非常规的编制方法，即模拟或选用类同施工图纸进行编制，见表6-7。

表6-7 工程量清单和招标控制价的编制步骤与要领

序号	步骤	要领
1	准备工作	研究房地产建设项目的初步设计图纸，充分领会设计人员的意图和房地产企业的要求，及时与设计人员进行沟通，熟悉编制工程量清单和招标控制价所需要的主要法律法规、计价依据、有关文件规定和材料设备价格信息等
2	计量工作	按照计价规范的规定，根据初步设计图纸估算工程量，做到以下几方面 （1）准确计算能计算的工程量（如建筑面积等） （2）参考估算、概算文件的工程量清单项目和工程量，比照类同工程的工程量清单项目设置情况，正确设置工程量清单项目，保证项目齐全，避免错项、漏项 （3）参照类同工程实际发生的工程量，结合设计参数，以初步设计图纸为依据，合理确定工程量清单项目的工程量 （4）参考常规施工组织方案，合理确定措施项目及其工程量
3	定价工作	参照"具备完整施工图纸"的做法
4	报告工作	参照"具备完整施工图纸"的做法

6.2.4 做好招标文件的编制工作

造价管理人员应收集、积累、筛选、分析和总结各类有价值的数据、资料，对影响工程造价的各种因素进行鉴别、预测、分析、评价，然后编制招标文件。对招标文件中涉及费用的条款要反复推敲，尽量做到"知己知彼"，以利于日后的造价控制。

6.2.4.1 招标文件的组成

招标采购单位应当根据招标项目的特点和需求编制招标文件。招标文件包括表6-8所示内容。

表6-8 招标文件的组成

序号	组成部分	说明
1	投标须知	主要包括的内容有以下方面 （1）前附表 （2）总则 （3）工程概况 （4）招标范围及基本要求情况 （5）招标文件的解释、修改、答疑等有关内容 （6）对投标文件的组成、投标报价、递交、修改、撤回等有关内容的要求 （7）标底的编制方法和要求 （8）评标机构的组成和要求 （9）开标的程序、有效性界定及其他有关要求 （10）评标、定标的有关要求和方法 （11）授予合同的有关程序和要求 （12）其他需要说明的有关内容 （13）对于资格后审的招标项目，还要对资格审查所需提交的资料提出具体的要求
2	合同主要条款	主要包括的内容有以下几方面 （1）所采用的合同文本 （2）质量要求 （3）工期的确定及顺延要求 （4）安全要求 （5）合同价款与支付办法 （6）材料设备的采购与供应 （7）工程变更的价款确定方法和有关要求 （8）竣工验收与结算的有关要求 （9）违约、索赔、争议的有关处理办法 （10）其他需要说明的有关条款
3	投标文件格式	对投标文件的有关内容的格式做出具体规定
4	工程量清单	采用工程量清单招标的，应当提供详细的工程量清单。《建设工程工程量清单计价规范》规定：工程量清单由分部分项工程量清单、措施项目清单、其他项目清单组成

续表

序号	组成部分	说明
5	技术条款	主要说明建设项目执行的质量验收规范、技术标准、技术要求等有关内容
6	设计图纸	招标项目的全部有关设计图纸
7	评标标准和方法	评标标准和方法中，应该明确规定所有的评标因素，以及如何将这些因素量化或者据以进行评估。在评标过程中，不得改变这个评标标准、方法和中标条件
8	投标辅助材料	其他招标文件要求提交的辅助材料

实际的招标文件主要包含公开招标公告、招标需求、投标人须知、评标方法和标准、合同主要条款、投标文件格式、招标说明、前附表、工程介绍、招标产品或工程的全部要求、对投标人资质的要求、投标书的编制要求、投标保证金、中标代理费等内容。

6.2.4.2 编制标底时的成本控制注意事项

编制标底时的成本控制注意事项有以下几点。

（1）标底作为房地产企业的期望价格，应力求与市场的实际变化吻合，要有利于竞争和保证工程质量。

（2）标底应由直接工程费、间接费、利润、税金等组成，一般应控制在批准的总概算（或修正概算）及投资包干的限额内。

（3）标底必须适应建筑材料采购渠道和市场价格的变化，考虑材料差价因素并将差价列入标底。

（4）标底价格应根据招标文件或合同条件的规定，按规定的工程发承包模式，确定相应的计价方式，考虑相应的风险费用。

（5）以定额计价法编制标底。

相关链接

定额计价法

定额计价法编制标底采用的是分部分项工程量的直接费单价称为工料单价法，仅仅包括人工、材料、机械费用。直接费单价又可以分为单位估价法和实物量法两种。

一、单位估价法

其具体做法是根据施工图纸及技术说明，按照预算定额规定的分部分项工程子目，逐项计算出工程量，再套用定额单价（或单位估价表）确定直接费。

然后按规定的费用定额确定其他直接费、现场经费、间接费、计划利润和税金，还要加上材料调价系数和适当的不可预见费，汇总后即为标底的基础。

单位估价法实施中，也可以采用工程概算定额，对分项工程子目做适当的归并和综合，使标底价格的计算有所简化。采用概算定额编制标底，通常适用于初步设计或技术设计阶段进行招标的工程在施工阶段招标，也可按施工图计算工程量，按概算定额和单价计算直接费，既可提高计算结果的准确性，又可减少工作量，节省人力和时间。

二、实物量法

用实物量法编制标底，主要先用计算小的各分项工程的实物工程量，分别套取预算定额中的人工、材料、机械消耗指标，并按类相加，求出单位工程所需的各种人工、材料、施工机械台班的总消耗量，然后分别乘以人工、材料、施工机械台班市场单价，求出人工费、材料费、施工机械使用费，再汇总求和。对于其他直接费、现场经费、间接费、计划利润和税金等费用的计算则根据当时当地建筑市场的供求情况给予具体确定。

实物量编制法与单位估价法相似，最大的区别在于两者在计算人工费、材料费、施工机械费及汇总三者费用之和时方法不同。

（1）实物量法计算人工、材料、施工机械使用费，是根据预算定额中的人工、材料、机械台班消耗量与人工、材料和机械台班单价相乘汇总得出，采用当时的实际价格，能较好地反映实际价格水平，工程造价准确度较高。

（2）实物量法在计算其他各项费用，如其他直接费、现场经费、间接费、计划利润、税金等时将间接费、计划利润等相对灵活的部分，根据建筑市场的供求情况，随行就市浮动确定。

6.2.5 分析投标报价，协助合同价格谈判

承包商的投标报价、合同价格的确定是否合理，直接关系到工程的施工质量、工期和投资。而由于我国招标投标政策规定而引起习惯性的评标时间过短等原因，造成难以全面评审投标报价的合理性，所以必须在中标后对中标单位的投标报价进行分析，把投标报价的疑难问题汇总，编制出投标报价分析报告，作为合同价格谈判的参考依据，也可在开工前修正承包商的不合理报价，避免施工过程索赔事件的发生，降低投资风险。

6.2.6 分析施工方案技术经济的合理性

施工方案的不同，不仅会影响工程工期和质量，而且会影响项目投资。由于承发包双方利益取向不同，通常承包商在确定施工方案或选择施工技术措施时，有意使施工方案或施工技术措施复杂化，并努力得到房地产企业的认可，谋求在施工过程中创造条件提出索赔，所以应认真审查施工方案或选择的施工技术措施。通过对拟定的若干施工方案或施工技术措施的技术经济进行分析，并重点放在审查其平面布置、进度计划、施工方法（流水作业）、机械配置等经济合理性，同时结合投标报价，选用最适宜的施工方案，减少因不合适的施工方案或不必要的施工技术措施而带来的额外增加费用。

6.2.7 做好合同的签订工作

房地产企业应按合同内容明确协议条款，对合同中涉及费用的如工期、价款的结算方式、违约争议处理等，都应有明确的约定。在签订的过程中，对招标文件和设计中不明确、不具体的内容，通过谈判，争取得到有利于合理低价的合同条款。同时，正确预测在施工过程中可能引起索赔的因素，对索赔要有前瞻性，可有效避免过多索赔事件的发生。此外，应

争取工程保险、工程担保等风险控制措施,使风险得到适当转移、有效分散和合理规避,提高工程造价的控制效果。工程担保和工程保险,是减少工程风险损失和赔偿纠纷的有效措施。

6.2.7.1 施工合同文件的内容

施工合同文件组成包含下列内容。
(1) 合同条款,一般包含通用合同条款和专用合同条款两部分。
(2) 技术条款。
(3) 图纸,主要包括以下内容。
① 列入合同的招标图纸和发包人按合同规定向承包人提供的所有图纸,包括配套说明和有关资料。
② 列入合同的投标图纸和承包人提交并经监理人批准的所有图纸,包括配套说明和有关资料。
③ 在上述规定的图纸中由发包人提供和承包人提交并经监理人批准的直接用于施工的图纸,包括配套说明和有关资料。
(4) 已标价的工程量清单。
(5) 投标报价书。
(6) 中标通知书。
(7) 合同协议书。
(8) 其他。

6.2.7.2 签订合同的注意事项

建设单位通过招标确定了施工单位,签订承发包合同,在履行合同的过程中,通过合同条件将各方联系起来,促进工作的开展及成本控制目标的实现。同时,按合同约定及实际工程进度支付工程款,建设单位应该准确做好已完工程量的计量工作,防止超进度支付。

在工程建设中,合同条款规定了合同双方的权利和义务,是双方行为的依据,所以在合同的订立时要注意以下几点。

(1) 合同措辞要严密,防止发生纠纷。施工单位经常为了增加获利而利用合同中某些不确定的条款来对甲方进行索赔。

(2) 合同条款要尽量详细。对那些涉及项目投资增减的条款要尽量详细而且明确,如设计变更的签证、计价依据和一些特殊材料的价差调整等要详细而明确。

(3) 注重合同变更管理。要建立完善明确的变更审查、审批制度,加强现场签证及设计变更的管理。建设单位要对每一个设计变更的工程量、功能目标及造价增减的情况进行详细分析,对设计变更进行严格控制,以防止随意地改变设计标准、工程规模、增加造价。对变更部分提出的增加投资严格来说也是施工单位索赔方式的一种。所以,建设单位现场代表要同时具备较强的预算能力及专业知识和管理经验。现场管理人员要能够对设计变更的具体内容进行正确的分析,从而确定其是否属于合同、图纸及预算中的内容,然后再进行适当的签证,否则很容易造成投资的增加。对于在施工过程中发生的变更,建设单位应当检查变更的原因及对投资与工期的影响情况。

第7章
房地产企业采购成本控制

> **引言**
>
> 采购环节涉及的费用主要是材料费用,材料费用一般占到工程总费用的 65%~75%,所以它对工程成本和利润的影响很大。采购管理环节的成本控制必须建立采购全流程成本概念,要关注整个地产项目采购流程中的成本降低,是对总成本控制,而不是单一的针对采购货物或服务的价格。

7.1 房地产开发企业项目采购概述

7.1.1 房地产开发企业的项目采购物资分类

房地产开发项目属于典型的单体定制项目，在项目与项目之间除了具备一定的共性以外，同时更多的存在着各自项目的个性。这一特性决定我们在研究房地产项目采购时应该首先从研究采购物资的特性开始。

根据房地产企业对于单一的单项工程的统计，开发建设一个房地产项目涉及的物资主要有土建、装饰、设备三大类，共计约70～100个种类（根据建筑的复杂程度等因素略有差异）。总体上对于单个项目而言，有超过60%的物资种类属于个性化的物资，都需要根据不同的单个项目的个性进行定制采购，这种个性化的定制采购具备很高的复杂性，需要进行大量的信息筛选和对比决策，而只有不足40%的物资属于通用的产品采购，相对来说操作较为简易。

房地产开发企业的物资采购具有充分的复杂性，需要采购人员针对不同的物资采取差异的采购方法。因此从企业的角度对物资进行分类并对各类物资采取差异化的采购策略就变得尤为重要。

采购物资分类是采购工作专业化实施的基础。Kraljic提出了以物资的市场采购风险和对企业的利润贡献大小为尺度对企业采购物资进行分类的方法。它主要基于两方面因素：一是采购物资对项目的重要性，主要指采购物品对项目的生产、质量、供应、成本以及产品等影响的大小；二是风险系数，主要指供应保障能力、供应商的数量、竞争激烈程度等。依据不同采购物品的重要性和风险系数，可将其分为常规物资、利润物资、制约物资和关键物资。如图7-1所示。

图7-1 基于重要性和风险系数的采购物资分类矩阵

图7-1中横轴表示物资的重要性，主要指该采购物资对项目的生产、质量、供应、成本以及产品的影响大小；纵轴表示风险系数，即物资采购的市场风险，主要指供应保障能力、供应商数量、供应竞争激烈程度、自制可能性大小等。

关键物资（战略型物资）是指价值比例高、利润贡献大、产品要求高，同时市场风险和供应难度较大的物资。关键物资的采购往往涉及大量资金，在采购总量中所占比例较大，对产品的成本和价格有重要的影响。

利润物资（杠杆型物资）指的是价值比例较高，但市场风险小，很容易从不同的供应商处采购获得的物资。

制约物资（瓶颈型物资）是指价值比例较低、利润贡献小，但市场风险高，供应保障能力欠缺的物资。

常规物资（一般型物资）则是价值比例低、利润贡献小、有大量供应商的物资。

针对上述四类物资的市场风险、利润贡献、重要程度等进行分类比较和举例说明，如表7-1所示。

表7-1 采购物资的分类比较

项目	常规物资 （一般型物资）	制约物资 （瓶颈型物资）	利润物资 （杠杆型物资）	关键物资 （战略型物资）
市场风险	小	大	小	大
利润贡献	小	小	大	大
重要程度	低	低	高	高
举例说明	砂石料、建筑五金、维修备件、办公用品等	新型防水材料、预应力钢绞线等	钢材、水泥、木材、建筑陶瓷、卫生陶瓷、装饰材料等	空调、电梯、水泵、配电设备等

7.1.2 房地产开发企业的项目采购特点分析

制造业、流通业、服务业的采购各有不同的特点，但房地产行业的采购比较特殊，从某方面讲，它兼具了制造业、流通业、服务业的特点，且由于覆盖面更广，采购活动实施难度更大。以下是总结的房地产企业的采购特点。

7.1.2.1 采购种类繁杂，结构复杂

从供应链管理的角度看，房地产行业相对简单，需求相对确定，没有库存压力。但是其采购种类繁杂程度也是一般制造业无法相比的。尤其对目前许多大面积、大体量开发项目而言，除了传统意义上的建材、设备采购外，还有学校、医院、酒店、会所、能源、物业、通信等配套设施的采购，加之现在精装修住宅也越来越多，采购种类也就愈加繁杂了。百货类流通业的采购种类也很多，但是没有规划、勘察、设计、监理、施工等多种形式。在房地产企业采购活动中，还有甲指乙供、甲供、甲方限价乙方供应等多种形式混杂，往往在不同的主体之间有很大的利益冲突。由于采购种类繁杂，采购人员的时间、精力、能力的局限性使得采购人员难于像制造业采购人员一样专精。

7.1.2.2 地域性强，各自为政

目前，全国有5万多家房地产公司，除去10%的大型房地产开发企业，其中包括房地产行业上市公司，大型跨区域房地产集团外，其余90%的房地产开发企业规模都很小，且集中在一两个城市开发，项目数量较少。即便是某些跨地区经营的企业，因为种种原因，统一采

购也很难实现。而那些可以进行全国性采购的产品，如门窗、保温板等，生产企业规模都不太大，这为房地产行业实行全国性的统一采购也带来了困难，例如水泥、砌块等，受运输距离的限制，地域性很强。我国建材行业目前还处于区域性的自由竞争阶段，整个行业人员素质、企业规模等都不尽如人意。房地产行业的地域性限制了建材行业的兼并重组，建材行业的区域性又对房地产行业的全国性采购形成反向制约。

7.1.2.3 项目特色多变

很多中小房地产企业都是项目公司，虽然长期在某一个城市运作项目，但是由于项目特色导致的短期行为严重，没有长期的战略规划。建材供应商很难与房地产开发企业间建立长期的合作伙伴关系。由于信息化水平较低，所谓的项目特色很快就过时了。凡此种种原因造成了信息的不对称和交易成本过高，极大地阻碍了房地产和建材两个行业的发展。一般制造业都制订有成本降低计划，对于常用材料每年都要有一定的成本下降，同时不断开发新的供应商，让供应商在设计阶段就参与，共同努力来降低成本。这些有效的措施，在项目型的房地产开发企业里往往很难实现。

7.1.2.4 关联主体多

在一般的工业企业里，关联方很少，设计、采购、应用方、供应方，通常只需要这几个环节就足够了。而房地产行业的特殊性还体现在关联主体多，总承包方、分承包方、代理商、甲方、监理、设计等很多关联主体。仅以门窗招标为例：为了有效地降低成本，保证产品品质，采购人员要指定门窗的主要部件（玻璃、型材等），同时安装需要总承包方的配合，所以一般需要采取甲方指定品牌乙方供应的形式。因为门窗加工厂规模都较小，如果开发面积较大，需要的门窗加工厂就比较多。由于不同形式的招标采购和不同主体间复杂的关联关系，在确定价格、技术标准、交货期等上存在很多问题，采购周期漫长、纠纷较多。

7.2 采购成本控制的基础——完善采购系统建设

7.2.1 房地产企业采购管理系统的组织结构

7.2.1.1 房地产企业采购职能设置的原则

房地产企业采购部门的设置因企业规模、企业文化、专业水平和企业管控模式的不同而各有千秋。首先要解决的是采购职能的划分和权限的划分，其次是监督职能的完善。一般在集团公司里，集团层面侧重于策划和监督职能，而项目公司是执行主体，或按一定的权限划分集团与项目的采购权限，使职权和责任明确界定。而在非集团规模的房地产开发公司，则在不同的部门之间或与项目部之间进行划分，但执行和监督职能应由不同的主体来完成，以达到提升采购效率、降低采购成本，并且形成内部公开、公正、公平和廉洁的采购环境及氛围。

7.2.1.2 房地产企业采购部门的职能划分

在遵循以上原则的基础上，采购管理主体的划分应该有以下两个层面。

（1）整体策划和监督。一个层面上更多地倾向于对采购系统的整体策划和监督，制定采购系统的管理流程、采购规范、标准采购合同、招标文件范本等流程和流程精细化方面的工作，监督采购活动的实施，同时建立统一的采购信息系统，达到采购资源的共享，并且从公司层面与供应商建立战略合作伙伴关系，建立公司战略采购流程，以期在采购产品时获得优惠的价格和优良的品质，从而降低采购成本，提高企业盈利能力，以应对今后地产行业整体利润空间下降的趋势，形成公司的竞争优势。

（2）采购活动的执行主体。另一个层面是指采购活动的执行主体，具体实施采购活动，编制采购计划，组织工程、材料和设备的采购活动，组织对供应商的评估和对现场材料、设备的管理、数量核定等，其中项目工程的管理部门，如项目部、工程部等监督材料的验收和现场材料、设备的管理。

两个层面上职能的划分也不是固定的，可以根据企业的规模等因素进行调整，建立完整、系统的采购管理体系，但一般来讲，实施和监督的职能应该分离，以避免因缺乏监督造成的采购管理的失控，避免给企业造成额外的损失。

7.2.1.3 采购部门岗位建设和职责权限

针对采购环节，需要设置不同的岗位，是为了解决采购权力不要过分集中，需要互相制约和监督，同时又不要影响各岗位人员工作积极性。

一般来说，项目需要设置采购总负责人、询价员、合同员、采购员和库管员五个岗位；采购总负责人全面负责材料的采购管理，依据材料需用计划和岗位目标责任成本的管理规定等，制订并执行采购计划，协调并充分利用内部资源，最终高效低成本地采购到所需要物资；询价员主要负责按计划探询市场中定向物资的信息，书面提供给采购负责人和采购员，同时进行文档的存档管理；合同员的职责就是管理合同文件，随时监督合同执行情况；采购员的职责更多的是具体按合同，以指定的价格和数量执行采购任务；库管员的主要职责是按标准验收材料入库，材料进场后，合理规划存放和使用，尽可能地减少储存成本，做好库房的管理。

岗位设置的多少也不是一概而论，要以项目的大小和施工时间的跨度等实际情况而定，最终目的就是把事情做好，建立好内部岗位间的权利制约机制。

7.2.1.4 采购部门人员选择和要求

采购管理中人是主体，其他要素则是被动的，所以各岗位人员的选择标准，需要具备一定的专业能力和沟通能力，具有法律意识、清正清廉思想等，还要尽量避免项目最高管理者如项目经理的直系亲属担当采购总负责人。专业能力不仅包括对所负责的材料属性有一定的认识，还要对材料管理的流程有一个清晰的思路；清廉的素质，对经常与花钱打交道的采购人员来说尤其重要，虽然在内部管理各个环节上采取了种种措施，但对一线的采购人员来说，还是不可避免地遇到供应商主动提供的种种诱惑，怎样防止诱惑背后的陷阱设置，就需要采购人员本身要具备清廉的素养和法律意识等。

7.2.1.5 采购部门员工培训和教育

对采购各岗位人员的培训包括：业务培训、法律常识培训、公司制度培训等。业务培训重在提高业务能力，比如采购的流程管理、采购经济采购量的确定方法、如何在新形势下做好采购询价等。同时要多走出家门了解市场行情，某房地产开发公司就经常性组织各部门员工到外面去参观一些建材展览会、房产展览会，并同业内房地产企业相互交流工作经验。而法律常识培训和公司制度培训则重在在环境上约束非正常行为，清楚和明确采购腐败的风险成本，加强廉政建设的教育。

7.2.2 采购流程关键绩效衡量指标和关键点的确定

成本管理的过程包含了成本预测、成本决策、成本计划、成本控制、成本核算、成本分析和成本考核七个环节的管理；其中成本分析和成本考核是两大核心内容。决策和计划阶段可有针对性地将采购各岗位目标责任确定下来，再通过强调岗位目标责任制，考核成本降低率等手段，对做好其他环节的管理如成本控制、成本核算和成本分析都会收到明显的效果。

7.2.2.1 采购流程的关键绩效衡量指标

采购活动的目标就是要保证项目整体进度、质量和成本控制指标的达成，由此房地产企业应根据房地产项目目标对采购流程的关键绩效指标进行分析，整理出关键指标作为对采购过程的控制目标的参考。表7-2提供一些采购流程的关键绩效衡量指标，供参考。

表7-2 采购流程的关键绩效衡量指标

类别	指标名称	定义
A（数量）	采购计划的准确率	实际使用数量与计划采购数量的比值
	采购计划完成率	采购项目及时完成的数量与计划数量的比值
Q（质量）	采购产品批次合格率	采购产品验收合格的批次与实际采购批次的比率
	新材料、新技术采用计划完成率	新材料、新技术采用项目数与计划采用项目数的比率
C（成本）	采购成本目标达成率	采购产品成本与目标成本的比值
	单方工程造价中采购材料、设备成本所占的比率	单方工程造价中材料设备金额与单方造价目标成本的比值
T（时效）	招标计划及时完成率	按照流程时限要求按时完成的招标项目所占比重
R（风险）	材料、设备采购延误造成的工程延期天数	根据工程实际发生的待料天数统计

根据以上指标可以针对不同部门在采购活动中承担的职责，分解制定相应的采购部门或相关部门及岗位的绩效指标，如对设计部门选样定板计划完成的考核、招标文件技术部分编制质量的考核等。

7.2.2.2 采购流程的关键点、主要输入输出和控制方法

采购管理活动的内容很多，如何抓住采购活动的关键环节，明确控制要求和方法，以达到控制的目标要求呢？根据以上制定的采购流程的关键绩效指标，通过分析明确重点应控制的采购流程关键点、活动的主要输入输出和控制方法如表7-3所示。

表 7-3 采购流程的关键点、主要输入输出和控制方法

采购流程的关键点	输入	输出	主要控制方法
采购方式的确定	项目总体实施计划、工程进度计划、材料设备需求、外包项目需求、相关技术要求和成本目标要求等	明确的采购方式确定原则和采购方式的确定结果	根据采购产品的类别、对项目进度影响的密切程度、采购产品质量的稳定性等确定材料、设备的采购方式和明确采购主体；通过工程采购总包合同，界定工程总包和分包项目及分包项目的采购主体
战略采购	产品配置清单、采购计划、产品技术要求等	战略采购物资清单、战略采购协议	明确界定战略采购物资的清单，确定不同产品战略合作伙伴的选择方式，制定战略采购协议并监督实施情况
采购供应商信息库的建立和维护	应掌握的供应商信息，合格供应商入选条件	录入的供应商信息，合格供应商名单和所提供产品的技术资料及产品价格水平	利用信息系统建立供应商信息库。建立表单，明确不同产品供应商信息的内容要求，建立合格供应商的准入标准，实现供应商信息资料的共享，并不断更新
招标采购	项目招标采购计划、招标采购要点、产品技术要求、合格供应商名单等	招标文件，包括评标方法等；投标书、中标通知书和合同、协议草案等	明确规定招标的技术要求、供应商资格条件、评标方法等，招标过程要做到公正、公平和公开，招标文件通过评审或审核，确保完整准确
供方资格管理	工程、材料、设备供应商信息资料、供应商以往供货业绩、供应商资质等	制定的供应商准入标准、供应商考察记录、对供应商评价的记录、初选和更新的合格供应商名单	对供应商资格的审核、供应商准入的标准、履约过程评价的标准和合格供应商评定的标准以及评定结果的公开发布，建立公开、透明的供应商管理信息系统
合同管理	合同编写所需的技术文件和资料、招标资料等	标准格式合同、合同审核批准的记录、签订的各类合同及其所附的技术和质量要求文件	编制标准合同文本并审核、合同技术要求、商务条款的拟定以及合同审核过程的充分和及时性

7.2.3 明确采购的主体

根据采购工程、材料、设备的种类和与工程进度的密切关系、产品品质的稳定性、产品成本控制的难易程度等，采购主体也有不同的选择方式。在材料采购方面划分为甲购材料、甲定乙购材料、甲指乙购材料、乙定乙购材料四类。在工程方面分为总包和分包工程。

7.2.3.1 采购主体的划分原则

采购主体的划分一般按图 7-2 所示原则进行，通常会在与总承包商签订合同时确定。

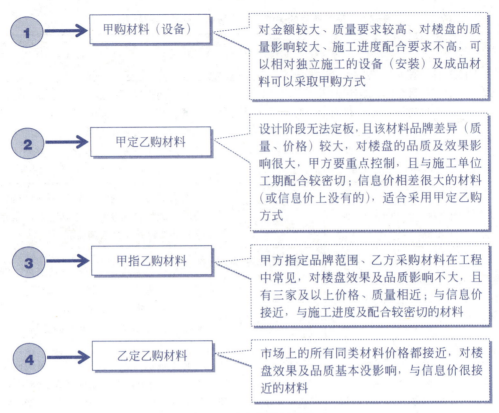

图 7-2 采购主体的划分原则

7.2.3.2 常见材料的采购主体范围划分

（1）建筑主体采购主体范围划分。建筑主体采购主体范围划分如表 7-4 所示。

表 7-4 建筑主体采购主体范围划分

序号	采购主体	材料明细	
1	甲供材料、设备	钢筋；各类门（入户门、车库门、防火门、防火卷帘、小区大门、隔断折叠门）；外墙砖；瓷砖粘接剂和勾缝剂；公共电梯、楼梯间墙地砖；内、外墙地面石材；文化石；外墙挂板、装饰线条；内、外墙涂料；屋面瓦；外墙装饰材料；成品落水系统；成品楼梯；整体阳台；成品天窗；信报箱；各种水泵；供水设备；污水处理设备；各种阀门；冷热水表；泳池设备；成品化粪池；成品检查井；太阳能、燃气热水设备；锅炉、换热设备；散热器；热计量表；风机设备；电梯；可视对讲设备；高低压配电设备；发电机组；三箱设备；照明装置和开关插座面板；电线、电缆；机械车库	
2	甲方直接分包系统集成供应商	门窗系统工程	工程涵盖：外门窗系统、玻璃雨篷、金属压顶、铝合金装饰线条、空调装饰百叶、阳台护栏等制作安装。限品牌范围：型材、五金件、结构胶、发泡剂、玻璃、纱窗、油漆
		外墙保温系统工程	限品牌范围：保温板、粘接剂、界面剂、耐碱纤维网格布、钢丝网

续表

序号	采购主体	材料明细	
2	甲方直接分包系统集成供应商	铁艺栏杆系统工程	工程涵盖：公共楼梯护栏、扶手、护窗栏杆。限品牌范围：油漆、型材
		弱电系统工程	安防系统、建筑自动化系统、通信网络系统
		消防系统工程	工程涵盖：消防报警系统、消防自喷系统、消火栓系统。限品牌范围：消火栓、水泵结合器、自喷喷头、湿式水力报警阀、信号阀、水流指示器、水泵、阀门、管材、火灾自动报警系统主机、连动控制器、烟感探测器、感温探测器、手动报警按钮、控制模块、信号模块
		水处理系统工程	限品牌范围：主要处理设备、管材、水泵、阀门、过滤器等
		中央空调系统工程	限品牌范围：主机、末端设备、控制设备、阀门、水风管材、水泵、水处理设备、保温材料
		中央除尘系统工程	限品牌范围：主机、末端、管材
		通风、排烟系统工程	限品牌范围：风管、风阀
		人防系统工程	限品牌范围：主要人防设备
		中央新风系统工程	限品牌范围：新风换气设备、管材
		地板辐射采暖工程	限品牌范围：地暖管材、分水器、集水器、各种阀门、苯板
		地下车库地面工程	
3	甲定乙购	水泥，商品混凝土，防水材料，成品烟，气道，变形缝，成品烟囱，加气混凝土砌块，空心混凝土砌块，烧结空心砖，黏土砖，各种上下水、采暖管材及管件，地漏，落水管，风管，电线管，电缆桥架，电线，风帽，灯泡，白灰，局部涂料	

（2）园林景观采购主体范围划分。园林景观采购主体范围划分如表7-5所示。

表7-5 园林景观采购主体范围划分

序号	采购主体	材料明细
1	甲供材料、设备	钢筋，石材，琉璃瓦，地砖，井盖，座椅，雕塑，小品，牌匾，垃圾桶，假山，亭子，石材，木栏杆，标识，体育、健身器材，水泵，阀门，电缆，景观灯具，音响，各种配电柜，苗木，景石，草坪
2	甲定乙购	混凝土，水表，喷头，电线，开关插座，水泥，沙子，白灰，防水材料，各种涂料，给排水管材、管件

（3）装饰装修采购主体范围划分。装饰装修采购主体范围划分如表7-6所示。

表7-6 装饰装修采购主体范围划分

序号	采购主体	材料明细
1	甲供材料、设备	石材，墙地砖，地板，地毯，墙纸，涂料，马赛克，装饰玻璃，衣、鞋柜体，橱柜，各种门，成品楼梯，开关面板，家用电器，灯具、灯饰，家具家私，布艺材料，五金卫浴，软装、饰品
2	甲定乙购	吊顶，水泥，沙子，白灰，防水材料，防火材料，龙骨、石膏板等基层材料，不锈钢栏杆、制品，给排水管材、管件，电线，电管，楼梯护栏、扶手

以上未提到的材料、设备和对设计效果、成本影响较小、市场价格较透明的材料、设备均为建筑总包、景观总包、装修总包单位购买。

7.2.4 采购方式的确定

采购方式的确定主要针对甲供材料（设备）和甲定乙购材料（设备）及总包和甲方分包的采购项目。

7.2.4.1 战略采购

战略采购是指公司出于提高质量、降低成本、增加效率等目的，与若干家供方直接签署协议的采购行为。

战略采购方式主要在多项目运作的房地产集团公司采用，一般由集团公司总部统一与供应商进行洽谈，通过招标方式确定战略合作伙伴，并签署战略合作协议。目前房地产开发公司实施战略采购的材料设备主要有：电梯设备、机房设备、空调机组、涂料、瓷砖、电工产品、门禁系统和建筑装饰材料等。

7.2.4.2 招标采购

招标采购包括供应商资质预审、招标文件编写、发标、回标、开标、评标、定标、谈判和中标通知发放等过程。招标采购又分公开招标和邀请招标方式。

确定招标采购方式一般根据采购的规模和采购权限划分确定，由于招标过程环节多，耗时长，因此在确定哪些产品招标时，应重点关注一些批量大、价值高的产品。而对一般的采购产品采取直接市场比价、议价的方式采购或邀标的方式进行。具体可通过明确需招标采购的产品种类和划分采购项目金额的方式确定招标材料、设备采购的范围。

工程类采购活动，在总包确定前，个别分项工程必须提前开工的由公司直接发包；对总包工程中一些专业性较强、行业竞争较激烈、市场水平与定额水平有一定差异性的工程也可作为总包工程的甲方指定分包工程，通过招标方式选择供应商。对零星工程在限定金额范围内的，可采取项目管理部门直接比价采购的方式，其他的均采用招标方式选择。

【他山之石】

项目总包及主要分包工程承包方式及成本控制目标建议

项目名称：

序号	项目名称	承包方式	结算成本目标/万元	合同（招标）成本目标/万元	设计变更及签证控制目标/万元	主要经济指标值	备注

【他山之石】

项目主要材料（设备）采购方式及成本控制目标建议

项目名称：

序号	材料（设备）名称	市场价/信息价	成本目标/万元	以往工程采购方式	建议采购方式

7.2.5 供应商管理系统的建立

供应商管理系统的建立对规范房地产企业的采购行为，形成内部公开、透明的采购管理系统和建立良好的供应商合作伙伴关系非常重要。通过与供应商建立长期、稳定的合作关系，共同努力来降低成本，提高性价比，并通过与知名供应商的合作给企业带来市场宣传与推广方面的好处，同时与供应商增进相互信任，在充分沟通上有效地提高性价比，从而达到互惠双赢的良好结果。目前在供应商管理系统的建立方面，很多房地产企业的重视度还不够，因此对供应商的管理力度还非常薄弱。

7.2.5.1 供应商评估与激励体系的建立和材料信息库的建立

（1）采购部门应收集供应商信息，建立供应商信息库，积累供应商相关信息及产品信息，为选择和确定采购产品提供充分和准确的信息。

（2）制定明确的合格供应商入围标准，对供应商进行初步的筛选、考察和判断，对符合要求的纳入合格供应商名单，不符合要求的也要建立内部不合格供应商（黑名单）的记录，为今后的选择提供信息和依据。

（3）建立对供应商的奖励、惩罚和扶持政策，调动供应商的积极性和处罚违规行为，形成公开、透明和内部充分共享的供应商管理系统。

7.2.5.2 供应商履约评估

（1）采购部门组织接受供应商产品和服务的部门，对供应商的产品质量、服务质量、内部管理、资源保障和配合情况等进行评价并打分。对产品好、合作配合好、服务好的供应商根据采购价格及后续实施情况给出评价。同时总结材料采购中的薄弱环节，将采购数据录入数据库。

（2）建立供应商积分管理制度，对产品供应质量好、价格合理，经评价合格后根据评分高低给予不同积分，积分越多的在后续工程或材料供应中可获得被优先选择的权利。

（3）采购部门应建立材料信息收集和研究的职能，主动对材料市场进行研究，并提供相关报告给设计部门参考，使设计部门对材料信息掌握充分，在设计过程中能够充分考虑材料品质、价格和优化、替代及更新的要求。

【他山之石】

材料/设备制造商/供应商信息库

序号	材料/设备品名	规格/型号	制造商/供应商	地址	代理商/供应商	联系人	电话

【他山之石】

供应商洽谈记录

时间		地点	
谈判对象公司			
对方公司出席人		职务	
出席人			
具体内容			

7.3 房地产企业采购成本控制执行

7.3.1 制定采购预算与估计成本

　　制定采购预算是在具体实施项目采购行为之前对项目采购成本的一种估计和预测，是对整个项目资金的一种理性的规划，它不单对项目采购资金进行了合理的配置和分发，还同时建立了一个资金的使用标准，以便对采购实施行为中的资金使用进行随时的监测与控制，确保项目资金的使用在一定的合理范围内浮动。有了采购预算的约束，能提高项目资金的使用效率，优化项目采购管理中资源的调配，查找资金使用过程中的一些例外情况，有效地控制项目资金的流向和流量，从而达到控制项目采购成本的目的。

7.3.2 制订采购计划

　　为了使材料供应与需求相适应，需要编制材料采购计划。

7.3.2.1 编制材料供应计划

材料供应计划编制要经过的步骤：技术部门按施工计划及施工预算，提供年、季、月工程项目、工程量、投资计划及单项工程年、季度需要主要材料明细表，同时提出三大材节约指标及措施；工程所需的特殊材料和专用工具应由技术部门协助各承包单位按工程任务书提出计划，年初或季初交物资部门备料；物资部门根据各承包单位提出的需用材料计划，在充分利用库存物资的基础上，做好物资平衡工作，及时编报材料采、订、购计划。材料计划供应量的计算公式为：

$$材料计划供应量 = 材料需要量 + 期末库存量 - 期初库存量$$

由于期初库存量是已知的，问题的关键是要确定计划期的材料需要量和期末库存量。

（1）计划期材料需要量的制定。由于目前的水电建筑市场发育不完善，而工程的中标价格却是按市场的供求关系形成的，套用的又是旧的定额，尽管经过十余年的不同程度的调整，但预算成本仍很难反映社会建筑业生产经营管理水平，所以根据技术组织措施计划，制订降低成本计划是十分必要的。由于材料费属于变动成本，所以在计划成本的基础上按不同工程量水平制定弹性成本也是比较容易的。

材料需要量是计划期内保证施工正常进行所必须消耗的材料数量，它的计算公式为：

$$材料需要量 = 计划工作量 \times 计划消耗$$

材料需要量确定的准确与否，直接影响材料供应计划的质量，必须做好各项基础工作。

（2）计划期末材料储备量的制定。由于材料供应与需求之间存在着时空的差异，所以在客观上形成了材料储备。材料储备并不是越多越好，而是要有一个度，即要制定材料储备额，常用的是经济订购批量法。

经济订购批量就是项目一定期间材料存货相关总成本达到最低的一批采购数量；与存货相关的成本，是指为形成和维持材料采购管理而引起的各项费用支出，其总额随材料数量、价格等属性的变化而增减，主要由订货成本、购买成本、储存成本和缺货成本四部分构成。

确定经济订购批量的目的，就是使与材料有关的上述四项成本总和达到最低。根据施工项目的一般情况，由于订货成本和储存成本相对较小，重点要考虑购买成本和缺货成本之和的最小化，最终得出一定期间的经济采购量。

7.3.2.2 编制采购计划

根据材料的需用计划和采购经济采购量的分析结果以及将要选择的合同类型编制采购计划，说明如何对采购过程进行管理。具体内容包括以下几方面。

（1）合同类型。
（2）组织采购的人员。
（3）管理潜在的供应商。
（4）编制采购文档。
（5）制定评价标准等。

采购计划一般由项目物资部门制定。根据项目需要，采购管理计划可以是正式、详细的，也可以是非正式、概括的，关键强调其正确性、及时性和可执行性。

【他山之石】▶▶▶

项目采购需求计划

公司名称：　　　　　　　　　　　　项目名称：

序号	招标采购内容	采购分类	采购方式	面积或数量	使用部位	技术标准确定时间	目标成本			计划招标日期	计划进场日期	备注
							单价	单位名称	总价			
问题及建议												

编制：　　　　　　　　　审核：　　　　　　　　　日期：　　年　月　日

注：1. 采购分类指咨询服务类：甲方委托；工程施工类：施工总承包、指定分包、专业承包；设备材料类：甲供、甲定乙供。
　　2. 采购方式指战略采购、公开招标、邀请招标、议标、直接采购。

【他山之石】▶▶▶

项目采购计划管控表

序号	采购内容	计划进场时间	采购分类	采购方式	采购分层	开始时间	完成时间	图纸提交、技术要求确定时间	目标成本			备注
									单价	单位名称	总价	

项目公司：　　　　　　　　研发设计中心：　　　　　　　　工程管理中心：
成本管理中心：　　　　　　成本管理中心：
集团领导：

注：1. 采购分类指咨询服务类：甲方委托；工程施工类：施工总承包、指定分包、专业承包；设备材料类：甲供、甲定乙供。
　　2. 采购方式指战略采购、公开招标、邀请招标、议标、直接采购。
　　3. 采购分层指集中采购、授权采购、分散采购。

7.3.3 采购询价

采购询价就是从可能的卖方那里获得谁有资格、谁能最低成本完成材料采购计划中的供应任务，确定供应商的范围，该过程的专业术语也叫供方资格确认，获取信息的渠道有招标公告、行业刊物、专业建筑网站等媒体。

做好采购询价管理，现在需要充分利用计算机管理系统，借助网络优势，快速地浏览和获取需要的信息，从而保障采购询价管理，得到询价结果的高效率。

甲定乙购材料（设备）价格审订单

类别：　　　　　　品名：　　　　　　编号：

项目名称					工程名称				
施工单位					建设单位				
序号	材料名称	规格型号、品牌标准	供应商厂址、联系人、电话	品牌标准核订单编号	单位	数量	原合同暂定价	施工单位申报价	最终审定价
施工单位确认签名（盖公章）：									
项目部审批（盖公章）： 项目经理：　　　　　　材料工程师：									

注：1.本表由施工单位填写一式六份原件，确保甲方保留一式四份。

2.本表仅作为（一般指合同约定为暂定价的）材料（设备）价格审核，核定前原则上应先对各供应商进行考察。

甲定乙购材料（设备）品牌标准核订单

类别：　　　　　　品名：　　　　　　编号：

项目名称		工程名称	
施工单位		建设单位	
材料名称		规格型号	
计划用量		估算总价	

续表

	初选厂商名称、品牌标准	规格型号	拟报单价	备注（含供应商地址、联系人）
施工单位填写				
	申请单位意见（盖章）： 乙方项目经理签名：			

监理单位意见（盖公章）（审查技术性能与质量）：

项目部审批（盖公章）： 项目经理：　　　　　　　　　　材料工程师：

注：1. 本表由施工（使用）单位提出申请，填写一式六份，甲方留四份；每份表格只填一种材料。
2. 施工单位申报时，原则上应选择三家以上合格单位报批。
3. 本表仅作为（一般指合同约定为暂定价的）材料（设备）品牌标准的核定，核定前原则上应先对各供应商进行考核。

【他山之石】

乙购材料（设备）价格审核表

工程名称						乙方报价日期			
核价内容						施工部位			
名称	规格（型号）	单位	数量	乙方询价		甲方核价		备注
					厂家（品牌）	单价/元	厂家（品牌）	单价/元	
合计									

（乙方）　　　　　　××房地产开发有限责任公司（甲方）

经办人　　　　　项目经理　　　　　　　经办人　　　　　负责人
　　年　月　日　　　　　　　　　　　　　　年　月　日

7.3.4 供应商的选择

供应商是项目采购管理中的一个重要组成部分,项目采购时应该本着"公平竞争"的原则,给所有符合条件的供应商提供均等的机会,一方面体现市场经济运行的规则,另一方面也能对采购成本有所控制,提高项目实施的质量。因此,在供应商的选择方面要注意如下两方面的问题。

7.3.4.1 选择供应商的数量

供应商数量的选择问题,实际上也就是供应商份额的分担问题。从采购方来说,单一货源增加了项目资源供应的风险,也不利于对供应商进行压价,缺乏采购成本控制的力度,而从供应商来说,批量供货由于数量上的优势,可以给采购方以商业折扣,减少货款的支付和采购附加费用,有利于减少现金流出,降低采购成本。因而,在进行供应商数量的选择时既要避免单一货源,寻求多家供应,同时又要保证所选供应商承担的供应份额充足,以获取供应商的优惠政策,降低物资的价格和采购成本。这样既能保证采购物资供应的质量,又能有力地控制采购支出。一般来说,供应商的数量以不超过3~4家为宜。

7.3.4.2 选择供应商的方式

选择供应商的方式主要包括公开竞争性招标采购、有限竞争性招标采购、询价采购和直接签订合同采购,四种不同的采购方式按其特点来说分为招标采购和非招标采购。在项目采购中采取公开招标的方式可以利用供应商之间的竞争来压低物资价格,帮助采购方以最低价格取得符合要求的工程或货物,并且多种招标方式的合理组合使用,也将有助于提高采购效率和质量,从而有利于控制采购成本。

7.3.5 采购环境的利用

充分利用采购环境的一个重要内容就是熟悉市场情况、了解市场行情、掌握有关项目所需要的货物及服务的多方面市场信息。比如,结合所采购货物或服务的种类、性能参数、质量、数量、价格的要求等,了解熟悉国内、国际市场的价格及供求信息,所购物品的供求来源、外汇市场情况、国际贸易支付办法、保险合同等有关国内、国际贸易知识和商务方面的情报和信息。这就要求项目组织建立有关的市场信息机制,以达到有效利用采购环境的目的,良好的市场信息机制包括以下几方面。

(1) 建立重要货物供应商信息的数据库,以便在需要时候能随时找到相应的供应商,以及这些供应商的产品或服务的规格性能及其他方面的可靠信息。

(2) 建立同一类货物的价格目录,以便采购者能进行比较和选择,充分利用竞争的办法来获得价格上的利益。

(3) 对市场情况进行分析和研究,作出市场变化的预测,使采购者在制订采购计划、决定如何发包及采取何种采购方式时,能有可靠而有效的依据作为参考。

只有建立了良好的市场信息机制,才能在项目采购中做到"知己知彼",并对采购环境有充分的了解和把握,这使得采购者能处于供需双方的有利地位,获得价格上的优势,不仅取得高质量的货物或服务,也能取得成本上的利益。而如果缺乏了对相关信息的熟悉,会造成采购工作的延误、采购预算的超支,失去成本控制的优势。

7.3.6 采购合同签订

选择供应商的主要参照条件就是在采购询价环节的评价结果，当然也要参照其他标准，如供应能力、历史信誉等。比如具体确定商品混凝土的供应商是一家还是多家，一般都要考虑不少于两家供应商，以防供应不及时导致停工风险的发生，这里就需要考虑到混凝土浇筑本身需要连续性等要求。

采购合同就是在确定了供应商后，项目与供应商之间签订的确保双方履行约定的一份法律文件；在签订之前，需要对合同类型进行选择，因为不同的合同类型决定了风险在买方和卖方之间分配；项目的目标是把最大的实施风险放在供应商，同时维护对项目经济、高效执行的奖励；供应商的目标是把风险降到最低，同时使利润最大化。

常见的合同可分为以下几种：成本加奖励费合同，主要用于长期的、硬件开发和试验要求多的合同；固定价格加奖励费用合同，主要用于长期的高价值合同；固定总价合同，项目易于控制总成本，风险最小。

【他山之石】

合同现场交底单

项目名称		日期	
合同名称			
甲方参加单位及人员			
合作单位及参加人员			
双方合同经办人员联系方式：			
合同要点简述：			
交底补充内容：			
相关人员会签			
区域公司总经理意见			

注：本单一式两份，集团合同主办部门和合同实施部门或区域公司各一份。

【他山之石】▶▶▶

工程项目采购合同交底答疑纪要

编号：

合同名称		签订合同日期	
甲方			
乙方			
交底经办人			
参加交底答疑人员			
答疑纪要：			
交底答疑相关人员（签名）：		年　月　日	

【他山之石】▶▶▶

工程项目采购合同履约情况记录表

编号：

合同名称	
甲方	
乙方	
访谈人	
合同履约过程存在的问题：	
乙方建议：	
乙方对甲方的评价：[10][9][8][7][6][5][4][3][2][1]	

9～10：好；7～8：较好；5～6：一般；3～4：较差；1～2：差。

【他山之石】▶▶▶

工程项目采购合同履约检查情况通报

编号：

项目名称		检查日期	
检查内容			
参加检查部门及人员			
检查人员（签名）：		年　月　日	

【他山之石】▶▶▶

＿＿＿项目＿＿＿月合同价款变更情况汇总表

工程项目名称：

序号	合同名称	合同编号	合同价款	开工日期	形象进度	累计已付进度款	本月补充预算			累计补充预算			累计补充预算占合同比例	备注
							设计变更	现场签证	甲定乙购单	设计变更	现场签证	甲定乙购单		

7.3.7 采购环节成本控制要点、内容、方法及执行部门

材料及设备采购环节成本控制的核心要素是计划和信息,通过明确而科学的流程,就可以最大限度地减少在该环节出现损失的概率,达到成本控制的目的。具体流程如表7-7所示。

表7-7 采购环节成本控制要点、内容、方法及执行部门

控制要点	控制内容	控制方法	控制部门
材料进场	采购招投标及订立合同时间		工程部
	生产周期	与工程进度相配合	
	运输周期	具体与采购点远近相对应	
	安装、验收周期	与工程进度相配合	
	交叉作业时间	与工序安排相联系	
	市场信息	日常搜集市场信息,建立材料市场信息库	采购部
	技术参数	材料设备的技术参数由设计部确定或封样	设计部
	招投标	必须招投标的材料设备要制订招投标计划;不需要招投标的材料设备,采用三家以上厂家报价选择	工程部
材料的性能价格比	市场信息	日常搜集市场信息,建立材料市场信息库	预算部
	技术参数	材料设备的技术参数由设计部确定或封样	设计部
	招投标	必须招投标的材料设备要制订招投标计划。不需招投标的材料设备,采用三家以上厂家报价选择	预算部
材料款支付	材料款支付方式	预付款限额控制	经办部门(工程部或设计部)
	材料款支付进度	首次验收后付款总额进度控制	
	保修款	保修款一般不低于合同总价的5%,依据合同中约定付款	
材料验收	数量验收	几方共同确认货到现场数量	甲方工地代表或专业工程师负责监控验收
	质量验收	外观质量的验收 安装后质量的验收	工程部
		投入使用后的质量验收	采购部
材料保管与保修	材料保管	在合同中明确货物的卸货和保管的责任承担者	工程部
	材料保修	用合同的方式明确保修责任和保修期	

第 8 章
房地产企业工程管理环节成本控制

引言

在房地产开发企业的所有成本中,建筑安装成本所占比例最大,也是变数最多的部分,建筑安装成本控制对象是工程项目,是工程项目施工过程中各种耗费的总和。它从项目中标签约开始,到施工准备、现场施工、竣工验收等,每个环节都离不开成本控制工作,其主要涉及的费用有人工费用、材料费用、其他费用(机械使用费用、辅助工程费用、临时设施费用等)。

8.1 工程项目成本控制概述

工程项目成本是指企业在以工程项目作为成本核算对象的施工过程中，所消耗的生产资料转移价值和劳动者的必要劳动所创造的价值之和的货币表现形式，即某建筑工程项目在施工中所发生的全部生产费用的总和。

8.1.1 工程项目成本的构成

按照成本的经济性质，工程项目成本由直接成本和间接成本两部分构成。

8.1.1.1 直接成本

直接成本是指施工过程中耗费的构成工程实体或有助于工程实体形成的各项费用支出，具体包括：人工费、材料费、机械使用费、其他直接费等。由直接费、其他直接费、现场经费组成。

（1）直接费。指施工过程中耗费的构成工程实体和有助于工程形成的各项费用，包括人工费、材料费、施工机械使用费，如图8-1所示。

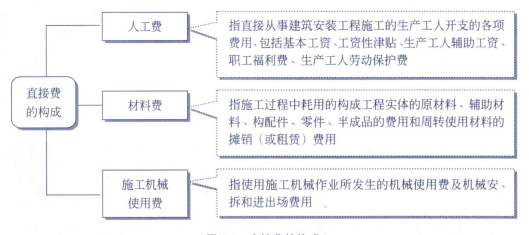

图8-1 直接费的构成

（2）其他直接费。其他直接费是指直接费以外施工过程中发生的其他费用，包括：冬、雨期施工增加费；夜间施工增加费；特殊地区施工增加费；生产工具用具使用费；检验试验费；工程定位复测、工程点交、场地清理费用等。

（3）现场经费。现场经费是指为施工准备、组织施工生产和管理所需的费用，包括临时设施费和现场管理费，如图8-2所示。

```
现场管理费 ┄┄┄┄▶ 指现场管理人员的基本工资、工资性津贴、职工福利费、
              劳动保护费等,办公费,差旅交通费,固定资产使用费,
              工具用具使用费,保险费,工程保修费,工程排污费,其
              他费用等
```

图8-2 现场经费的组成

8.1.1.2 间接成本

间接成本是指企业内各项目经理部为组织和管理施工所发生的全部支出,由企业管理费和财务费用、其他费用组成。

企业管理费。指施工企业为组织施工生产经营活动所发生的管理费用,包括管理人员的基本工资、工资性津贴及按规定标准计提的职工福利费,差旅交通费,办公费,固定资产折旧、修理费,工具用具使用费,工会经费,职工教育经费,劳动保险费,职工养老保险费及待业保险费,财产、车辆保险费,各种税金,其他费用等。

财务费用。指企业为筹集资金而发生的各项费用,包括企业经营期间发生的短期贷款利息净支出、汇兑净损失、调剂外汇手续费、金融机构手续费,以及企业筹集资金发生的其他财务费用。

8.1.2 工程项目成本控制的原则

工程项目成本控制是指为实现工程项目的成本目标,在工程项目成本形成的过程中,对所消耗的人力资源、物质资源和费用开支进行指导、监督、调节和限制,及时控制和修正即将发生和已经发生的偏差,把各项费用控制在规定的范围内。

工程项目成本控制应遵循以下原则。

8.1.2.1 全面控制的原则

全面控制包括两个含义,即全员控制和全过程成本控制,如图8-3所示。

```
全员控制 ┄┄┄┄▶ 建筑安装成本控制涉及项目组织中所有部门、班组和员工的
              工作,并与每一位员工的切身利益有关,因此应充分调动每
              个部门、班组和每一个员工来控制成本、关心成本的积极性,
              真正树立起全员控制的观念,才能有效地控制成本

全过程成本控制 ┄┄▶ 项目建筑安装成本发生涉及项目的整个周期,项目成本形成
              的全过程,从施工准备开始,经施工过程至竣工移交后的保
              修期结束,因此成本控制工作要伴随项目施工的每一阶段,
              我们只有在项目的每一阶段都做好控制工作,才能使工程建
              设成本处在有效控制之下
```

图8-3 全面控制的原则

8.1.2.2 目标控制原则

目标控制原则是管理活动的基本技术和方法，它是把计划的方针、任务、目标和措施等加以逐一分解落实。在实施目标管理的过程中，目标的设定应切实可行，越具体越好，要落实到部门、班组甚至个人，目标的责任要全面，既要有工作责任，更要有成本责任，做到责权利相结合，对责任部门（个人）的业绩进行检查和考评，并同其工资奖金挂钩，做到赏罚分明。

8.1.2.3 动态控制原则

建筑安装成本控制是在不断变化的环境下进行的管理活动，所以必须坚持动态控制的原则，所谓动态控制原则就是将工、料、机投入到施工过程中，收集成本发生的实际值，将其与目标值相比较，检查有无偏离，如无偏离，则继续进行，否则找到具体原因，采取相应措施。

8.2 工程项目成本控制措施

工程管理的成本控制内容有多种，概括起来一般从组织、技术、经济、质量管理、合同管理等几个方面采取有效控制措施。

8.2.1 预算及资金控制

对一个工程项目来说，成本控制至关重要。很多企业在制定预算时为达到项目尽快批准的目的，尽量降低预算，结果在工程施工过程中，预算起不到控制标准的作用，导致成本失控、资金紧张。参照工程预算合理地进行成本核算和资金管理是房地产开发企业财务工作的重点。因为工程成本及其资金的支付是房地产开发企业的实质性核心内容，每一项所涉及的金额又相当巨大，故须重点控制。

8.2.1.1 预算编制

工程预算的编制须结合预算工程师、材料工程师及财务人员等专业人员的综合建议，达到事前成本控制的目的；工程预算编制完毕后，公司预算部门将工程预算交于财务人员，以后的财务核算工作也便有了"有的放矢"的目标。会计科目中成本类明细科目的设置应尽量与工程预算主体内容相一致，以便日后能与工程成本预算数同一口径进行对比、分析，从而有效实施事中成本管理和控制；并为事后的经验总结和新开发项目的成本管理与控制提供参考和标准。

8.2.1.2 预算及资金控制

在支付工程款项填写用款单时，按"工程项目—分部工程—分项工程—单位工程"写清楚，成本会计根据已有财务信息及预算数进行核对，能立刻确认是否应该支付此款项，并将此信息上报主管领导。若付款，则付款后成本会计也能准确地将该款项列转成本核算对象及其明细项目。

在工程款的支付过程中，重要的是要有正确的付款流程，该流程的设计必须满足"先产生相关的信息流，再由信息流决定是否支付资金流"的要求。这是因为任何不当的资金支付行动都能使成本管理处于无序和失控状态。可以采取以下的方式：每一次付款由工程部门（或材料部门）、合同管理部门、财务部门三方会签方可支付，工程部门负责审核工程的施工进度和质量（材料部门负责审核材料的数量和质量），合同管理部门负责审核款项是否按照合同约定的条款支付，财务部门要盯住每一次付款时点及金额进行资金计划安排并报主管领导，这样使每一次付款都能迅速而有效地处于控制状态中。

【他山之石】

某地产企业工程付款管理制度

1. 目的
1.1 确保有计划、有组织、及时准确向承包商和供应商付款，减少违约行为。
1.2 杜绝错付、超付，以确保工程进度并控制成本。
1.3 确保工程尾款的支付，不产生遗留问题。

2. 适用范围
2.1 工程预付款、进度款、结算款（保修金）的审批、支付。
2.2 材料、设备款的审批、支付。
2.3 设计、报建、营销、策划、行政、财务等部门合同类付款。

3. 付款原则
3.1 工程款支付必须依据合同，严格按计划进行支付。
3.2 工程款支付要严格执行公司审批的年度计划及年度计划修正方案和月度资金计划的规定。
3.3 对于超出公司月度资金计划的工程款项的支付须按公司财务管理制度的规定经特别的审批程序审批。
3.4 工程竣工后进行结算时，必须严格按照合同的要求和经指定的中介机构审计完毕的审计报告进行结算付款。

4. 职责
4.1 工程进度及支付申请

4.1.1 各承包单位在开工前的第七天向项目公司提交工程总进度计划，每月25日17：00前上报当月工程进度月报表，同时上报下月进度计划。月进度计划必须按时上报，如未按时上报或者没有上报，则不予以支付当月进度款。

4.1.2 工程总进度计划包括总进度计划审批表、封面、总进度计划编制说明、总进度计划，总进度计划的编制应采用网络图形式；工程总进度计划一式五份，批复后返还承包单位一份，项目管理中心、监理单位、成本控制中心、财务管理中心、公司档案室各存一份。

4.1.3 工程进度月报表包括工程进度款支付申请单、工程进度审核表、封面、形象进度文字说明、已完工程进度造价计算书、工程量计算书、隐蔽工程记录、签证单和材料设备价格确认单等，已完工程进度造价计算书必须提供电子版文件；工程量计算书如是电脑打印版本，同样须提供工程量计算书的电子文档；工程进度款支付申请单根据合同约定的付款方式确定是否提交，到合同约定付款节点时随月进度报告一起提交，如未到付款节点则取消；月进度报告一式四份，审核后返还承包单位一份，项目管理中心、监理单位、成本控制中心、公司档案室各存一份。

4.1.4 下月进度计划包括下月进度计划审批表、封面、形象进度文字说明、计划工程进度横道图，下月进度计划一式三份，批复后返还承包单位一份，项目管理中心、监理单位、成本控制中心各存一份。

4.1.5 根据合同需要付款时，由供方单位主动填报"工程款支付申请表"，监理工程师根据项目进度、质量状况及合同履行情况，对"工程款支付申请表"进行审核，审核意见必须注明根据合同具体条款、实际进度、支付何种款项等。

4.2 工程管理中心专业主管工程师负责复核"工程款支付申请表"并签署意见，根据合同历史付款额度、项目完成情况、履约情况、处罚情况、各种扣款签署意见。

4.3 工程管理中心总监对主管专业工程师的意见进行复核。

4.4 成本控制中心造价工程师根据已完成工程量及合同履约情况重点复核并签署意见，确保付款额度的准确性，对付款进行把关，负责复核"工程款支付申请表"并签署意见。

4.5 成本控制中心总监在"付款审批表"中签署意见。

4.6 分管副总负责复核"付款审批表"并签署意见。

4.7 财务部经理根据工程付款台账和工程合同台账，负责对"付款审批表"的复审并签署意见，制订初步付款计划。

4.8 财务总监根据资金计划确定付款计划，确保严格按合同及时付款，如不能及时付款，应及时与主管领导及成本控制中心沟通，成本控制中心和工程管理中心做好供方单位的解释沟通工作。

4.9 总经理最终确定付款额度和付款进度。

5. 付款程序

5.1 付款申报阶段程序（适用于工程类付款，除设计、报建、营销、策划、行政、财务等部门付款外）

5.1.1 施工承包方在当月20日前将已完工工程费用预算书并附详细计算式、"工程款支付申请表"、经项目负责人签字、单位盖章后呈报至监理单位。

5.1.2 监理单位对施工单位申报的"工程款支付申请表"进行审核，并经专业监理工程师和总监签字、加盖监理单位公章后报工程管理中心。

5.1.3 工程管理中心在收到监理单位交来的资料后，在两日内对已完成的工程量进行审核。对施工质量、进度及其他与合同约定不符情况及扣除的相应款项在"工程款支付申请表"中予以明确，不计入工程进度款（如施工单位本次用水、用电、罚款单等）支付范围，经现场工程师和工程管理中心总监签字认可后连同施工单位所报资料送成本控制中心。工程管理中心派专人负责工程付款申请审批跟踪和对相关资料的报送，非特殊情况每月月底统一报送一次。

5.1.4 成本控制中心造价工程师在收到工程管理中心交来的资料后，在两日之内对当月工程款支付金额核算完毕。

5.1.5 工程总监根据监理、工程管理中心、成本控制中心三方意见汇总出具付款意见，作为请款部门付款审批表中请款意见参考。

5.2 审核阶段程序

5.2.1 请款部门填写"付款审批表"，并详细填报请款意见，将"工程款支付申请表"与"付款审批表"及相关资料报送成本控制中心。

5.2.2 成本控制中心在收到"付款审批表"申请后，对当月工程款支付金额核算，由成本控制总监签字，认可后送交分管领导审批。

5.2.3 分管副总经理对付款审批并签署意见。

5.2.4 分管副总经理审批后交付"付款审批表"给财务管理中心，财务管理中心负责对当月工程款支付金额的审批并对付款签署付款计划，并报财务总监审批。

5.2.5 财务总监审批完后报总经理审批。

5.3 拨付阶段

5.3.1 财务管理中心根据付款审批表编制"月进度款拨付计划表"报财务总监及总经理审批，"月进度款拨付计划表"审批通过后，财务根据付款计划安排付款。

5.3.2 每月"工程款已支付报表"由财务管理中心月底进行统计，次月初报监理公司、工程管理中心、成本控制中心等部门备案。

5.3.3 对应付款尽量安排在付款宽限免责期内付款，以减少公司违约行为。

5.4 文件归档

5.4.1 工程管理中心将审批完后的"付款审批表""工程款支付申请表"复印件交监理公司、工程管理中心、成本控制中心存档，原件在审批完成后三日内交财务管理中心存档。

5.4.2 财务管理中心每月"工程款已支付报表"在月底28日前完成，交监理公司、工程管理中心、成本控制中心备案，工程管理中心和成本控制中心核对无误后，据此作为次月付款审批的依据之一。

6. 施工单位用水、用电费用支出的审批流程

6.1 工程管理中心由专门的经办人首先对水电费发生的金额进行核实。

6.2 根据核实后的水电费用由经办人填制水电费用分摊表，根据各施工单位实际使用的水电费用进行分摊，并由水电费使用单位负责人或授权人（下同）签字确认，待工程结算时从工程款中扣回。水电费使用单位的负责人或者授权人需经使用单位书面确定。

6.3 工程管理中心经办人根据核实的水电金额填写"请款单"，在"请款单"后附水电费用的使用单位负责人签字确认的"费用分摊表"。

6.4 经办人将"请款单"按照公司费用的报账程序签字请款。

6.5 经办人将办理好签字审核手续的"请款单"交公司财务管理中心，财务管理中心根据"请款单"支付费用。

6.6 财务管理中心将付款凭证交工程管理中心的经办人到水电部门开具费用发票，交财务管理中心归账。

6.7 财务管理中心在进行账务处理时应根据工程管理中心提供的水电费用分摊表将由公司代垫的水电费登录台账备查，在工程项目结算时和工程管理中心核对后在工程款项中扣回。

7. 罚则

7.1 没有达到付款节点而办理审批时且没有特别注明的,罚工程管理中心专业主管工程师500元/次。

7.2 在"工程款支付申请表"中由于成本控制中心造价工程师工作失误而导致该合同已累计付款额失真的,每次处罚200元。

7.3 因工程付款审批延误导致公司违约时,处罚责任部门总监200元/每次,相关责任人300元/每次。

7.4 付款审批过程中弄虚作假,为供方单位谋取利益的,处罚相关责任人1000～2000元/每次,后果严重的,公司将给予开除处分。

7.5 财务管理中心没有及时将"工程款已支付报表"下达给相关部门的,罚30元/天。

7.6 工程管理中心未将审批完后的"付款审批表""工程款支付申请表"原件在审批完成后三日内交财务管理中心存档的,罚30元/天。

8. 相关文件

8.1 "工程款支付申请表"适用于工程类付款申报,由施工单位申报,送交监理公司进行初审,工程管理中心专业主管工程师、成本控制中心造价工程师、工程总监复审。

8.2 "付款审批表"作为公司内部付款审批表,适用于工程类及非工程类付款审批,工程类付款审批之前必须完成"工程款支付申请表"的复核,非工程类付款直接由请款部门填报,报相关部门及领导审批。

8.3 "工程款已支付报表"由财务管理中心每月月底完成。

9. 附件

工程款支付与管理控制流程见下表。

工程款支付与管理控制流程

阶段	流程	执行人	完成记录或输出文件	备注
申报阶段	请款单位当月20日前提出"工程款支付申请表"	请款单位	施工单位签字盖章的"工程款支付申请表"	适用于工程类付款,除设计、报建、营销、策划、行政、财务等部门付款外 监理单位对"工程款支付申请表"进行认真复核,确保付款额度准确,工程量计算准确,并提供详细的计算式作为附件
	监理单位专业工程师审核	监理单位	"工程款支付申请表"签字并出具审核意见	
	监理单位总监审核签字			
	请款部门审核	请款部门负责人	签字并出具审核意见	
	成本控制中心审核	成本控制中心负责人	签字并出具审核意见	
	工程总监	工程总监	根据监理、工程管理中心、成本控制中心三方意见汇总出具付款意见	

续表

阶段	流程	执行人	完成记录或输出文件	备注
审核阶段	请款部门审核	请款部门负责人	签字并出具审核意见	工程类付款请款部门根据"工程款支付申请表"中工程总监审核意见填写"付款审批表" 非工程类付款如设计、报建、营销、策划、行政、财务等部门付款由请款部门根据履约情况直接填写"付款审批表"报相关领导审批
	成本控制部审核	成本控制部负责人	签字并出具审核意见	
	公司主管领导审核	公司主管领导	签字并出具审核意见	
	财务管理中心审核	财务管理中心负责人及财务总监	"月进度款拨付计划表"	
		总经理	对付款额度及付款计划进行审批	
拨付阶段	工程拨款	财务管理中心及公司领导	"月进度款拨付计划表"	财务管理中心报财务总监备案
	执行	财务管理中心及相关人员	"工程款已支付报表"	每月"工程款已支付报表"由财务管理中心月底进行统计,次月初报监理、工程、预算、成本控制等部门备案
归档	原件归档	财务管理中心	"工程款付款审批表" "工程款支付申请表"	工程管理中心将审批完后的"付款审批表""工程款支付申请表"复印交部门存档,原件交财务管理中心存档
	复印件	工程、预算及成本控制部	"工程款支付申请表" "付款审批表"	

【他山之石】

付款审批表

合同编号		工程名称	
请款单位		累计付款	
请款金额(大小写)		付款次数	
合同预测金额		计划付款日期	
请款部门		付款类型	预付款□ 进度款□ 结算款□ 质保金□
请款部门意见:(注明付款原因,根据合同支付何种款项、项目质量、工期履约情况,是否有违约行为,若有,注明对方应支付的违约金等)			
			请款部门负责人:

续表

成本控制中心	
分管副总经理	
财务管理中心	
总经理	

注：工程类必须附《工程款支付申请表》及相关资料。

【他山之石】▶▶▶

工程款支付申请表

合同编号：　　　　　　　　　　　编号：

工程名称		累计已付款	
请款单位		已付款次数	
请款金额	当期应付款： 扣除当期水电费： 当期奖罚： 扣除甲供材料款： 实际应付款：		
付款事由	付款事由：（注明付款原因，根据合同何款支付何种款项） 施工单位（签字盖章）：　　　　年　　月　　日		
监理单位审核意见	 监理单位（签字盖章）：　　　　年　　月　　日		
工程管理中心审核意见			
成本控制中心审核意见			
工程总监审核意见			

工程款已支付报表

制表单位：公司财务管理中心　　付款日期：　年　月　　　单位：万元

序号	合同编号	收款单位、项目名称	累计付款额	本月应付款金额	本月实际付款金额	累计欠款额

结算项目基本信息表

项目公司：　　　　　项目名称：　　　　　填报日期：

序号	名称	填报内容	备注
1	合同名称及对应编号		
2	合作单位		
3	结算内容	说明规模及范围内容	
4	结算方式		
5	结算形式	□自行结算 □委托造价咨询公司	
6	合同金额		
7	合同单位申报金额		
8	累计已付款		
9	计划开始时间		
10	计划结束时间		
11	项目公司主要结算负责人及联系电话		

填表人：　　　　　　　　　　　　联系电话：

负责人（签字）：　　　　　　　　单位（公章）：

【他山之石】

结算审批表

项目名称			工程规模	
各单位名称			合作单位名称	
合同名称			合同编号	
合同价款			合作单位送审价	
各单位审核价			公司审核价	
各单位	主办部门			日期:
	成本管理部			日期:
	财务部			日期:
	主办部门分管领导			日期:
	分管成本领导			日期:
	总经理			日期:
公司	主办部门			日期:
	成本管理部			日期:
	财务管理部			日期:
	主办部门分管领导			日期:
	分管成本领导			日期:
	总经理			日期:

8.2.2 采取组织措施控制工程成本

组织措施是在施工组织的指导下项目的组织方面采取的措施,是其他各类措施的前提和保障,必须采取组织措施抓好成本控制,才能使企业在市场经济中立于不败之地。

8.2.2.1 编制施工成本预测报告,确立项目管理成本目标

编制成本预测可以使项目经理部人员及施工人员无论在工程进行到何种进度,都能事前清楚知道自己的目标成本,以便采取相应手段控制成本,做到有的放矢,打有准备之仗。这是做好项目成本控制管理工作的基础与前提。

8.2.2.2 优化项目成本控制体系,目标成本落实到人

工程项目的成本控制体现在各级组织管理机构下,需针对项目不同的管理岗位人员,做出成本耗费目标要求。项目各部门和各班组加强协作,将责、权、利三者很好地结合起来,形成以市场为基础的施工方案、物资采购、劳动力配备、经济优化的项目成本控制体系。

8.2.2.3 在项目部内部实施成本责任制

施工成本管理不仅是项目经理的工作,工程、计划、财务、劳资、设备各级项目管理人员都负有成本控制责任。通过成本责任制分解责任成本,层层签订责任书;量化考核指标,把责任成本分解落实到岗位、员工身上,形成企业上下人人关心成本、人人关心效益的新局面。表8-1提供的是落实到部门的成本责任。

表8-1 施工阶段成本控制责任

控制要点	控制什么	怎么控制	谁来控制
设计变更环节	变更评估	(1) 项目前期规划、定位要全面、准确,尽量避免在施工中的重大设计调整 (2) 加强施工前的审核工作。全面考虑工程造价,对可能发生变更的地方有预见性,并予以事先约定 (3) 各部门全面评估变更带来的各种变化,为审批提供参考依据	(1) 预算部负责计算变更费用(含可能引起的索赔) (2) 甲方项目代表执行修改的工期评估 (3) 预算部成本管理员负责计算变更后的成本现状
	变更的审核签认	(1) 根据变更原因将设计变更分成四类,不同类别按相应的审核签认流程进行	工程部,营销部,审计部
		(2) 设计变更通知单	发生变更项目的负责人
		(3) 变更必须有设计单位、设计部、工程部、监理单位和施工单位共同签字后,才能有效	经办部门
	变更的审批	主管总经理审批后方可进行变更	主管总经理

续表

控制要点	控制什么	怎么控制	谁来控制
施工现场签证	签证的必要性	现场签证的确认应严格按照合同中所约定的条款执行	经办部门（设计部或工程部）
	签证的时限	现场签证确需发生，应坚持当时发生当时签证的原则	
	签证的工程量	认真核对签证的工程量准确。签证的内容、原因、工程量应清楚准确，无涂改，编号准、全，并有监理工程师的签字确认	经办部门（设计部或工程部）
	签证的审批	（1）施工洽商通知单	发生变更项目的负责人
		（2）必须遵循"先洽后干"的原则。在确认签证前，应按相应审批程序报审，通过后方可正式签证	主管总经理
	签证的反馈	对工程变更应定期进行分类汇总统计分析，并根据统计资料对控制工程变更提出改进意见	资料工程师
审图	（1）扩初图会审 （2）施工图会审 （3）分项、分部图会审 （4）各专业技术图纸会审	（1）图纸多层次会审会签及审批制度 （2）各专业互审互签制度 （3）力争在开工前把图纸中的问题修改完	甲方技术负责人
总分包配合费	（1）分包方式 （2）分包内容 （3）分包的责任界定	（1）通过投标确定配合费 （2）应避免在施工过程中修改分包方式、分包内容、范围而增加工程成本	甲方代表
材料供应	（1）选型 （2）材料供应方式 （3）材料计划 （4）预留时间	（1）施工所用的各项材料的选型应在材料招标前确定	设计部
		（2）先确定材料供应方式，通过招标确定相关费用	预算部组织，工程部参加
		（3）限时编制材料计划 （4）材料计划签认	甲方代表
		（5）要考虑可能出现的问题，留出相应的时间	经办部门
工程款的支付	（1）付款进度 （2）工程进度	（1）按合同约定执行付款 （2）按进度付款 （3）多层次多角度审核工程进度	（1）甲方代表与监理工程师审核完成的形象部位 （2）预算人员审核工程价值量
	付款的审批	根据情况由不同级别人员最终审批	主管副总或总经理

8.2.3 采取技术措施控制工程成本

8.2.3.1 优化施工组织方案

项目管理者根据工程特点和工程建设的不同阶段，制定先进可行、经济合理的施工方案，优化施工组织设计，以达到缩短工期、提高质量、降低成本的目的。施工组织设计是工程施工的技术纲领，它的先进性、适用性将直接关系到工程质量、安全、工期，最终将影响到工程项目的成本，正确选择施工方案是降低成本的关键所在。

8.2.3.2 合理确定施工工期

施工工期是一种有限的时间资源，施工项目管理中的时间管理非常重要。当施工工期变化时，会引起工程劳动量（人工与机械）的变化。同一工程项目，工期不同，工程成本就不同。因此，合理的施工进度安排，达到最大限度地缩短工期，将减少工程费用，使施工单位获得较好的经济效益。

8.2.3.3 确保工程施工质量

因质量原因造成的返工，不仅会造成直接经济上的损失，而且可能会影响工程的施工进度，如果因此而影响了工程的如期竣工，就可能会引起业主的索赔。因此施工技术人员必须严把质量关，杜绝返工现象，缩短验收时间，节省费用开支。

8.2.3.4 积极推广运用新工艺、新技术、新材料

在施工过程中，加大科技进步与提高工程质量的结合力度，努力提高技术装备水平，积极推广运用各种降低消耗、提高功效的新技术、新工艺、新材料、新设备，提高施工生产的技术含量，最大限度地节约建设成本，提高经济效益。

8.2.4 采取经济措施控制工程成本

经济措施是最易为人接受和采用的措施。管理人员应以主动控制为出发点，及时控制好工程各种费用，尤其是直接费用的控制。

经济措施主要包括对人工费用、材料费用、机械费用等的控制。

8.2.4.1 人工费的控制管理

人工费用占全部工程费用的比例较大，一般在10%左右，所以要严格控制人工费用。要从用工数量方面控制，有针对性地减少或缩短某些工序的工日消耗量，从而达到减低工日消耗，控制工程成本。

（1）改善劳动组织，以减少窝工浪费。应加强技术教育和培训工作，还需加强劳动纪律，压缩非生产用工和辅助用工，严格控制非生产人员比例。

（2）实行合理的奖惩制度，完善内部的成本激励机制。按岗位责任、工作目标、成本内容与工程项目部每个人的工资奖金挂钩，上下浮动，促使全体员工在实现各自成本责任目标的同时，实现整个企业的成本利润目标。

8.2.4.2 材料费的控制管理

材料费用一般占全部工程费的65%～75%，直接影响工程成本和经济效益，一般做法是要按量价分离的原则，主要做好表8-2所示几个方面的工作。

表8-2 材料费的控制管理措施

序号	措施	说明
1	对材料用量的控制	首先是坚持按定额确定材料的消耗量，实行限额领料制度，其次是改进施工技术，推广使用降低料耗的各种新技术、新工艺、新材料，再就是对工程进行功能分析，对材料进行性能分析，力求用低价材料代替高价材料，加强周转料管理，延长周转次数等
2	对材料的价格进行控制	价格主要由采购部门在采购中加以控制，首先对市场行情进行调查，在保质保量的前提下，货比三家，择优购料；其次是合理组织运输，就近购料，选用最经济的运输方式，以降低运输成本；再就是考虑资金的时间价值，减少资金占用，合理确定进货批量与批次，尽可能减低材料储备
3	减少损耗	改进材料的采购、运输、收发、保管等方面的工作，减少各环节的损耗，节约采购费用；合理堆置现场材料，避免和减少二次搬运
4	加强监督，减少浪费	实行监督施工过程，项目负责人要保证材料的使用严格按施工工艺要求进行，违章操作会造成材料不必要的浪费
5	加强物资核算管理	项目部应每月末进行物资盘点，依据工程数量、施工配合比等有关构成工程实体的所用材料，计算主要材料节超情况，针对发现的问题及时查找原因，制定纠偏措施，堵塞漏洞

8.2.4.3 机械费的控制管理

机械费的控制主要从以下几个方面来开展。

（1）正确选配和合理利用机械设备，搞好机械设备的保养修理，提高机械的完好率、利用率和使用率，从而加快施工进度、增加产量、降低机械使用费。

（2）尽量减少施工中消耗的机械台班量，通过合理施工组织、机械调配，提高机械设备的利用率和完好率，同时加强现场设备的维修、保养工作，降低大修、经常修理等各项费用的开支，避免不当使用造成机械设备的闲置。

（3）实行机械操作人员收入与产量及设备保管好坏挂钩，调动机械操作人员积极性。

（4）制定合理的定额管理制度，实行单机核算、单项考核、责任到人的奖惩分明的考核办法，才能收到控制机械作业成本的实效。

（5）加强租赁设备计划管理，充分利用社会闲置机械资源，从不同角度降低机械台班价格。

8.2.5 加强质量管理，控制返工率

在施工过程中要严格把好工程质量关，始终贯彻"至诚、至精、更优、更新"的质量方针，各级质量自检人员定点、定岗、定责，加强施工工序的质量自检和管理工作，真正贯彻到整个过程中，采取防范措施，消除质量通病，做到工程一次性成型，一次性合格，杜绝返

工现象发生，避免造成不必要的人财物的浪费。

施工是开发项目形成实体的过程，也是决定最终产品质量的关键阶段，要提高开发项目的工程质量，就必须狠抓施工阶段的质量控制。工程项目施工涉及面广，是一个极其复杂的过程，影响质量的因素很多，使用材料的微小差异、操作的微小变化、环境的微小波动，机械设备的正常磨损，都会产生质量变异，造成质量事故。工程项目建成后，如发现质量问题又不可能像一些工业产品那样拆卸、解体、更换配件，更不能实行"包换"或"退款"，因此工程项目施工过程中的质量控制，就显得极其重要。

8.2.5.1 房地产项目施工前准备阶段质量管理

（1）明确质量目标。房地产开发项目的质量目标确定与项目投资人的开发项目战略和产品策划定位有关，同时与项目的进度控制、成本控制处于一个优先级。因此，项目开发的质量目标必须适合项目本身的特点。目标过低，会对项目带来伤害，失去市场竞争力；过高会造成投入成本加大，综合开发绩效降低。在准确地确定质量目标时，首先要进行质量投入的收益和费用分析，在项目投资人和项目团队中增强质量成本认识，要树立开发项目全寿命周期成本观念。适当增加项目的一致成本，减少非一致成本；适当增加预防成本，大力降低事故成本。

（2）制订项目建设实施的质量管理计划。在确定了项目建设质量目标后，应制定出实现质量目标的措施和方法，正确地使用计划编制的输入、工具和技术（如质量基准计划、流程图、坚持设计样板带路、准确地使用质量标准）编制切实可行的质量计划。在明确项目团队的相关质量责任后，项目经理对项目质量管理负责，项目质量经理具体对项目质量负责，项目团队各专业工程师对项目质量的规范负责，实施单位对项目的结果负责。

（3）建立质量保证机制。质量保证就是实施质量计划，增强项目投资人、项目最终用户项目质量的信心。具体措施如下：

① 开发项目工程建设严格实行招投标制和建设监理制，委托有资格的监理单位对中标的施工单位资质进行核查，使施工单位的资质等级与承揽的工程项目要求相一致，对施工人员素质和人员结构进行监控，使参与施工的人员技术水平与工程技术要求相适应。

② 在标前举行标前说明会，在会上开发商公开讲明本开发项目的质量目标、进度目标、成本控制目标以及招标条件。

③ 对施工组织设计和质量计划进行审查。

④ 对进场的原材料、构配件和设备进行监控。

⑤ 对施工机械设备的选择，应考虑施工机械的技术性能、工作效率、工作质量和维修难易、能源消耗以及安全、灵活等方面对施工质量的影响与保证。

⑥ 组织由设计单位和施工单位参加的设计交底和设计会审会议。

⑦ 检查施工单位是否建立和健全了质量管理体系等。

8.2.5.2 开发项目建设的施工过程质量控制

（1）过程控制的实施措施。项目施工过程中的质量控制，实际就是程序控制和过程偏差控制。在房地产开发项目的建设过程中，对过程控制就是采取以下措施确保工程的工作过程质量。

① 对施工单位的工作过程和阶段性成果与原合同所界定的工作范围进行比较，找出工作范围在执行中存在的偏差。

② 运用合同确定的质量标准、施工图及设计总说明与实际工作成品和半成品进行比较，找出偏差。

③ 运用经批准的施工方案、施工作业顺序与实际工作过程顺序进行比较找出偏差。

④ 运用抽查、巡查、普查等手段对整个作业过程进行跟踪，得出施工单位现场项目部是按现阶段施工顺序、方法、质量标准继续作业还是进行整改的意见和建议。

在过程控制中需要用到的工具和技术有：检查、绘制动态过程控制图和施工作业流程图。

（2）委托项目监理单位对施工质量进行监控。在实际工作中，地产公司可以委托项目监理单位对施工单位质量管理体系的实施状况进行监控。

① 监督检查在工序施工过程中的施工人员、施工机械设备、施工方法、工艺或操作是否处于良好状态，是否符合保证质量的要求。

② 做好设计变更的控制工作。

③ 做好施工过程中的检查验收工作。

④ 做好工程质量问题和质量事故的处理，当出现不合格产品时，应要求施工单位采取措施予以整改，并跟踪检查，直到合格为止。

⑤ 当施工现场出现质量异常情况又未采取有效措施、隐蔽作业未经检验而擅自封闭、未经同意擅自修改设计图纸、使用不合格原材料或构配件时，应下达停工指令，纠正后下达复工指令。

⑥ 对工程材料、混凝土试块、受力钢筋等实行取样送检制度。

⑦ 对从事计量作业的操作人员技术水平进行审核，对其计量作业结果进行评价和确认。

【他山之石】▶▶▶

项目工程质量管理办法

1. 目的

为了完善公司工程质量管理制度，促进工程质量管理的程序化、标准化，指导各地区公司完善管理流程，从而保证工程质量，规范现场管理，特制定此办法。

2. 定义及适用范围

2.1 定义

本项目工程管理工作是指公司为新开发项目成立项目开发部之后，工程从开工直到竣工验收，整个施工过程中公司各部门为保证工程顺利完成，达到总体发展目标，而进行的全方位、全过程、多层面的管理工作。

2.2 适用范围

适用于公司全额投资或控股项目的内部工程质量管理，不属此范围的项目，总部结合实际情况确定其具体管理办法。

3. 原则

本指引供地产集团下属各地区公司参照使用，非强制性标准。请各地区公司在实际工作中，结合本公司的实际情况，认真研究，制定出适合本公司的工程质量管理办法并遵照执行。

4. 工程管理

4.1 工程开工准备工作

4.1.1 项目开发部的成立。当项目立项以后，公司根据实际情况决定项目开发部的成立时间、人员配备、办公地点等各项事宜。在项目开发部成立之前，项目的前期施工准备工作由项目发展经理牵头，发展管理部、合约部负责组织和实施。项目开发部成立以后，项目开发部应参与或配合各项工作，其中涉及施工现场的工作可以由项目开发部负责组织。项目开发部的办公地点、办公用品、食堂、宿舍后勤工作由项目开发部报公司领导批准后组织落实，其他部门予以协助。

4.1.2 现场质量管理工作的启动。项目开发部根据项目《工程管理办法》具体展开与落实各项工作，并随工程的展开在需要时调整与完善方案，确保工程质量。

4.1.3 场地"三通一平"的实施，施工临时排水、施工路口手续的办理及各种施工许可证的报批报建。工程开工之前，项目开发部负责安排现场的"三通一平"（水通、电通、路通、场地平整），发展管理部办理场地临时排水及施工路口手续的工作，涉及分判工作由合约管理部协助落实。同时，发展管理部根据项目发展总体进度计划并按照政府有关规定及程序办理各项施工许可证的报批报建手续。

4.1.4 施工组织设计审查。在施工单位中标后，项目开发部应要求施工单位报送有针对性（进一步熟悉图纸和施工现场情况的基础上）地完善投标时的《施工组织设计》，并要求施工单位填写"施工组织设计（方案）报审表"，报项目开发部和监理单位审查。项目开发部应对《施工组织设计》中涉及质量控制方面的内容，如管理架构、人员岗位配备、质量保证体系和措施、重要的工程控制以及专题技术方案等环节进行重点审查，必要时应召开专题审查会议，会议纪要将成为施工组织设计补充内容。

4.2 工程开工后的管理

4.2.1 工程开工后，根据工程施工顺序：基础工程施工，基础工程竣工，主体工程施工，装饰工程施工，配套、景观工程施工，竣工验收，要求监理单位做好日常监督管理工作，项目开发部须负责质量管理，公司相关部门给予支持。

4.2.2 工程采用项目开发部、监理单位两个独立的管理主体进行平行管理，建立项目发展经理负责制的项目管理体系，我方直接面对承包商和主材供应商，确保工程直接受控。

4.2.3 对监理单位控制质量行为的要求与实施

（1）控制依据。《监理合同》和《现场监理管理办法》。

（2）对《监理规划》、《监理细则》进行审查，审查人应签署审批意见。

（3）对监理工程师的资格审查。项目开发部应对监理单位派出的监理工程师进行资格审查，核对监理人员数量、资格证书是否与监理合同的规定相一致、是否具备资格、工作人员数量是否足够等。在核对无误后，再将监理工程师的姓名、性别、专业、技术职称、资格证名称、证书号码等登记在"监理工作人员登记表"上，为了更有效地监控监理工作，监理单位各施工阶段需上报项目开发部"监理人员分工表"。

（4）审核《监理月报》。项目开发部应要求监理单位每月上报《监理月报》，并对其中所反映的质量等情况形成反馈意见，填写"监理月报审核意见表"。项目开发部对于《监理月报》中反映的问题以及项目开发部本身平时所发现的问题，要求监理敦促承包商予以整改，并将整改结果再上报项目开发部核实。

（5）监理例会或其他专题会议。对监理单位组织召开的针对工程实体质量的会议，项目开发部应派人参加。必要时，项目开发部也可以组织监理单位和承包商召开质量专题会议。各会议应注意做好相应的记录并予以保存。

（6）按照国家有关基本建设程序的法律法规，应由建设单位参加并签署的各种中间隐蔽验收、各种质量保证表格等，项目开发部有责任在签署之前予以核查。

4.2.4 对施工单位控制质量行为的要求与实施

（1）人员架构。施工单位应配备一定数量的专业技术人员组成现场施工管理架构，如项目经理、土建工程师、电气工程师、给排水工程师、材料工程师以及各专业管工等，负责工程施工中的质量控制。

（2）工作流程。施工单位应建立一套清晰明确的工作流程，负责工程施工过程中工程指令的传达与落实，特别是工程质量控制方面的工作，如技术交底、材料检验、工序交接验收、分部分项工程自检、竣工验收自检等。

（3）施工配合。施工单位（特别是主包单位）应全力配合项目开发部对工程施工顺序及质量的要求，配合项目开发部协调与监控各专业分包的进度与质量，以及配合施工现场监理单位对工程质量的控制与整改要求。

（4）制度服从。施工单位应清楚项目开发部制定的各种关于工程质量控制方面的制度并严格服从与执行，特别是施工交底、重要工序申请、材料管理、联合检查以及样板方面的制度等。

4.2.5 工程质量管理

（1）测量及定位放线的监控。移交项目平面控制及高程控制坐标，并要求监理单位配备专门的测量工程师和施工单位复核控制坐标并提交复核报告，项目开发部对比复核报告无误后，由施工单位布设平面控制网和高程控制网，并向监理单位和项目开发部提交控制网数据。监理单位要对施工单位的定位放线情况进行严格核验。项目开发部现场负责人应督促监理工程师组织场地测量控制点移交和保护工作。

（2）对工程样板的确认

① 需要定样的内容。所有可见工程均应确认样板，包括：外墙砖、外墙石材、门槛石、精装修材料、大堂、电梯厅装修、楼梯间地砖、踢脚、铝合金/塑钢门窗、百叶窗、阳台栏杆、楼梯栏杆、入户门（包括门锁、门碰等）、外墙涂料、沉降缝、英红瓦、木格栅/耐力板、园建面层装修、私家花园装修、庭院栏杆、栏杆扶手、烟道、复式钢爬梯、屋面砖、绿化苗木、管井门/防火门、水表箱、配电箱、信报箱、室外灯具等。直接影响工程质量的乙供材料亦需要确定样板，如防水卷材、PPR\UPVC管材等。

② 材料样板的确定

——材料的报样。建筑设计上采用的材料，均要求及时报样给项目建筑师，并留足确认及反复询样的时间。经过项目建筑师确认后，签字盖章送项目开发部样品房，作为施工时对照样板。未送样板或未经过样板确认的材料不得使用在工程上，否则不得予以认可。对于比较复杂的材料，设计师应到现场进行交底，设计师在样板确认时，可在样板上注明材料品牌、规格和要求尺寸等。

——材料的选样。装修材料采用选样制度，由施工单位按照设计师的要求，报送多种样板，设计师选择确定后，签字盖章交项目开发部在施工控制中对照。

——材料样板的变更。由于特殊的原因，样板材料需要变更时，由施工单位以"工作联系单"，说明变更原因，经项目开发部和项目设计师调查后确定，如需变更调整，则由项目设计师重新确认并通知项目开发部、监理单位以及合约管理部。

③ 施工样板的确定

——需设计师确定的样板。原则上，所有可见工程均须制作施工样板由设计部确认。施工样板确认由项目开发部组织，会同设计师、监理工程师、施工单位参加，对施工样板提出修改意见，由监理工程师整理书面记录，填写"样板确认单"，必要时附图片资料，经设计师、项目开发部结构工程师签字认可，并存档。

——由项目开发部确定的样板。项目开发部确认的样板着重在一些施工质量控制交底方面，由监理工程师提出，由项目开发部及施工单位相关人员参加，主要有施工选材定样（如一般部位钢丝网）、门窗塞缝样板交底、防水堵洞节点处理交底和砌筑、抹灰施工样板、水电预埋施工工艺样板等。

（3）对施工质量的监控。对施工质量的监控要点如下表所示。

对施工质量的监控要点

序号	制度名称	控制要点
1	技术交底制度	（1）各工种每道工序施工前必须进行施工技术与要求及验收标准的交底。技术交底分三个层次，即项目开发部、监理工程师对施工单位技术负责人技术交底；施工单位内部对工长的技术交底；工长对具体施工班组的技术交底 （2）涉及特殊材料和工艺的技术交底工作，需项目开发部牵头组织，设计部、设计单位以及施工单位参加，进行交底 （3）要求技术交底有详尽的时间及签名记录，项目开发部在日常的巡视监控过程中，随时抽查交底记录并询问交底过程，如施工工人不能明确回答施工方法及要求的，应立即通知施工单位负责人，限期整改并附相应惩罚措施
2	封样及工程样板房制度	（1）施工单位施工前，必须在项目开发部指定区域，做出项目开发部及监理工程所要求的分项工程施工样板，经监理、项目开发部认可后方能进行大面积施工。施工单位按监理要求，包括精装修在内的主要材料，必须按计划提交实物样品，实样经监理工程师及项目开发部批准后进行"封样"，以备材料进场时的比对和验收 （2）主体结构做至标准层，要求承包商先做标准房施工的工程样板房（即交楼标准），由项目开发部负责组织，各专业工程师（土建、结构、电气、供排水等）、设计部以及设计院、营销部、房地产企业及施工单位等相关人员共同验收 （3）各相关部门参加样板房审验后，要形成评审记录，项目开发部负责督促有关单位整改。整改工作由项目经理负责，没有达到整改要求标准的，严禁开展大范围施工工作

续表

序号	制度名称	控制要点
3	旁站监理制度	（1）项目开发部应在工程开工前，确定重要隐蔽工程和关键工序，列出工程质量控制点，并针对控制点审核施工单位的施工方案及监理单位的监理细则。项目开发部应对重要的隐蔽工程和关键工序（如土方回填、桩基工程、重要部位的混凝土浇灌、防水工程、装修工程等）会同监理单位到施工现场进行检查，并检查其落实情况。对于需要旁站监理检查项目，项目开发部各专业工程师应对旁站监理行为进行监督 （2）要求监理工程师采取平行检查、抽查、巡检、旁站的形式，根据有关规范、标准及有关工程建设合同对工程质量进行检查 （3）项目开发部对工程施工中的质量问题和安全隐患向监理单位发出"工程整改通知书"，由监理工程师要求施工单位限期整改。整改完成后，施工单位应有书面"整改回复单"回复，并报监理部、项目开发部复查。若未按时整改，监理部应按合同等规定进行处罚
4	工序控制制度	（1）施工过程中的重要工序须经监理部及项目开发部联合检查认可后才能进行下道工序。结构拆模需提交"拆模申请书"；外墙拆架需提交"拆架申请书"；防水工程施工前要求提交"工序交接单"，抹灰施工前办理相关"隐蔽工程验收记录"等 （2）要求施工单位在混凝土浇筑前必须填写"混凝土工程浇灌令"及报相关附件资料，经监理部签字批准后，才能进行混凝土的浇筑 （3）要求施工单位在每一工序检验批完成后，进行分项工程检验批检查及填写质量验收记录，经监理工程师签字后归档 （4）要求施工单位在各分部及单位工程完成后填写"工程验收报验单"，并提交监理部审核
5	联合检查制度	在隐蔽工程施工完成后施工单位应先行自检，自检合格后，填写隐蔽验收资料，再通知监理部各专业监理工程师及项目开发部现场工程师进行隐蔽验收，验收合格后监理、项目开发部工程师签字，需要时加盖监理部公章。对于工程竣工验收的联合检查详见《地产工程竣工验收移交办法》

（4）对施工材料的验收。凡进入现场的材料、设备均应严格执行材料报审制度，项目开发部各专业工程师应与监理工程师一道对进场材料、设备以及半成品、成品进行抽样检查（设计样板对照）或抽样送检，监理工程师负责材料送检监督。由于原则上重要的材料、设备均为甲供，因此监控方法主要是由材料工程师牵头组织监理工程师、承包商把好进场验收这一关，监理工程师严格执行进场材料的审查，并结合现场施工情况，当发现不合格品或货不对板（设计师确定的样板）时坚决予以退货。情况恶劣者要予以处罚甚至取消承包、投标资格。

（5）对施工现场的管理

① 项目开发部各专业工程师应协同监理单位主要负责人每星期巡视一次。巡视内容主要是：质量、进度及安全文明施工情况，并结合现场情况检查监理工程师的工作。检查情况如实记录在"项目每周巡视记录表"中，巡视发现的问题、时间和处理时间、结果均应填写清楚、明了。当出现严重不合格时，项目开发部工程师应填写"工程整改通

知书"给监理单位,并负责现场验证和封闭。当出现一般不合格时,项目开发部工程师应通知监理单位,由监理单位通知施工方并进行现场验证关闭,项目开发部根据不合格所造成结果或可能造成的后果(如防水、安全方面的不合格)需进行现场抽样封闭。

② 在分部工程完工后,项目开发部配合监理单位组织验收,在单位工程完工后,项目开发部应按照公司《地产工程竣工质量验收移交办法》中竣工验收程序配合子公司发展管理部进行验收。

③ 在入伙前,项目开发部负责人应组织各专业工程师和监理工程师对户内各承建专业(门窗、栏杆、房间方正、裂缝、装修工程、水电调试等)进行一次百分百检查,并对检查出的各项质量问题进行整改维修封闭。

4.2.6 工程技术管理

(1)图纸管理要点如下表所示。

图纸管理要点

序号	管理项目	控制要点
1	图纸的发放	项目开发部负责监理单位及施工单位的图纸发放工作
2	图纸的保管	项目开发部应有专人负责统一保管图纸,填写"工程图纸清单",并定期进行整理。一般来说,图纸至少应有2份
3	图纸会审及设计交底	工程开工前要先做好图纸会审和设计交底工作。图纸会审至少应有两次,第一次为公司内部(设计部、合约部、发展管理部、项目开发部及设计院等)的会审,主要解决建筑及功能上的问题,由设计部主持;第二次会审为开工前或开工前期的会审(设计部、发展管理部、项目开发部、设计院、监理单位、施工单位等),主要解决施工工艺上的问题,由项目开发部主持。图纸会审中提出问题及处理意见要详见会审纪要,汇总整理成正式文件,由业主、设计、施工等与会各方审核无误后签字盖章。图纸会审纪要一式四份(原件),业主、设计、监理、施工各执一份,并作为设计补充文件及有效的结算文件

(2)技术方案评审。一般来说,施工过程中的分部分项工程施工方案的评审由监理单位负责组织,项目开发部及其他相关部门参与。对于在施工过程中临时出现的技术质量问题,项目开发部尽可能提前发现问题,主动组织相关施工单位参与方案的设计,或者提出自己的方案供参考等,以使工作更为有效,对于重大工程问题由项目开发部组织公司各相关部门召开专题会议解决。

(3)工程文档管理

① 工程档案、资料根据工程技术文件类型,将其分为三大类。

工程施工类:包括工程立项、工程设计、工程报建文件、工程施工、工程验收、工程决算;生产技术管理类:包括工程管理、工程监理、质量安全管理、科技管理、信息管理;资料类:包括外来信函及文件、规范、标准、条例、法律、法规、技术性文件、专业书刊、施工图、报建图、分项初步设计图、工程回访记录、工程维修记录、质量体系运行记录等。

② 各子公司档案管理部门应根据当地建设行政管理部门的有关规定对工程资料进行管理,施工单位负责工程施工资料的编制,子公司档案管理部门每月对施工资料进行检

查,在竣工前一个月进行验收。工程竣工验收后15天内,由项目开发部督促施工单位按建设项目分单位工程组卷,向子公司档案管理部门移交;档案管理部门将工程立项、设计、报建、验收、决算等资料立卷,和施工单位所交资料进行汇总整理,编制移交目录后,在工程竣工验收后1个月内向城建档案馆和子公司物业管理处移交完整的工程施工档案,同时档案管理部门应自留一套完整的工程施工档案。

③ 工程施工档案的归档范围、组卷排列顺序、案卷编目、案卷装订、案卷格式、移交等都必须符合《建设工程文件归档整理规范》的要求,并同时符合所在城市的城建档案馆的有关档案整理要求。

④ 档案管理部门负责档案管理制度建设、管理办法的建立与修改,负责实施国家有关档案的法律、法规及行政文件,负责对项目档案资料收集、整理、归档及指导工作,编制工程竣工档案移交目录,按规定将工程竣工档案向城建档案馆或有关单位移交。

⑤ 档案要定期检查,账物相符。案卷根据保密级别不同而分别标注,妥善保管。借阅档案者必须事先进行登记,填写档案借阅清单后,方可进行借阅。重要档案的借阅和外单位借阅需经子公司主管领导审批。

8.2.6 加强合同管理,控制工程成本

合同管理是房地产企业管理的重要内容,也是降低工程成本,提高经济效益的有效途径,项目施工合同管理的时间范围应从合同谈判开始,至保修日结束止,尤其是加强施工过程中的合同管理,抓好合同的攻与守,攻意味着合同执行期间密切注意我方履行合同的进展情况,以防止被对方索赔。合同管理者的任务应熟知合同的字里行间的每一层意思,及时避免每一层的不当或延误而造成成本的增加。

合同控制历来是房地产企业管理的重点,但从以往接触的企业来看,管理效果不佳,主要是缺乏系统的管理手段,合同控制分散在财务和业务部门之间,合同执行过程中,信息沟通渠道不畅,合同信息核对量大,稍有差异,纠错耗费很大精力;对乙方执行合同的情况缺乏统一、有效的评估手段,造成事实上不合格的供应商长期参加竞标并成功替代部分更合适的合格供应商。而合同控制作为成本和资金控制的基础,作为招投标工作成果的检验环节和支持环节,其管理效果对企业影响极大。

8.2.6.1 合同会签

合同控制涉及财务、预算、工程等多个部门。首先从合同会签开始,财务在合同会签中侧重合同资金的安排,尤其是合同款分批支付金额及间隔时间的安排,要与公司现有资金和未来资金计划相统一,避免合同管理与资金管理脱节。采购工程师或其他专业工程师侧重材料设备的质量标准、到场时间,或工程进度及质量标准,避免合同管理与工程管理不协调。

8.2.6.2 建立合同台账并及时登记

要结合房地产开发企业的实际情况,将合同分为工程合同、材料合同(包括设备)两大类,并建立合同台账,对合同的履约方式、付款要求、合同总价的确定(工程审计值、合同包死价、单价包死合同中总量的确定)、付款情况等进行详细记录。

在合同的执行过程中,各部门要及时沟通信息。合同管理部门要向工程部门收集工程合同的执行情况、合同的施工进度、工程质量、有无违约等信息,向材料部门收集材料的到货情况、质量状况等信息,并及时登记合同台账,以便对施工方、供货商进行评价,作为以后业务合作决策的参考。合同管理部门也要与财务部门及时沟通,核对款项支付情况,增强合同控制作用。

8.2.6.3 编制合同报表

合同管理部门要定时编制合同执行情况表,编制合同清单并进行汇总统计,从整体方面掌握工程项目的合同执行情况。

对于需要处理大量合同的房地产企业,引入信息化工具并辅之以配套的管理措施成为一种迫切需求。

【他山之石】▶▶▶

房地产项目合同管理程序

1. 目的

为加强房地产项目的合同管理,规范工作流程,维护公司权益,以工程合同管理为例,特制定本程序。

2. 范围

本程序适用于公司的工程类合同,勘测、监理合同参照本程序执行。

3. 职责

3.1 总经办负责对本管理办法的制定、修改、解释、指导、监督检查。

3.2 负责签订、履行工程合同的人员(包括经办、审批、资料管理等)贯彻执行本管理办法。

4. 方法与过程控制

方法与过程控制包括一般规定、合同订立的管理、合同履行的管理、合同档案的管理及其他规定。

4.1 一般规定

4.1.1 本管理办法适用于项目开发通过工程施工形成实体产品(如土建、安装、装饰、园林环境等)的合同;勘测、监理合同参照本管理办法执行;土地、材料设备采购、设计类合同则另按有关管理办法执行。

4.1.2 工程合同管理必须遵循以下原则。

4.1.2.1 合法性原则。工程合同管理必须全面符合有关法律法规及行业规定,使得公司的权益能够依法受到保护。

4.1.2.2 合同书原则。工程施工必须正式签署合同书以明确双方的权利、义务和责任,但金额在一万元以下且能及时结清的零星工程及工程类合同中已经界定清楚归属的变更签证事项可另行办理。

4.1.2.3 事前签订原则。工程合同应在经济事项发生前签署，禁止工程类业务未签署合同即先行施工。

4.1.2.4 招标原则。本原则包括以下两方面含义：采用招标方式确定合作方，除某项工程、产品已经确定了长期合作伙伴关系或某些政府垄断工程外所有合同的合作方均应通过招标方式确定；合同附招标文件，拟签合同正文及其补充协议（包括设计变更与现场签证协议、工程保修协议、廉洁合作协议），应作为招标文件之附件一并发给投标单位，投标单位需对其进行确认。

4.1.2.5 利益明晰原则。合同应清楚地界定、描述各方的权利和义务，以杜绝模糊、歧义、推诿、扯皮现象；合同中尤其应有明确的、可以界定清楚的合同价款、结算办法及付款方式；如果合同价款可能调整，则应明确调整依据、调整方式（如何计价、总价如何最后确定等），并就设计变更与现场签证的有效性、可控性做出明确规定。

4.2 合同订立的管理

4.2.1 标准示范合同。在招标（招标文件附件）及合同签署时，工程合同应尽量应用合同标准文本。

4.2.1.1 公司根据业务发展，逐步建立统一的合同标准文本。

4.2.1.2 合同标准文本内容分为协议条款、通用条款、补充条款和附件，其中协议条款根据具体业务、对象的不同而定，通用条款适用于所有的同类合同，补充条款则由经办人在具体经办合同时补充加入协议条款、通用条款中未尽事宜。

4.2.1.3 如当地政府部门有强制性规定，可按当地政府部门标准合同执行，但必须通过补充条款等方式充分补充与公司合同标准文本之间存在差异的内容。

4.2.1.4 如公司尚未制定合同标准文本，可以延用以往的合同，但经办部门应联系总经办尽快制定相应的标准合同。

4.2.1.5 当客观条件发生重大变化、原有合同标准文本不再适用时，业务部门应及时提出与相关部门共同修改。

4.2.2 合同的经济条款应包括但不限于以下内容。

4.2.2.1 合同价款。采用招标方式选择合作方的，应以双方确定的最终报价作为合同金额；提倡在有标底的情况下进行招标并确定合同价款，如果是采用费率折扣方式确定合同价款，合同中应明确费用计取的依据、主材价格计取办法，并规定合同双方如何尽快核实施工图预算确定合同价款，以及就确定后的合同价款签署补充协议。

4.2.2.2 计价依据。工程类合同应将施工图、预算书作为合同的组成附属部分，合同附属文件一般还包括：招标文件、投标文件、答疑文件等，并应在合同条款中明确：包干形式、定额标准、取费方法；发包单位分包工程、甲供（发包单位）材料设备、（发包单位）限价的范围和种类；人工、材料、机械台班的价格及其价差的结算办法；总分包的关系、配合的范围以及总包管理费和总包配合费的计取方法等；开办费、施工组织措施费、扰民费、文明现场施工费、赶工费等费用的取舍、计取办法及其包括的具体范围。

4.2.2.3 设计变更及现场签证。合同中应规定设计变更及现场签证的认定依据、结算核价办法，对于承包单位，可依据《设计变更和现场签证管理办法》的规定与其另外订立《关于设计变更、现场签证的协议》。

4.2.2.4 总价结算办法。工程类合同可在合同中明确规定按"结算＝合同价（或预算造价）+材料价差+设计变更+现场签证+增加项目−减少项目+奖励−罚款"确定结算总价。

4.2.2.5 结算和付款办法。合同应明确规定验收及付款办法、保修维护办法及保修金处理办法；进度款的支付一般按形象进度分阶段确定付款金额，不采用分月审核进度款的方法；各期进度款累计不应超过总造价的80%；无准确施工图预算或无准确合同总价时，应充分考虑付款风险，尤其在施工中后期更应有效地控制好进度款，以防超付。

4.2.2.6 廉洁合作约定。为维护公司利益、防止黑幕、保护职员，在工程或其他高金额的合同中，应与承包单位另外签署《廉洁合作协议》作为合同的补充协议。

4.2.2.7 保修协议。对施工合同，为保证工程质量，保护公司利益，应与承包单位另外签署《工程质量保修协议》作为合同的补充协议。

4.2.3 合同起草、谈判与签署的主要职能部门。工程部负责工期、质量等技术部分的起草、谈判；预算员负责其中的合同价款、计价方式、付款方式等经济部分工程的起草和谈判；总经办负责对付款方式、合同有效果性的审核。

4.2.4 合同审批流程。通过招标确定合作方后，由工程部经理填写合同审批表，在征得有关职能部门同意（会签）后上报分管副总、总经理审批。

4.2.5 为提高合同审批的效率，公司领导、职能部门经理可根据实际情况需要，在自身职能范围内，对于某些类别、一定金额以下的工程合同，在不违反有关规定的前提下，可对下级部门或人员作一定的授权，但授权人仍为责任人。

4.3 合同履行的管理

4.3.1 合同的交底。在合同签订之后，一般要求至少就主体合同填写"工程合同摘要表"，发至各部门，并向工程、成本、采购等有关人员进行合同讲解交底，说明工期、质量、工程范围、付款方式、发包单位职责（即甲供材料设备、甲方限价、甲方分包等范围）、总分包的关系等，以便各岗位人员协调、配合；金额较小的合同交底，可只填写"工程合同摘要表"发送到相关部门的有关人员，以便执行。

4.3.2 合同款支付

4.3.2.1 项目的工程管理人员负责合同款支付的经办，填写付款申请单、工程付款审批表等，经相关职能部门审核、公司领导审批后支付。

4.3.2.2 对保修金等余款的支付办法应作明确规定，除一般保修金外，可在合同中约定发包单位在工程竣工后一定时间内扣押承包单位一定数额的渗漏保证金。

4.3.3 合同变更的管理

合同订立后，因客观条件发生变化需要变更合同内容的，或者承包单位提出变更要求的，经办人员应及时向工程管理副总经理请示报告，工程管理副总经理同意变更的，经办人员在与对方协商一致后起草变更后的条款，再按照合同订立的有关程序办理，严禁擅自变更合同。

4.3.4 合同结算

4.3.4.1 当合同中约定的承包单位的责任和义务已全部完成，并且通过验收、达到了工程结算条件，由主办工程师协助合作方收集整理结算资料，填写"工程结算申请表"。

4.3.4.2 如工程存在质量问题或履约过程中承包单位存在违约情况等，主办工程师应在结算申请表中作出详细说明及处理意见。

4.3.4.3 由成本管理人员负责按合同确定的结算方式办理结算,并特别注意:奖罚条款的执行(如工期奖罚、质量奖罚、安全奖罚等)、承包方承诺让利、各项费用的计取或扣除(如水电费、扣款项目、保修金等)、承包单位多报领的甲供材料、变更签证未如实实施的部分、钢材实际用量、主材价格等。

4.3.4.4 工程结算要注意结算资料的及时整理、分类、归档、保存。

4.3.5 合同执行情况的评估。主体合同等金额较大的合同执行完后,应由合同主办部门对发包单位的合同管理(工期、质量、成本、配合等)、承包单位的工期、质量、成本、配合等进行总结。

4.4 合同档案的管理

4.4.1 合同文本保管应遵循及时整理、分类、归档、保存,以便复查。

4.4.2 合同文本原件(包括合同文本、相关补充协议、合同审批表等)应由办公室专人妥善保管;工程部、成本管理人员、财务部应备有合同文本等资料的复印件。

4.4.3 公司办公室设立合同管理台账,系统地填报合同的签订、履行、付款、结算等动态情况。

4.4.4 公司合同专用章由总经理办管理,经法人代表或其授权人签署同意后,合同文本才能加盖专用印章,并做相应的用章登记;同时要求承包单位盖有有效印章的同时,其法人代表或法人代表授权人还需签字;每份合同原件由发包单位至少盖两个以上骑缝章。

4.4.5 工程合同编号

4.4.5.1 合同应该由办公室连续统一编号。因主合同的变更、解除等订立的补充协议,按主合同类别编号(因补充合同中可能涉及其他类别的内容);合同有关部门皆应采用统一编号。

4.4.5.2 以公司为买方,房地产项目合同按内容可分为六大类:土地合同;前期合同(包括规划、设计、勘察、监理、造价咨询);施工合同(包括建筑、安装、装饰、市政);材料设备采购合同(包括材料采购、甲方付款乙方收货的三方合同、设备购买及安装);园林环境合同(包括室外环境的设计、施工);营销包装合同(包括样板间装修、户外广告牌制做安装,媒介广告设计、制作,宣传品设计、印刷)。

4.5 其他规定

本管理办法公司各相关部门必须严格执行,如在执行过程中,与实际情况确有不适合之处,执行部门可根据实际情况做修改之请示,报总经办核实后,经总经理批准后方可实施。

8.2.7 供材管理

为了保证工程项目的质量及节约工程成本,现在大多数工程项目都采用由甲方提供主要材料的方式。但是由于建设单位在甲方供材方面管理疏散,方法不恰当,造成没能节约成本反而浪费的现象。在甲供材的核算方面,由于材料保管与财务部门脱节,在与施工方的结算中核对困难,往往最后不了了之。

8.2.7.1 材料的采购及保管

首先从材料部门应该做好材料的管理，甲供材须根据工序及施工进度安排进料，尽量降低存储成本。在满足材料合格的前提下，应努力争取最低价，掌握建材市场价格变化规律，制定材料价格的管理措施。另外，加强甲供材料的现场管理，合理堆放，减少搬运及损耗。

8.2.7.2 材料的领用

在施工方领料时，应完善手续。领料单最少应一式四联，乙方领料人一联，乙方财务一联，甲方材料保管留存一联，甲方财务记账一联。从甲方仓库领料时，由甲方的负责人、甲方材料保管、乙方的负责人、乙方领料人同时在领料单上签字。由供货商直接将材料送工地验收的，应填制材料直供单，由供货商、甲方、乙方三方签字，每方两联，甲方应及时将单据传财务部门入账。供货商应持其中一联到甲方财务部门进行结算。

8.2.7.3 甲方供材的核算

甲方供材的核算涉及与供货商的材料结算及与施工方的工程结算。所以在施工方领用后，财务部门应根据领料单计入"预付备料款"或"预付工程款"，并注明为领用材料，用于何项单位工程。对材料直供的情况，要同时记录应付供货商的材料款。

8.2.7.4 甲方供材的核对

甲方供材的核对包括材料管理部门与施工方的领料部门（或财务部门）之间的定期对账，也包括材料管理部门与财务部门的定期对账。单据的及时传递将会降低核对的工作量，定期核对也会减少工程决算阶段的核对难度，可以更准确地计算出甲供材的超欠供数量及材料差价，减少在与施工方的结算中因材料不清引起的纠缠。

8.3 工程施工薄弱环节的成本控制

在目前的工程管理过程中，质量监督、进度控制机制已经比较完善，但招投标、工序安排、工程变更和材料价格等的成本控制工作恰恰是施工管理中的薄弱环节。由于成本控制工作做得不到位，工程虽能按期保质完成，但一算账就是不盈利或盈利较低，未能达到预期的收益，这是房地产开发企业存在非常普遍的一个问题。

8.3.1 严格进行工程招标，控制新开工程的造价

通过招投标选择信誉高、工期短、技术力量强、施工质量好、造价适中的施工队伍。建设单位签订承包合同是个关键，要把主要内容在合同中予以明确。要根据建筑市场行情、建筑业的一般惯例和有关规范，就施工中可能产生职责不清、互相扯皮、影响造价、延误工期等因素进行事先约定，经法律形式确定下来，确保双方的按约履行。

8.3.2 合理安排施工顺序，减少临时费用

在组织住宅小区的施工，安排开工计划时，要考虑到附属配套及大、小市政工程能否与

住宅工程同步进行,尽量不发生临时供水、供电、供热的费用,并减少二次施工造成的人力、物力、财力的浪费。在建设小区道路前,即可进行各类管道的铺设,减少二次开挖,避免施工企业因现场施工的原因向开发企业索赔,从而降低成本。

8.3.3 建立工程变更制度,降低工程成本

工程变更是编制预算增减账的依据,是施工企业在中标后提高造价、增加收入的主要手段,作为监理工程师要加强工程洽商的管理,防止不正当的索赔,建立规范的变更制度是非常必要的。

8.3.3.1 变更管理制度

变更管理制度的内容要确定工程、规划、预算合同等有关部门在签办工程洽商时的责任,分工必须明确,权力不宜过分集中。

8.3.3.2 签办变更要注意的问题

签办变更要注意以下问题。

(1)施工前应严格审图,尽量少改动,少办洽商,减少造价增加的幅度。

(2)结算时要特别注意减账洽商,防止施工企业漏报。

(3)变更应先办,有了手续后再施工。在工程施工中,工程人员往往考虑工程进度,先按变更的情况施工,然后再补洽商手续。这样做的弊病往往是有的隐蔽工程,做完之后无法核实,工作中出现被动。如果工程进度要求紧,也要变更和施工同步进行,增、减账及时审,避免无法核实的情况发生,引起双方不必要的争议。

(4)变更内容既要满足工程施工及使用功能需要,又要考虑经济合理和投资节约。凡是因施工企业出于施工方便签办的变更增账,原则上不予补偿,并应在洽商中予以注明。

【他山之石】▶▶▶

工程变更和现场签证管理办法

1. 目的

加强现场签证管理,规范工作流程,提高现场签证的结算效率,有效地控制项目成本。

2. 适用范围

适用于集团开发的项目在工程实施过程中,因发生超出合同范围而出现的有关费用、工期等变动情况。

3. 重要说明

3.1 现场签证未经审批不得实施

对于工程实施过程中,因发生超出合同范围而出现的有关费用、工期等变动情况,在符合合同约定以及本规定的条件下,要求承包人必须通过有效的申报(即《现场签证申请单》)并获得我司流程审批和书面批准后方可实施,未经审批擅自实施的属于无效行

为。签证经审批实施后必须及时办理确认审批手续后，方能办理相关结算、付款。

3.2 签证验收

当变更、签证的工作内容完成之后，承包人必须在验收时提交工程量确认文件（即《现场签证验收单》），并在完工后最迟不超过7日内完成监理及发包人签字确认，否则项目公司应不予审核和支付费用。

3.3 隐蔽工程

对于隐蔽工程和事后无法计算工程量的变更和签证，要求承包人必须在覆盖或拆除前，会同监理人、我司现场工程师及成本人员共同完成工程量的确认和费用谈判，否则项目公司应不予支付费用。

3.4 停工、窝工

对于停工、窝工类事件，在停工、窝工事件发生后承包人应及时提出现场签证申请，经监理及我司现场工程师确认并完成了流程审批手续，可以作为工程计价的依据。如在事件发生后超出14天，承包人未提出现场签证的，视为该事件不涉及工程造价的变更，项目公司应不予支付费用。

3.5 施工组织设计和方案

承包人进场后根据招标文件要求所编制的，经监理及我司批准的施工组织设计和施工方案，不得作为承包人申请增加任何费用的依据。超出图纸和合同约定的范围，新增的专项技术措施或者施工方案，如果涉及工程造价的变更时，必须另行办理现场签证，未办理现场签证的，视为批准的专项方案不涉及工程造价的变更。其他资料，比如技术处理单、隐蔽验收单、材料验收单等均不能作为工程计价的依据。

3.6 签证执行要求

承包人对于我司正式发出的变更文件，应及时、完整地执行，并保证工程的质量和进度要求。

3.7 签证价款支付

项目公司应按照变更文件的内容及其完成情况，在完成审批程序后及时、足量地按合同条款支付签证价款。

3.8 招标文件及合同要求

依据本办法编制的《工程变更洽商管理要求》（附件），必须作为工程类招标文件和合同的附件，主合同的条款与本要求有矛盾时，以本要求为准。

3.9 项目部是签证管理的基本单位

（1）各项目公司应按照项目分期开发或者分组图、标段开发的具体情况，成立项目部作为工程管理的基本单位，项目部的成员由项目公司工程部和成本部人员构成，包括：总包合同约定的现场工程师（以下称甲方代表），土建、水电、装饰等专业工程师，以及成本部派驻现场的成本专员。通常甲方代表应作为项目经理。项目部是工程签证管理的基本单位。项目部应有任命文件，并知会监理公司和各承建单位。

（2）承包人项目部的主要管理人员应与合同约定人员一致，如有变化应有任命文件，具体包括承包人项目经理、技术负责人、预算员或造价师等。

3.10 合同交底

在所有工程承包单位进场时，各项目公司必须组织监理、施工方进行合同交底，同时重点对本办法进行学习宣贯，并要做好交底记录。其中监理公司、施工方的主要管理人员应有任命文件（应与合同约定人员一致），具体包括总监、总监代表、监理工程师，施工方项目经理、技术负责人、预算员或造价师等。

3.11 设计变更单

（1）基于工程结算管理的分类要求，因设计变更引起图纸更改范围内的工程量和造价变化，必须按照设计变更管理办法以《设计更改完成情况确认单》的方式办理费用确认；单独的设计变更单不能作为结算依据。

（2）因设计变更引起图纸更改范围之外的其他费用索求（如拆除、返工等额外的费用），则应通过现场签证方式确认。

（3）设计变更完成审批程序，项目部收到设计变更文件后，应结合合同分判情况，以及现场最新的变化等情况提出设计变更实施的具体要求，以《甲方通知单》的形式将设计变更单作为附件发给监理及相关的承包单位。

3.12 甲方通知单

（1）在工程实施过程中，项目公司根据经营需要提出的工程变更要求，包括进度、质量、成本、现场组织、营销需要、设计变更等方面的要求，一律由项目部向监理及承建单位发出《甲方通知单》，提出具体工程指令。当有关指令超出项目公司授权时，项目公司应按照有关管理制度上报集团审批。

（2）项目部在发出《甲方通知单》前，必须完成项目公司内部各业务部门审核会签，以排除可能对成本、销售、报建、设计等方面带来的影响，《甲方通知单》完成审批后须加盖项目公司章后方可发出。

（3）属于原合同费用核减时，项目公司以《甲方通知单》的形式告知承包人，如承包人不及时回应，办理《现场签证申请单》，项目公司有权按《甲方通知单》及合同约定进行结算。

（4）承包人收到项目部发出的《甲方通知单》，如属于费用增加的情况，必须及时提出《现场签证申请单》。单独的《甲方通知单》不能作为结算时费用增加的依据。

3.13 现场签证的范围

以下情况发生（包含但不限于以下所有列举情况），引起承包人合理的费用或工期索求时，必须及时完成现场签证，方能作为有效的结算依据。

（1）合同中约定的工作内容发生改变，如实际工程量与合同约定有较大出入且已经超越合同约束范畴，引起承包人合理的费用索求，如不通过签证，无法核实实际发生的具体情况。

（2）合同规定需实测工程量的工作项目。

（3）施工过程中出现的未包含在合同总价中但按合同规定可以计取的各种技术措施处理、附加工作、材料或设备。

（4）合同约定的质量标准、工艺方法或其他特征的改变，且在合同中规定可以按实际情况调整的情况。

（5）工程任何部分的标高、位置和尺寸的改变，且在合同中规定可以按实际情况调整的情况。

（6）在施工过程中，由于施工条件变化、地下状况（土质、地下水、构筑物及管线等）变化，导致工程量增减、材料代换或其他变更事项，且在合同中规定可以按实际情况调整的情况。

（7）因发包人通知要求引起的、非承包人原因的重复施工、返工、额外施工等费用增加，且在合同中规定可以按实际情况调整的情况；因设计变更的实施，引起承包人对设计图纸更改范围外的费用索求（如导致已施工的部位需要拆除等），应进行现场签证。

（8）发包人在施工合同范围之外，委托承包人的临时用工、零星工作、三通一平、障碍清除、红线外施工道路的修补等。

（9）工程停工、窝工涉及工程价款索赔的，承包人应提出现场签证要求，明确停工、窝工的时间、涉及的人员和费用计算办法。发包人或其委托的现场工程师应按规定的内容和时限办理现场签证手续。

（10）其他。因政府政策发生变化以及其他原因，引起承包人对合同外的额外费用索求，必须进行签证。

3.14 签证单填报要求

签证单必须同时符合下述规定。

（1）隐蔽工程签证必须在隐蔽前完成验收手续和工程量确认。

（2）现场签证应清楚注明发生的日期、原因、内容、范围和所在的部位及签证数据；有必要的简图、图片和计算式。

（3）文字描述明确，书写规整，不得随意在原文字上涂改（如必须涂改，应在涂改处由当事人签名并加盖公章）。

（4）承包人签认栏目中有指定的项目技术负责人、指定预算员或造价师、项目经理签名。

（5）工程量计算符合预、结算有关规则及合同规定。

（6）用做原始签证单的单据是通过复写制作的，原件为一式四份。

（7）在事件发生前或发生后的72小时内提出，且提出时事件尚未隐蔽（已完成临时签证除外）。

（8）发包人发出的变更文件，须加盖发包人指定的印章，否则承包人可以不接受；承包人出具的要求发包人结算价款的变更、签证单，须加盖承包人指定的印章，否则发包人可以不予结算费用。

（9）发包人、承包人及监理均应对文件分专业连续编号、妥善保存；发包人、承包人都应设置变更文件交付记录，交付对方文件时应要求对方签收，接收方不得拒签。

3.15 无效签证

有效的工程变更签证方可以作为工程结算资料，无效文件不予作为结算资料。下列文件为无效的工程变更签证文件，在工程结算中不能采用。

（1）签证金额的审批权与集团流程要求不一致。

（2）合同中已约定内容不得作为签证内容。

（3）现场签证所发生的费用不单独列项，或者与其他工程项目有交叉。

（4）现场签证完成的手续未在规定时间内签署完成。

（5）签证的时间和内容矛盾；签证的内容与技术文件矛盾；签证的内容与实际矛盾。

（6）现场签证单未按编号办法连续编号的。

（7）现场签证单的内容重复。

（8）基础处理及隐蔽工程，未于当日签证（或办理有效的临时签证）而采用后补的。

（9）属于承包人工作失误（如承包人前期进度耽误造成后期赶工费用增加、承包人因质量问题造成的工程返工及费用增加等）。

4. 工作职责

4.1 项目公司项目部

（1）负责根据工程变更的要求，草拟并发起《甲方通知单》的审批。

（2）负责处理承包人提出的《现场签证申请单》，完成判断、核实取证、造价测算等工作，在明源系统中发起现场签证申请审批流程。

（3）负责现场签证的实施和验收，办理《现场签证验收单》审核及其明源系统的录入。

（4）负责现场签证的结算，办理《现场签证计价单》和明源系统的审批。

（5）及时上报现场签证管理中存在的争议问题。

（6）负责现场签证的资料管理工作。

4.2 项目公司工程部部长

（1）负责对项目部工程业务的管理，负责组织工程部对项目部的支持。

（2）负责与成本部部长共同管理签证的及时率，协调处理项目部的争议问题，负责与集团工程部的沟通协调。

（3）负责结合工程签证的实施情况，对承建商进行履约评价。

（4）工程部部长负责依据授权对工程签证进行审核、确认。

（5）每月10日前，和工程部部长一起主持与承包人就截至上月末已确定最终费用的变更、签证的费用结算报告，进行综合性核对，并形成核对与商谈记录清单。

4.3 项目公司成本部部长

（1）负责对项目部成本业务的管理，负责组织成本部对项目部的支持。

（2）负责与工程部部长共同管理签证的及时率，负责协调处理项目部的争议问题，负责与集团成本部的沟通协调。

（3）负责结合工程签证的结算和配合情况，对承建商进行履约评价。

（4）负责依据授权对工程签证进行审核、确认。

（5）每月10日前，和工程部部长一起主持与承包人就截至上月末已确定最终费用的变更、签证的费用结算报告，进行综合性核对，并形成核对与商谈记录清单。

4.4 项目公司副经理/经理

（1）负责审批金额在5万元以下的现场签证。

（2）负责全面管理项目公司工程签证管理业务，解决项目部与承包人之间的争议问题。

（3）负责应急签证事件的处理。

（4）每月10日前，项目公司分管领导应组织与承包人就截至上月末已确定最终费用的变更、签证的费用结算报告，进行综合性核对，并形成核对与商谈记录清单。

4.5 集团工程管理部

参与审核金额大于5万元及以上的现场签证。

4.6 集团成本管理部

（1）负责审核金额大于5万元及以上的现场签证。

（2）负责依据成本管理办法，加强合同实施过程中的成本动态信息管理，建立健全签证管理的考核、评价体系。

（3）负责组织对项目公司签证管理的季度、年度巡检。

4.7 集团领导

负责审批金额大于5万元及以上的现场签证。

5. 工作程序

5.1 现场签证的申请与现场核实

5.1.1 施工单位填报《现场签证申请单》

（1）承包人应依据施工内容、范围、工艺等现场情况的变化以及甲方通知的要求，及时提出现场签证申请。承包人应认真填写《现场签证申请单》（编制初步预算书，提出预估价及工期），由合同指定人员签字盖章后向监理单位提交。

（2）对原合同费用核减的情况，如承包人未进行签证申请，则由项目部根据实际情况发起签证申请审批并完善相关手续。

5.1.2 监理单位接收、初审《现场签证申请单》

（1）监理工程师接到承包人《现场签证申请单》应签署接收时间，并于当天内到现场对工程变动情况进行调查。

（2）监理单位应依据承包合同对签证申请事项进行调查核实，确认符合签证要求后应于当天通知甲方项目部专业工程师进行核实。

（3）监理工程师应认真填写《现场签证申请单》并逐项确认有关申请内容，于24小时内将经总监签字盖章确认后的相关资料提交甲方项目部专业工程师。

（4）监理单位依据合同有权决定不予签证，但仍需将签署否定意见的《现场签证申请单》报送甲方项目部。

（5）监理单位必须建立签证文件收发台账，认真登记签证文件收发时间、内容和办理情况，对不予签证的事项要认真记录。监理单位要建立独立的编号系统。

5.1.3 甲方项目部接收、核实《现场签证申请单》

（1）项目部的专业工程师及成本专员接到监理工程师签署意见的《现场签证申请单》后应首先签署接收时间。

（2）项目部的专业工程师及成本专员在12小时内必须到现场记录（拍照或录像）、核对、确认情况，并给出初步评估意见。紧急情况应立即电话报告上级领导请示。

（3）现场核实工作实行量价分离原则，专业工程师对工程量、图纸类别、用工性质等发生事实进行认证，专业工程师及成本专员应在《现场签证申请单》工程量签署意见。成本专员应在1天内按照合同约定拟定预估费用。

5.1.4 建设单位审批栏，待明源系统审批完成后，由项目部按审批意见填写并签字盖章。

5.1.5 项目部必须建立签证文件收发台账，认真登记签证文件收发时间、内容和办理情况，对不予签证的事项要认真记录。项目部要建立根据合同关联的签证文件编号系统。

5.2 现场签证申请的审批

（1）《现场签证申请单》的审批采用明源成本管理软件平台，实行无纸化网上审批。

（2）完成现场核实工作后，项目部专业工程师和成本专员立即在明源系统开始现场签证申请的明源系统录入，发起审批程序。相关记录文件（工程量、照片等）和价格预估文件扫描后作为附件上传明源系统。如承包人无有效价格预算文件，则由发包人按合同约定进行费用预估。

（3）对于不得签证的事项，项目部依据合同有权决定不予签证，项目部成员经讨论后由甲方代表在明源系统签署否决意见后终止流程。

（4）对于存在争议或者无法决定的事项，项目部甲方代表应在明源系统上如实反映现场情况，交由项目公司上一级领导协调解决。本着实事求是的原则，针对复杂疑难问题，项目公司预判处理协商过程较长，应在流程申报时特别做出说明。

（5）对原合同费用核减的情况，如承包人未进行签证申请，由项目部根据实际情况发起签证申请审批，相关资料录入明源系统。

（6）项目公司工程部、成本部部长，负责对项目部申报的签证申请进行符合性审查，否决不合格签证。及时协调项目部反映的争议问题。

（7）项目公司领导对签证申请的规范管理负责，应定期组织内部检查、专题会议等形式，解决争议问题，维护企业利益。

5.3 现场签证申请的审批权限

（1）项目公司各部门、副经理/经理及集团相关岗位根据授权文件，按时完成现场签证申请的明源系统审核工作，具体的内部审批权限如下表所示。

内部审批权限表

序号	估算费用	审核	审批
1	5万元以下	项目公司成本部部长、项目设计组审核后，报项目公司分管工程的副经理、分管成本的副经理审核	项目公司经理
2	5万元及以上10万元以下	项目公司成本部部长、项目设计组，项目公司分管工程的副经理、分管成本的副经理，项目公司经理，集团工程管理部经理、成本管理部经理，集团分管成本的副总	集团分管工程的领导
3	10万元（含）以上	项目公司成本部部长、项目设计组，项目公司分管工程的副经理、分管成本的副经理，项目公司经理，集团工程管理部经理、成本管理部经理，集团分管成本的领导、分管工程的领导	集团总经理
说明	时限要求： （1）项目公司工程部部长1天时间，项目公司成本部部长1天时间，集团成本管理部经理1天时间 （2）其他审核岗0.5天时间 （3）具体审批权限以授权手册为准		

（2）为排除工程变更对销售和设计的可能影响，项目公司营销岗及集团设计岗应参与审核。

5.4 《现场签证申请单》编号及下发

（1）现场签证申请完成明源系统审批后，甲方代表依据审批结果，在《现场签证申请单》建设单位代表签字栏签字确认，项目部项目秘书根据审批结果，将《现场签证申请单》根据合同进行编号，加盖项目公司公章，归档。

（2）项目秘书应一天内将《现场签证申请单》以及明源系统电子审批表单（打印件加盖项目工程部章）发给监理单位；监理单位进行归档、编号（监理单位独立的编号系统）后发给签证申请单位。

5.5 现场签证的执行、验收及现场签证确认审批发起

（1）承包人必须按照现场签证申请的审批意见执行，未经审批不得实施。

（2）监理单位及项目部专业工程师监督承包人按照现场签证申请的审批意见执行，现场签证完工后由施工方、监理方、甲方项目部共同验收，承包人填报《现场签证验收单》，现场验收人员（监理工程师、项目部工程师、成本专员必须到场）需进行签字确认。

（3）承包人完成《现场签证验收单》签证，提交监理单位审核。

（4）监理工程师和甲方项目部专业工程师、成本专员，在验收时对工程量进行核对并逐项签字确认，工程师应避免签署类似"情况属实"或"工程量属实"等模糊性内容，而必须实测实量后，签字确认完成或未完成的事实或者工程量、材料材质、规格、工日数、机械台班等。对于隐蔽工程的现场，还应附上前后实施对比图片资料。

（5）特殊情况下，可以办理临时现场确认文件，但正式文件不得超过工程完工之日7天内提交，否则项目公司应不予审核并支付费用。对于隐蔽工程和事后无法计算工程量的变更和签证，承包人必须在覆盖或拆除前，会同监理人、发包人现场工程师及成本人员共同完成工程量的确认和费用谈判，否则项目公司应不予审核并支付费用。

（6）监理单位于验收后一天内将《现场签证验收单》盖章后交项目部专业工程师。对不按《甲方通知单》以及现场签证申请的审批意见施工、验收不合格、未经监理验收而进行下道工序的情况，除扣除相关费用外，还要提请建设方对责任单位进行处罚。

（7）项目部收到《现场签证验收单》一天内完成核对确认和签字手续，专业工程师负责立即办理明源系统现场签证确认审批程序的第一步工作：工程量计量资料的录入工作。

（8）《现场签证验收单》的明源系统录入是签证管理考核评价的重要时点，项目部必须及时办理，录入资料应包括：《现场签证申请单》、签证申请明源系统审批单、《现场签证验收单》、工程量、照片等相关文件。

（9）《现场签证验收单》需等现场签证确认审批完成后，方可签章下发。

5.6 现场签证计价

5.6.1 承包人最迟在该变更内容全部施工完毕后14日内（从签证现场验收之日起计算），向监理提交《现场签证计价单》（包含结算资料等相关文件）。每迟报一天，项目公司应对承包人处以签证最终审定价的1%的违约金处罚。

5.6.2 承包人申报的结算文件的内容必须完整、准确，结算工程量应符合实际情况，结算套价应符合合同约定。若结算报价超过最终审定价±5%，项目公司应按审定价1%

对承包人进行处罚。

结算报告一般包括以下内容。

（1）结算总费用。

（2）原合同相同工作内容的综合单价。

（3）套用定额编号的直接费计价表。

（4）其他直接费、间接费的取费表。

（5）调价依据。

（6）定额以外项目的工料机分析。

（7）变更签证单原件及所有相关的往来函件、其他需要说明的与造价有关的问题。

5.6.3 监理单位对《现场签证计价单》签署接收时间并登记台账，对相关文件进行核对并逐项确认，于一天内签字盖章后交项目部。

5.6.4 项目部收到《现场签证计价单》首先签署接收时间并登记台账，成本专员应在一周内与承包人完成签证初审价确认后，开始报内部流程审核工作。

5.6.5 由项目部成本专员负责在明源现场签证确认审批流程的工程造价确认环节，录入成本变动情况，将签证结算的初步审核资料（《现场签证计价单》及相关附件）扫描上传。

5.6.6 现场签证确认的内部审批流程应在一周内完成，形成签证结算终审意见。项目公司项目部在《现场签证计价单》建设单位代表签字栏依据审批意见签字盖章（附内部审批文件）。

5.6.7 双方核定变更、签证事项的价格后，应在结算文件上注明最终审定价格，并由双方签字、盖章后生效。

5.6.8 对于存在争议或者无法决定的事项，成本专员和甲方代表应在明源审批流程上如实反映争议情况，交由项目公司上一级领导协调解决。针对复杂疑难问题，本着实事求是的原则，项目公司预判处理协商过程较长，应在流程申报时特别做出说明。

5.6.9 项目公司工程部、成本部部长，负责及时协调解决项目部反映的争议问题。对项目部申报的签证结算进行合规性审查，否决不合理结算。

5.6.10 项目公司领导负责管理签证的及时率、合规性，及时解决争议问题。

5.6.11 合同双方争议较大的问题，项目公司应依据公司规定及合同，以维护企业利益为前提，以实事求是为原则，采取召开专题会议等方式与承包人达成谅解。

5.7 现场签证结算确认的审批权限

项目公司及集团相关岗位根据授权文件，按时完成明源现场签证确认的审核工作，具体的内部审批权限见内部审批权限表。

内部审批权限表

序号	估算费用	审核	审批
1	5万元以下	项目公司成本部部长、项目设计组、项目公司分管工程的副经理、分管成本的副经理	项目公司经理
2	5万元及以上10万元以下	项目公司成本部部长、项目设计组、项目公司分管工程的副经理、分管成本的副经理、项目公司经理，集团工程管理部经理、成本管理部经理，集团分管成本的领导	集团分管工程领导

续表

序号	估算费用	审核	审批
3	10万元（含）以上	项目公司成本部部长、项目设计组，项目公司分管工程的副经理、分管成本的副经理，项目公司经理，集团工程管理部经理、成本管理部经理，集团分管成本的领导、分管工程的领导	集团总经理
说明	时限要求： （1）项目公司成本部经理1天时间，集团成本管理部经理1天时间。 （2）其他审核岗0.5天时间。 （3）具体审批权限以授权手册为准。		

5.8 现场签证确认文件收发及签证价款支付

（1）签证确认相关审批完成后，项目部成本专员及甲方代表依据审批结果，在《现场签证计价单》签署意见。项目秘书应及时将《现场签证验收单》《现场签证计价单》以及明源系统电子审批表单（打印件加盖项目工程部章）发给监理单位；监理单位进行收发及编号后发给承包人。

（2）现场签证所有审批手续完成后，承包人可按审批意见及合同支付条款办理工程款的支付手续。

5.9 应急签证

（1）估算金额5万元以下的现场签证，因特殊情况（现场需立即执行，延缓实施会造成更大不利影响的情况）无法及时履行完毕审批手续的，项目部甲方代表应以OA工作留言的形式报项目公司工程部部长、成本部部长，以及项目公司副经理、经理同意后可以临时签证的形式先行实施，记录在案。相关流程审批手续须在动工后一周内发起。

（2）估算金额5万元及以上的现场签证，因特殊情况（即现场需立即执行，延缓实施会造成更大不利影响的情况）无法及时履行完毕审批手续的，须由项目公司以OA工作留言的形式报集团工程、成本部以及分管领导同意后方可先行实施，相关流程审批手续须在动工后一周内发起。

5.10 签证文件的归档及流转

（1）现场签证完成所有审核及审批程序后，由项目部项目秘书登记受理台账，分类登记，进行编号存档、归档。

（2）项目秘书同时将以上审批完成的文件审批单分发给项目公司资料室（原件）、成本专员（原件）、承包人（原件）、监理（原件）、现场专业工程师（复印件）、项目部留存（复印件）。

（3）要求相关人员应予当场签收；当对下发文件有问题时，应立刻上报项目经理请求处理。

5.11 签证与工程承包合同的变更

当签证属于重大签证，或签证的累积引起工程造价或工期的较大变化，项目公司须及时办理补充协议，详见《合同管理办法》。

5.12 变更签证计价及结算

（1）变更、签证的计价应严格执行与其相关的主合同的经济条款，执行相同项目的综合单价或套用相同的定额、取费标准、材料调差方式。当没有合适的定额套用时，可以按当时当地的市场合理低价协商确定。

（2）关于临时用工的签证事项，应在签证通知单上协商确定以下问题：工作内容及工作量、工作时间、工作人数、取定的人工单价（必须是综合单价，已含管理费和利润）。

（3）因设计变更或工程签证涉及可重复利用的材料时，项目公司应在拆除前与发包人谈定材料的可重复利用率，否则视为承包人100%的回收利用。

（4）每月10日前，项目公司分管领导应组织与承包人就截至上月末已确定最终费用的变更、签证的费用结算报告，进行综合性核对，并形成核对与商谈记录清单。项目公司不得接受承包人以汇总方式编制的多项变更、签证事项的结算报告。

6. 加强现场签证的控制与管理

6.1 现场签证对项目经营的影响

（1）不当的签证活动必将引起公司边际成本的增加，影响目标成本的实现。

（2）不当的工程变更可能引起工期的进一步延误，导致附加索赔的产生，影响进度目标的实现。

（3）不当的工程变更可能改变对客户已有的承诺，可能引起法律纠纷而引致损失。

6.2 加强现场签证控制与管理的思路

按照避免签证、减少签证、规范签证三个层面进行控制与管理

（1）避免签证。首先应尽量避免签证，在设计阶段以及合同管理方面少出现工作漏洞，避免施工现场签证产生。

（2）减少签证。在工程实施过程中，尽早发现可能引发签证的诱因，采取措施减少签证的发生。

（3）规范签证。基于工程管理的复杂性，难以避免签证的发生，因此必须规范签证行为，不要在签证过程中违反规定，犯各种错误。

6.3 加强现场签证控制与管理的具体要求

6.3.1 设计管理要求

（1）不得因领导、建筑师的个人喜好影响，忽视客户需求，造成事后大量工程变更的产生。

（2）对少数客户的特殊要求应尽可能通过沟通化解，避免随意承诺引发大量变更产生。

（3）控制设计质量，逐步推进设计标准化，减少因设计错漏产生的工程变更。

（4）做好风险评估，减少客户投诉成本。

6.3.2 合同管理要求

（1）推进合约标准化建设，减少因合同边界不清而产生工程变更。

（2）逐步推进招标文件及合同标准化建设，减少因合同缺漏、矛盾而产生工程变更。

（3）推进工程技术标准化建设，使招标文件、合同、图纸、技术要求、工程量清单形成一个相互联系的整体，避免相互矛盾产生工程变更。

（4）采用规范、有效的工程量清单，减少因工程量缺漏、措施项目不清等现象而产生工程变更。

（5）加强签证检查及后评估工作，使签证管理进入良性循环。

6.3.3 工程管理要求

（1）加强合同交底、培训，使参与签证管理的人员熟悉了解合同精神，切实在工程实施过程中围绕合同进行管理。

（2）成本管理必须深入一线，避免出现施工措施费用不清，以及与合同、清单包括内容重叠的签证。

（3）加强责任心教育，以及签证统计分析、检查工作，避免重复签证现象。

（4）加强合同边界管理，以及各单位之间的施工交接工作，避免未按照合同要求完成工作内容而出现事后签证现象。

（5）加强工程质量管理，避免出现因质量问题而发生的返工签证现象。

（6）做好成品保护工作，减少因责任不清产生事后签证现象。

（7）加强签证计划性、预见性，计划好文件审批和流程管理的合理时间，力求避免引起附加损失。

（8）加强工作文件记录，收集有利于我方的证据，记录并及时反映可能引起向我方索赔的信息，并在相应工作阶段完成时向下一工作阶段的"协调人"移交交底，力求减少损失。

（9）做好风险评估，减少客户投诉成本。

（10）应制定合理工期，减少赶工签证。

7. 现场签证管理的考核与评价

（1）巡检检查、评价。集团成本、工程巡检中，对现场签证的收发台账、《现场签证申请单》《现场签证验收单》以及《现场签证计价单》等纸质原件资料，就及时性、合规性进行检查、评价和纠正。

（2）明源系统考核。集团成本部通过明源成本系统，对签证流程的及时率以及工作质量（包括审价合理性、准确率等）进行评价考核，其考核结果计入各项目公司绩效评价。

（3）对承包人履约评价。各项目公司根据承包人在现场签证中的配合情况进行过程履约评价，对于履约情况不合格的承包人，不得参与新项目的投标。

（4）奖罚。集团将依据检查以及工程结算中反映出的违规问题，视具体情况依据有关规定进行奖惩和处理。

8.3.4 严格控制材料、设备价格

做好市场价格的管理工作，掌握价格的变动趋势，特别是大宗材料设备订货，应货比三家，在满足施工的前提下，把握好订货的时机。同样的材料设备，由于产地档次不同，价格相差很远，就是同样品牌的设备由于销售代理级别不同，价格也有差别。要树立成本意识，形成控制成本机制。材料设备费在工程的建筑安装造价中约占70%，有的工程还会更高，因此材料设备费应是建筑安装成本控制中的重点。凡施工企业自行采购的材料，重点是对指导价的材料控制，可以采取限价的手段进行控制。材料限价的原则主要有以下几点。

（1）明确加工订货的责任者是施工单位，业主与监理工程师适当参与，参与的目的是控制材料的采购价格，但不能包办代替。

（2）可以推荐厂家但不指定厂家。

（3）监督材料的质量。

（4）在保证质量的前提下合理限价。

8.3.5 加强竣工结算的管理

凡结算工程必须按设计图纸及合同规定全部完成，要有竣工验收单，如有甩项应在验收单中注明，结算中予以扣除。应做好工程洽商签证及预算增减账的清理，重点做好材料价差及竣工调价的审定工作，审核时应与原招标文件对照，凡系标底内已含项目不能重复出现。要严格按合同及有关协议的规定，合理确定技术措施费、提前工期奖、优质奖等相关费用。认真实行结算复审制度及工程尾款会签制度，确保结算质量。

8.3.5.1 建立明确的工程竣工结算管理办法及流程

房地产开发企业应根据公司的企业性质（国有、国有控股、外资、合资、民营）及具体的管理构架，设立工程竣工结算管理办法及流程，明确赋予工程竣工结算参与人（方）的权利义务，特别注意要明确工程竣工结算办理各阶段的组织牵头部门及工程竣工结算审批流程中最终确认权的归属（表单清晰、责任明确）。

8.3.5.2 工程竣工结算的资料的确认

工程竣工结算资料的真实性、有效性、合法性，将直接影响工程竣工结算数据的准确性，对工程竣工结算中采纳的结算资料的审核是重点审核对象，特别是一些合理但不合法、合法但不合理的工程竣工结算资料是审核争议的焦点。这就要求提供、收集工程竣工结算资料的部门，在工程施工过程中及时完善有关结算资料手续，提供的所有工程竣工结算资料必须真实、有效、合理、合法。

8.3.5.3 加强工程竣工结算中的廉政建设

由于工程竣工结算涉及项目建设所有参与人（业主、总承包单位、分包单位、监理单位、材料供货单位、设备租赁单位、劳务单位、造价咨询单位、审计单位）的经济利益，审核人员将不可避免地要面对众多的诱惑，作为工程竣工结算管理人员，一方面必须首先做到自己廉洁不贪、以身作则，同时加强具体参与人员的职业操守教育；另一方面要做好制度方面的规定，规范有关操作流程，明确有关处罚措施，从制度上约束腐败事件的发生。

8.3.5.4 做好工程结算审核

（1）做好结算审核的前期工作

① 做好结算资料的收集整理，如：施工合同、施工图纸、竣工图纸、会审纪要、设计变更、隐蔽记录、经济签证乃至会议纪要、施工日志等都是工程结算的主要依据。

② 核对施工图纸变动情况和工程内容是否完成等。

③ 落实施工是否有变更，签证手续是否齐全等。

④ 核查施工合同是否内容明确，工期、质量、材料市场价、奖惩规定等是否具体明确。

只有了解上述情况，才能遵循求实公正的原则，既按国家、省、市有关工程价管理的政策、法规等办事，又从实际出发，把施工图纸、施工方法及变更设计有机地结合起来，完整地体现在工程结算书中。

（2）把握好结算审核关键环节。工程结算审核既然是建设工程造价控制中的最后阶段，所以要提高工程结算审核质量。除了认真审核工程量、清单定额套用及费率标准外，尚需认真做好以下几个环节的工作。

① 认真阅读施工合同文件。认真阅读施工合同文件，正确把握合同条款约定，熟悉国家有关的法律、法规及行业有关规定，认真阅读施工合同文件，仔细理解施工合同条款的准确含义，这是提高工程结算审计质量的一个重要步骤。凡施工合同条款中对工程结算方法有约定的，且此约定不违反国家的法律、法规及行业有关规定的，那就应按合同约定的方式进行工程结算。凡施工合同条款中没有约定工程结算方法，事后又没有补充协议或虽有约定，但约定不明确的，则应按建设部与国家的有关规定进行结算。施工合同是由建设方、施工方共同签订，双方的权利、义务均以合同约定为准。若有争议，当以合同为解决争议的依据。

因此，审计人员一定要认真阅读施工合同文件，这样才能在审计工作中善于发现问题，并采取有效的方法予以解决。

② 认真审核材料价格，做好审价调研工作。认真审核材料价格，搞好市场调研，也是提高结算审核质量的一个重要环节。

首先应由施工单位提供建设方认可品牌的材料发票，也可由施工单位提供材料供应商的报价单和材料采购合同，然后根据这些资料有的放矢地进行市场调研，则可提高询价工作效率。但审计人员应该清楚地知道，材料供应商的报价和材料采购合同价与实际采购价会存在一定的差距。在审价实际工作中，应当找出"差距"，按实计算。

③ 认真踏勘施工现场，及时掌握第一手资料。在施工阶段踏勘现场，及时掌握第一手资料，有利于提高工程结算审核质量。随着科技发展的日新月异，目前在工程审价中常常会遇到新的施工工艺和新材料，没有现成可以套用的定额子目，需要审价人员自己测算人工、材料、机械的用量。收集这些新的施工工艺和新材料的基础资料，是做好结算审核工作的前提条件。

（3）结算审核方法。工程结算的审核方法常用的有全面审核法、重点审核法和经验审查法（如图8-4所示），具体可根据时间和委托方的要求而定。

当时间紧、规模大、预（结）算编制质量较好时，一般可采用经验法与重点法相结合的审核方法；若预（结）算编制质量较差，则宜采用全面审核法。

（4）结算审核中的复核方法。复核是审计的主要方法之一，是由审计人员对工程造价文件（工程预算、结算、决算）的主要内容及计算情况进行检查核对，以发现可能出现的差错，提高工程造价的准确性。

（5）结算审核时应注意的问题及要掌握的要领

① 以建设项目施工图为主，审核工程量的计算是否准确。

② 注重实际，审核单位建筑安装工程的直接费是由量和价两个因素相乘求得的，量即工程量，价即按照施工单位投标的每一个计量单位分部、分项工程的单价。

③ 依据标准审核各项费用的取费情况。

④ 根据不同情况，实事求是进行审核工程结算。

方法一 全面审核法

全面审核法是按照施工图要求，结合清单定额分项工程的细目，逐项审核，其优点是全面、细致、质量高、差错比较少，但费时、工作量太大

方法二 重点审核法

重点审核法是抓住工程预算中的重点进行审核，一般选择工程量大或造价较高的项目、补充单价、计取的各项费用作为重点

方法三 经验法

经验法是根据以往的实践经验审查容易出现差错的那部分工程项目

图8-4 结算审核的方法

工程竣工结算管理规定

1. 总则

1.1 为规范竣工结算行为，建立规范性、统一性结算流程，明确竣工结算中各自的职责、权限，确保竣工结算有序开展，特制定本管理办法。

1.2 对已竣工工程或已供应完成的材料、设备等按照合同约定，承包（供应）单位已履行完成合同内的任务且经验收合格后应办理竣工结算的，适用于本办法。

1.3 承包（供应）单位必须按照我司《竣工结算资料目录》及其他要求进行结算资料申报。监理公司、我司工程部、总工办、成本管理部分别对提报结算资料全面审核，并签署《工程（施工类）竣工资料审核意见书》。经我公司相关人员签字认可、盖公章后方可生效。

1.4 工程结算前提是工程竣工验收合格并无任何质量问题或其他纠纷。

1.5 逾期上报的甲方不再接受申报，以甲方出具报告为最后结算结果。

1.6 本办法适用于××房地产开发有限公司所开发建设的项目。

2. 职责

2.1 工程管理部各专业工程师对竣工结算中提供的工程量签证单/确认单的准确性负责。

2.2 总工办对"设计变更单""技术联系单""施工图纸"等作为结算依据的过程资料的准确性负责。

2.3 监理单位提供相关的罚款资料及因其他单位造成工程费用增加的详细资料并资料的准确性负责。

2.4 成本管理部各专业造价人员根据相应的工作职责依据工程管理部签发的资料

（包含上述2.1中的内容）负责竣工结算的编制及与承包（供应）单位进行核对、审核，并对金额的准确性负责。

2.5 成本管理部造价人员应根据结算资料进行校对和审核，复核相关数据。部门经理根据结算内容与数据进行用量指标、经济指标的分析，负责组织部门及相关部门对竣工结算审查及组织编写项目竣工结算总结分析报告。配合风险控制部或公司委托的第三方审计单位进行审计工作，对竣工结算真实性、准确性负责。

3. 结算分类、审查

3.1 竣工结算分类以项目成本预算部目相对应原则，分为前期工程（办理工程开工前的手续费用）、单体建筑安装工程、外网配套工程、景观工程、公共配套工程所涉及装饰装修工程、甲供材料、设备及绿化工程等，每份结算书按要求分类编号，以便分类统计与管理。中前期手续费用、配套施工费用由综合管理部汇总，甲供材料、设备由采购部负责汇总，最后由成本管理部进行综合整理。

3.2 竣工结算应遵循结算内容与合同承包范围、内容相一致原则，在合同承包范围外且与合同内容相关的增项内容已经签订补充协议或工程量签证单的，可列入或归集到同一合同结算内。

3.3 对合同约定的价款或计价计量方式因市场变化等原因进行合同变更或调整的，须签订相应的补充协议或签订"工程量签证单"，变更后补充协议或签订"工程量签证确认单"作为竣工结算的依据，否则结算部门或单位一律不接受事后补签或其他形式的解释、说明，按照合同约定进行结算。

4. 竣工结算前提与资料递交

4.1 凡同一合同单位项下的工程，如有未完工程或未经交工验收的工程，或质量不合格的工程等，均不进行竣工结算。需要返工或修补的工程，必须在返工和修补并经验收合格后方办理竣工结算。

4.2 竣工结算应递交的资料目录、份数及内容要求按相应的规定形式递交，所提交资料至少6份为原件并装订成册，承包（供应）单位递交资料必须齐全，否则后期在核对中所提供涉及增加费用的资料不作为结算依据。

5. 竣工结算工作流程

5.1 工程管理部在符合公司对工程结算要求的前提下，向公司提交《竣工结算申请》，工程总监、工程副总、常务副总、总经理审批同意后，转交成本管理部启动结算工作。

5.2 成本管理部编制《竣工结算计划》，报常务副总、总经理审批同意后，转工程管理部、总工办、材料设备部、综合管理部、财务管理部、风险控制部等相关部门。

5.3 成本管理部按照《竣工结算计划》中的时间安排，向施工单位下发《结算通知书》。

5.4 施工单位按照我公司结算要求及时间安排，准备竣工资料并上报监理公司进行资料审核。监理公司对资料的准确性、齐全性、有效性、真实性、客观性负责，签署《工程（施工类）竣工资料审核意见书》后转入我司工程管理部。

5.5 我公司工程管理部各专业工程师对"工程量签证申请单""工程量签证确认单"

工作联系单等作为结算依据的过程资料的准确性、齐全性、有效性、真实性、客观性负责。专业经理、工程部经理、工程总监签署《工程（施工类）竣工资料审核意见书》后转入我公司总工办。

5.6 我公司总工办各专业工程师对"设计变更单""技术联系单""施工图纸"等技术资料进行审核。专业工程师、技术总监签署《工程（施工类）竣工资料审核意见书》后转入我司成本管理部。

5.7 配套施工工程结算由综合管理部负责结算资料整理和审核，签署《工程（施工类）竣工资料审核意见书》后，经监理公司、我司工程管理部、总工办等相关专业人员及层级领导审核后，转入成本管理部。

5.8 成本管理部接收、校对、审核结算资料的齐全性、真实性、签字手续完整性、合规性等。

5.9 承包人应本着诚实的原则申报结算，不得虚报瞒报，核对时应积极主动地配合发包人或发包人委托的审核人员的工作，以缩短审核时间、提高审核效率。承包人申报的结算值误差率应在8%以内（含8%），即申报的单项工程（按每一合同范围为界）竣工结算值（A）与最终审定确认的结算值（B）的差值（C）与申报竣工结算值（A）8%以内部分为允许的误差率。计算公式：$C/A \leqslant 8\%$，否则承包方须承担如下违约金。

误差率	违约金比例	违约金支付方式
8%～10%	审减值的3%	从结算付款中直接扣减
10%～15%（含15%）	审减值的5%	
15%～20%（20%）	审减值的6%	
20%以上	审减值的7%	

5.10 竣工结算资料齐全后，成本管理部对竣工结算资料进行审核，并开展预决算工作，形成初步审核意见后，编制《竣工结算初审/复审报告书》报风险控制部审核。

5.11 风险控制部在成本管理部初审的基础上，进行本部门内部的二次工程结算审核，也可以根据工程情况委托公司指定的第三方进行结算审核。无论哪方二次审核，都需出具二次审核结算书，即《工程（施工类）竣工资料审核意见书》报常务副总、总经理审阅。

5.12 由本公司内部审核的，成本管理部向施工单位下发《竣工结算核对通知书》，并负责与施工单位核对竣工结算工作；由第三方审核的，风险控制部组织向施工单位下发《竣工结算核对通知书》，第三方单位和风险控制部同时与施工单位核对竣工结算工作。核对过程中，对双方争议事项形成《竣工结算审核争议处理意见书》，争议处理后修改结算书，相关单位盖章确认。

5.13 工程竣工结算完成后，形成最终《竣工结算报告》，当事方单位盖章生效。

6.竣工结算审查期限

6.1 甲供材料、设备供应由采购部进行结算汇总，前期手续及配套工程由综合管理部汇总，财务费由财务部汇总。

6.2 单体建筑安装工程、外网配套工程、景观工程、公共配套工程等竣工结算资料审查合格后根据合同约定或按照国家有关结算要求执行。

6.3 成本管理部在签收申报的全部竣工结算资料（达到竣工结算要求）与结算书之日起算审查期限，审查中存在资料真实性、计量计价等结算依据不充分或偏差等争议事宜，审查人员出具书面审查意见。

7.竣工结算争议处理

7.1 竣工结算争议事项是指工程量计算（测量）、定额套项、综合单价组成与实际施工不一致，合同总价包干内容、设计变更、签证、材料价格等在合同中没有约定或合同约定不清楚及计价计量规则不明确、合同履行过程记录不全或与施工不符等在结算过程中与承包（供应）单位所发生的不同处理意见而引起争议事项。

7.2 成本管理部或第三方审计机构在竣工结算核对过程中，与承包（供应）单位存在争议事项，原则上以第三方审计为准。重大争议事项，专业造价工程师须将争议事项及处理意见形成书面报告，经我公司专题会议研究形成统一意见后执行。

第 9 章
房地产开发产品成本核算

引言

成本核算是房地产企业经营管理的核心内容之一,正确组织地产项目的成本核算并及时将成本分析的信息反馈给企业管理层,可以为企业在不同发展阶段采用不同的成本控制决策提供科学的依据。

9.1 开发产品成本项目的构成

9.1.1 开发产品成本的内容

开发产品成本,是指房地产开发企业在房地产开始经营过程中所耗费的对象化的各项费用。要核算开发产品的成本,首先要弄清开发产品成本的种类和内容。

开发产品成本按其用途,可分为四类,如图9-1所示。

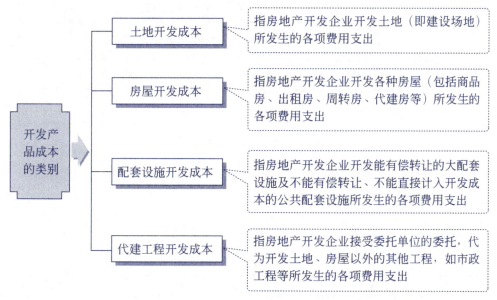

图9-1 开发产品成本的类别

9.1.2 开发产品成本的项目

在会计核算业务上,开发产品成本划分为如图9-2所示六个成本项目。

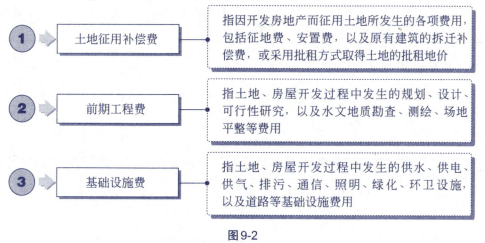

图9-2

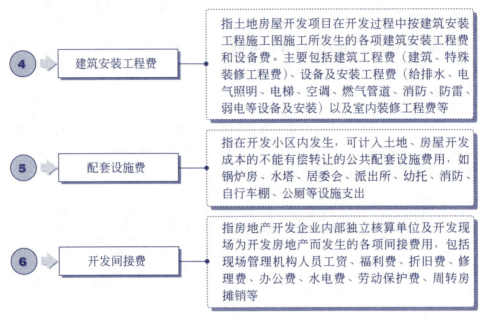

图9-2 开发产品成本的项目

具体的成本核算项目有以下几项。

9.1.2.1 土地获得价款

土地获得价款是指为取得土地开发使用权而发生的各项费用,主要内容如表9-1所示。

表9-1 土地获得价款的项目

序号	项目	说明
1	政府地价及市政配套费	支付的土地出让金、土地开发费,向政府部门交纳的大市政配套费、交纳的契税、土地使用费、耕地占用税,土地变更用途和超面积补交的地价
2	合作款项	补偿合作方地价、合作项目建房转入分给合作方的房屋成本和相应税金等
3	红线外市政设施费	红线外道路、水、电、气、通信等建造费、管线铺设费、接口补偿费
4	拆迁补偿费	有关地上、地下建筑物或附着物的拆迁补偿净支出,安置及动迁支出,农作物补偿费,危房补偿费等

9.1.2.2 开发前期准备费

指在取得土地开发权之后、项目开发前期的水文地质勘察、测绘、规划、设计、可行性研究、筹建、"三通一平"等前期费用,如表9-2所示。

表9-2 开发前期准备费

序号	项目	说明
1	勘察设计费	(1)勘测丈量费。包括初勘、详勘等。主要有:水文、地质、文物和地基勘察费,沉降观测费、日照测试费、拨地钉桩验线费、复线费、定线费、施工放线费、建筑面积丈量费等

续表

序号	项目	说明
1	勘察设计费	（2）规划设计费。规划费：方案招标费、规划设计模型制作费、方案评审费、效果图设计费、总体规划设计费 设计费：施工图设计费、修改设计费、环境景观设计费等 其他：可行性研究费，制图、晒图、赶图费，样品制作费等 （3）建筑研究用房费。包括材料及施工费
2	报批报建增容费	（1）报批报建。包括安检费、质检费、标底编制费、交易中心手续费、人防报建费、消防配套设施费、散装水泥集资费、白蚁防治费、墙改基金、建筑面积丈量费、路口开设费等、规划管理费、新材料基金（或墙改专项基金）、教师住宅基金（或中小学教师住宅补贴费）、拆迁管理费、招投标管理费等 项目整体性报批报建费：项目报建时按规定向政府有关部门交纳的报批费 （2）增容费。包括水、电、煤气增容费
3	"三通一平"费	（1）临时道路。接通红线外施工用临时道路的设计、建造费用 （2）临时用电。接通红线外施工用临时用电规划设计费、临时管线铺设、改造、迁移、临时变压器安装及拆除费用 （3）临时用水。接通红线外施工用临时给排水设施的设计、建造、管线铺设、改造、迁移等费用 （4）场地平整。基础开挖前的场地平整、场地清运、旧房拆除等费用
4	临时设施费	（1）临时围墙。包括围墙、围栏设计、建造、装饰费用 （2）临时办公室。租金、建造及装饰费用 （3）临时场地占用费。含施工用临时占道费、临时借用空地租费 （4）临时围板。包括设计、建造、装饰费用

9.1.2.3 主体建筑工程费

主体建筑工程费是指项目开发过程中发生的主体内列入土建预算内的各项费用。主要包括表9-3所列费用。

表9-3 主体建筑工程费

序号	项目	说明
1	基础造价	包括土石方、桩基、护壁（坡）工程费，基础处理费、桩基咨询及检测费
2	结构及粗装修造价	主要包括混凝土框架（含独立柱基和条基等浅基础）、砌体、找平及抹灰、防水、垂直运输、脚手架、超高补贴、散水、沉降缝、伸缩缝、底层花园砌体（高层建筑的裙楼有架空层，原则上架空层结构列入裙楼、有转换层结构并入塔楼）
3	门窗工程	主要包括单元门、入户门、户内门、外墙门窗、防火门的费用
4	公共部位精装修费	主要包括大堂、电梯厅、楼梯间、屋面、外立面及雨篷的精装修费用
5	户内精装修费	主要包括厨房、卫生间、厅房、阳台、露台的精装修费用

续表

序号	项目	说明
6	主体安装工程费	**室内水暖气电管线设备费** （1）室内给排水系统费（自来水/排水/直饮水/热水） （2）室内采暖系统费（地板热/电热膜/分户燃气炉/管道系统/暖气片） （3）室内燃气系统费 （4）室内电气工程费。包括楼栋及单元配电箱、电表箱、户配电箱、管线敷设、灯具、开关插座、含弱电工程管盒预埋
		室内设备及其安装费 （1）通风空调系统费。包括空调设备及安装费用、空调管道、通风系统费用 （2）电梯及其安装费 （3）发电机及其安装费。包括发电机供货、安装、机房降噪费 （4）消防系统费。包括水消防、电消防、气体灭火、防排烟工程费 （5）人防设备及安装费。包括密闭门、气体过滤装置等
		弱电系统费 （1）居家防盗系统费用。包括阳台及室内红外探测防盗、门磁、紧急按钮等 （2）对讲系统费用。包括可视及非可视对讲系统费用 （3）三表远传系统费用。包括水、电、气远程抄表系统费 （4）有线电视费用。包括有线电视、卫星电视主体内外布线及终端插座费用 （5）电话系统费用。包括主体内外布线及终端插座费用 （6）宽带网。包括主体内外布线及终端插座费用

9.1.2.4 社区管网工程费

（1）室外给排水系统费。包括室外给水系统费，主要包括小区内给水管道、检查井、水泵房设备及外接的消火栓等费用；雨污水系统费用。

（2）室外采暖系统费。主要包括管道系统、热交换站、锅炉房费用。

（3）室外燃气系统费。主要包括管道系统、调压站。

（4）室外电气及高低压设备费

① 高低压配电设备及安装。包括红线到配电房的高压线、高压柜、变压器、低压柜及箱式变压设备费用。

② 室外强电管道及电缆敷设。室外强电总平线路部分费用。

③ 室外弱电管道埋设。包括用于电视、电话、宽带网、智能化布线的管道预埋、检查井等费用。

（5）室外智能化系统费

① 停车管理系统费用。包括露天停车场管理系统、地下室或架空层停车场管理系统的费用。

② 小区闭路监控系统费用。包括摄像头、显示屏及电气系统安装等费用。

③ 周界红外防越系统费用。红外对扫等。

④ 小区门禁系统费用。
⑤ 电子巡更系统费用。
⑥ 电子公告屏费用。

9.1.2.5 园林环境工程费

园林环境工程费是指项目所发生的园林环境造价,主要包括以下几方面。

(1) 绿化建设费。包括公共绿化、组团宅间绿化、一楼私家花园、小区周边绿化支出。
(2) 建筑小品。雕塑、水景、环廊、假山等。
(3) 道路、广场建造费。道路广场铺设、开设路口工程及补偿费等。
(4) 围墙建造费。包括永久性围墙、围栏及大门。
(5) 室外照明。室外照明电气工程,如路灯、草坪灯。
(6) 室外背景音乐。
(7) 室外零星设施。儿童游乐设施、各种指示牌、标识牌、示意图、垃圾桶、座椅、阳伞等。

9.1.2.6 配套设施费

配套设施费是指房屋开发过程中,根据有关法规,产权及收益权不属于开发商,开发商不能有偿转让也不能转作自留固定资产的公共配套设施支出。主要包括如图9-3所示几类。

类别一	在开发小区内发生的不会产生经营收入的不可经营性公共配套设施支出,包括居委会、派出所、岗亭、儿童乐园、自行车棚等
类别二	在开发小区内发生的根据法规或经营惯例,其经营收入归于经营者或业委会的可经营性公共配套设施的支出,如建造幼托、邮局、图书馆、阅览室、健身房、游泳池、球场等设施的支出
类别三	开发小区内城市规划中规定的大配套设施项目不能有偿转让和取得经营收益权时,发生的没有投资来源的费用
类别四	对于产权、收入归属情况较为复杂的地下室、车位等设施,应根据当地政府法规、开发商的销售承诺等具体情况确定是否摊入本成本项目。如开发商通过补交地价或人防工程费等措施,得到政府部门认可,取得了该配套设施的产权,则应作为经营性项目独立核算

图9-3 配套设施费的类别

该成本项目下按各项配套设施设立明细科目进行核算,如下所列。

(1) 游泳池。土建、设备、设施。
(2) 业主会所。设计、装修费、资产购置、单体会所结构。
(3) 幼儿园。建造成本及配套资产购置。
(4) 学校。建造成本及配套资产购置。
(5) 球场。

（6）设备用房。配电房、水泵房土建及装修费。

（7）车站建造费。土建、设备、各项设施。

9.1.2.7 开发间接费

开发间接费核算指与项目开发直接相关，但不能明确属于特定开发环节的成本费用性支出，以及项目营销设施建造费，如表9-4所示。

表9-4 开发间接费

序号	项目	说明
1	工程管理费	（1）工程监理费。支付给聘请的项目或工程监理单位的费用 （2）预结算编审费。支付给造价咨询公司的预结算的编制、审核费用 （3）行政管理费。直接从事项目开发部门的人员工资、奖金、补贴等人工费以及直接从事项目开发部门的行政费 （4）施工合同外奖金。赶工奖、进度奖 （5）工程质量监督费。建设主管部门的质监费 （6）安全监督费。建设主管部门的安监费 （7）工程保险费
2	营销设施建造费	（1）广告设施及发布费。车站广告、路牌广告 （2）销售环境改造费。会所，推出销售楼盘（含示范单位）周围等销售区域销售期间的现场设计、工程、装饰费，临时销售通道的设计、工程、装饰等费用 （3）售楼处装修、装饰费。设计、工程、装饰等 （4）样板间。包括样板间设计、装修、家具、饰品以及保洁、保安、维修费。主体外搭设的样板间还包括建造费用，主体内样板间销售后回收的设计、装修、家具、家私等费用，在主营业务收入中单列或单独记录，考核时从总费用中扣除 （5）其他
3	资本化借款费用	包括直接用于项目开发所借入资金的利息支出、折价或溢价摊销和辅助费用，以及因外币借款而发生汇兑差额。因借款而发生的辅助费用包括手续费等
4	物业管理完善费	包括按规定应由开发商承担的由物业管理公司代管的物业管理基金、公建维修基金或其他专项基金以及小区入住前投入的物业管理费用

9.2 发包开发工程的核算

9.2.1 发包工程项目的内容

房地产开发企业的基础设施和建筑安装等工程的施工，如不采用自营方式，可以采用发包方式。

开发企业要根据工程承包合同条件的规定，同承包工程的施工企业签订工程承包合同。开发企业应将承包合同副本送开户银行作为结算工程价款的依据。

9.2.2 发包工程价款结算的方式

开发企业与施工企业在工程承包合同中规定的工程价款的结算,应根据国家有关工程价款结算办法,结合当地的有关规定具体确定。从目前各个地区所采用的工程价款结算方式来看,归纳起来,发包工程的价款结算方式主要有图9-4所示三种。

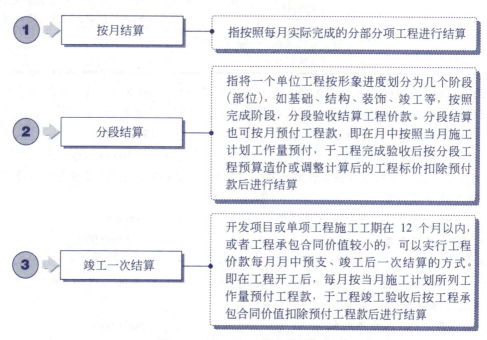

图9-4 发包工程价款结算的方式

不论采用何种结算办法,施工期间结算的工程价款一般都不得超过承包工程合同价值的95%。结算双方可以在5%的幅度内协商确认尾款比例,并在工程承包合同中标明。尾款应专户存入银行,待工程竣工验收后清算。但如承包施工企业已向开发企业出具履约保函或有其他保证的,可以不留工程尾款。

9.2.3 发包开发工程的核算

在会计业务核算中,开发企业与施工企业有关发包工程款和预付备料款、工程款的核算,应在"应付账款——应付工程款""预付账款——预付承包单位款"两个账户进行。

发包开发工程的核算要求如表9-5所示。

表9-5 发包开发工程的核算要求

业务	会计分录
开发企业按照规定预付给承包施工企业的备料款和工程款	借:预付账款——预付承包单位款 贷:银行存款
按照工程价款结算账单应付给承包施工企业的工程款	借:开发成本——房屋开发成本 贷:应付账款——应付工程款

续表

业务		会计分录
按照工程价款结算账单应付给承包施工企业的工程款	有扣除应付工程款的预付备料款和预付工程款时	借：开发成本——房屋开发成本 贷：预付账款——预付承包单位款（扣回的预付备料款和预付工程款） 贷：应付账款——应付工程款（减去扣回预付备料款和预付工程款后应付账款）
支付工程款时		借：应付账款——应付工程款 贷：银行存款

ABC房地产公司的××大厦发包工程年度合同总值为6 000万元。按照合同规定，开工前应付预付备料款1 500万元，在用银行存款支付时，应做会计分录如下。

  借：预付账款——预付承包单位款   15 000 000
   贷：银行存款   15 000 000

9月份根据施工企业当月施工计划所列工作量的1/2即350万元，用银行存款预付工程款时，应做会计分录如下。

  借：预付账款——预付承包单位款   3 500 000
   贷：银行存款   3 500 000

10月初根据施工企业提出9月份工程价款结算账单中的已完工程价值为750万元，减去应扣回预付备料款180万元。月中预付工程款350万元，尚应支付工程款220万元（750万元–180万元–350万元），应做会计分录如下。

  借：开发成本或生产成本   7 500 000
   贷：预付账款——预付承包单位款   5 300 000
     应付账款——应付工程款   2 200 000

用银行存款支付应付工程款时，应做会计分录如下。

  借：应付账款——应付工程款   2 200 000
   贷：银行存款   2 200 000

9.3 开发间接费用的核算

9.3.1 开发间接费用的构成

  开发间接费用，是指房地产开发企业内部独立核算单位在开发现场组织管理开发产品而发生的各项费用。这些费用也属于直接为房地产开发而发生的费用，但不能确定其为某项开发产品所应负担的费用，因而无法将它直接计入各项开发产品成本。为了简化核算手续，将它先记入"开发间接费用"账户，然后按照适当分配标准，将它分配计入各项开发产品成本。

  开发间接费用主要有图9-5所示列支项目。

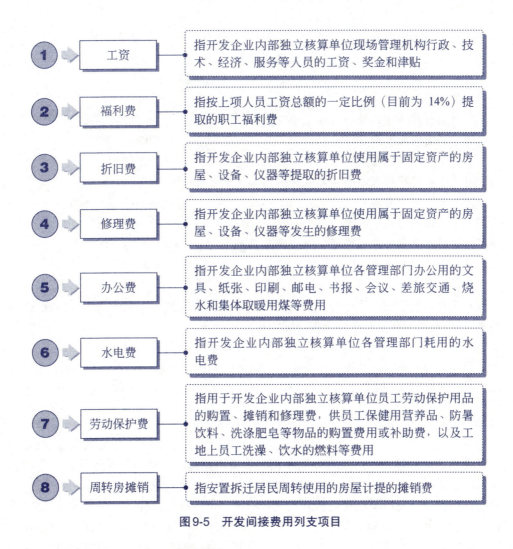

图9-5 开发间接费用列支项目

9.3.2 开发间接费用的归集与分配

9.3.2.1 开发间接费用的归集

开发间接费用应在"开发间接费用"账户进行归集。

企业核算所属各内部独立核算单位发生的各项开发间接费用时,应做如下会计分录。

借:开发间接费用
　　贷:应付工资、应付福利费、累计折旧、递延资产、
　　　　长期待摊费用、银行存款、周转房——周转房摊销

某开发公司××大厦施工现场本月发生以下经济业务。

(1)将本月已发放工资16 000元,结转开发间接费用。

　　借:开发间接费用　　　　　　　　　　　　　　　　16 000
　　　　贷:应付工资　　　　　　　　　　　　　　　　　　16 000

(2)根据发放工资总额计提员工福利费,计提比例为14%。

　　借:开发间接费用　　　　　　　　　　　　　　　　2240

　　　　　贷：应付福利费　　　　　　　　　　　　　　　2240
（3）本月计提固定资产折旧费，做会计分录如下。
　　　　　借：开发间接费用　　　　　　　　　　　　　　20 000
　　　　　贷：累计折旧　　　　　　　　　　　　　　　　　　　20 000
（4）摊销周转房费用，做会计分录如下。
　　　　　借：开发间接费用　　　　　　　　　　　　　　21 000
　　　　　贷：长期待摊费用　　　　　　　　　　　　　　　　　21 000
（5）通过支票转账购置办公用品及劳保用品，做会计分录如下：
　　　　　借：开发间接费用　　　　　　　　　　　　　　16 460
　　　　　贷：银行存款　　　　　　　　　　　　　　　　　　　16 460
（6）摊销固定资产大修理费用，做会计分录如下。
　　　　　借：开发间接费用　　　　　　　　　　　　　　7 000
　　　　　贷：长期待摊费用　　　　　　　　　　　　　　　　　7 000

　　开发间接费用的明细分类核算，一般要按所属内部独立核算单位设置"开发间接费用明细分类账"，将发生的开发间接费用按明细项目分栏登记。

　　如果开发企业不设置现场管理机构而由企业（即公司本部）定期或不定期地派人到开发现场组织开发活动，那么，其所发生的费用，除周转房摊销外，可计入企业的管理费用。

9.3.2.2　开发间接费用的分配

　　每月终了，应对开发间接费用进行分配，按实际发生数计入有关开发产品的成本。开发间接费用的分配方法，企业可根据自身开发经营的特点自行确定。不论土地开发、房屋开发、配套设施还是代建工程，均应分配开发间接费用。为了简化核算手续并防止重复分配，对应计入房屋等开发成本的自用土地和不能有偿转让的配套设施的开发成本，均不分配开发间接费用。这部分开发产品应负担的开发间接费用，可直接分配计入有关房屋开发成本。也就是说，企业内部独立核算单位发生的开发间接费用，可仅对有关开发房屋、商品性土地、能有偿转让配套设施及代建工程进行分配。开发间接费用的分配标准，可按月份内各项开发产品实际发生的直接成本（包括土地征用及拆迁补偿费或批租地价、前期工程费、基础设施费、建筑安装工程费、配套设施费）进行，即：

　　某项开发产品成本分配的开发间接费＝月份内该项开发产品实际发生的直接成本×（本月实际发生的开发间接费用÷应分配开发间接费用的各开发产品实际发生的直接成本总额）

　　ABC房地产公司某内部独立核算单位在2018年5月共发生了开发间接费用83 200元，应分配开发间接费用的各开发产品实际发生的直接成本如下。

开发产品编号名称	直接成本
101 商品房	100 000
102 商品房	240 000
151 出租房	150 000
181 周转房	140 000
201 大配套设施——商店	160 000
301 商品性土地	250 000
合计	1040 000

根据上列公式,即可为各开发产品算得5月应分配的开发间接费。

101商品房:100 000×(83 200÷1 040 000)=100 000×(83 200÷1 040 000)=8 000(元)
102商品房:240 000×(83 200÷1 040 000)=19 200(元)
151出租房:150 000×(83 200÷1 040 000)=12 000(元)
181周转房:140 000×(83 200÷1 040 000)=11 200(元)
201大配套设施:160 000×(83 200÷1 040 000)=12 800(元)
301商品性土地:250 000×(83 200÷1 040 000)=20 000(元)

根据上面计算,就可编制如下开发间接费用分配表。

开发间接费用分配表

2018年5月　　　　　　　　　　　　　　　　　　　单位:元

开发项目编号名称	直接成本	分配开发间接费
101商品房	100 000	8 000
102商品房	240 000	19 200
151出租房	150 000	12 000
181周转房	140 000	11 200
201大配套设施	160 000	12 800
301商品性土地	250 000	20 000
合计	1 040 000	83 200

根据开发间接费用分配表,可将各开发产品成本分配的开发间接费记入各开发产品成本核算对象的"开发间接费用"成本项目,并将它记入"开发成本"二级账户的借方和"开发间接费用"账户的贷方,做如下会计分录。

借:开发成本——房屋开发成本　　　　　　　50 400
　　　　——配套设施开发成本　　　　　　12 800
　　　　——商品性土地开发成本　　　　　20 000
　贷:开发间接费用　　　　　　　　　　　　83 200

9.4　土地开发成本的核算

9.4.1　土地开发支出划分和归集的原则

9.4.1.1　土地开发支出划分

房地产开发企业开发的土地,按其用途可将其分为图9-6所示两种。

9.4.1.2　土地开发支出归集的原则

现行会计制度中设置的"开发成本——土地开发成本"账户,它的核算内容,与企业发生的土地开发支出并不完全对口,原则上仅限于企业开发各种商品性土地所发生的支出。

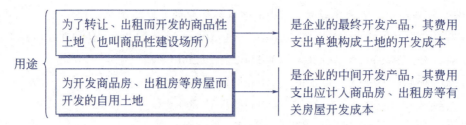

图9-6 房地产开发企业开发的土地类型

企业为开发商品房、出租房等房屋而开发的土地,其费用能分清负担对象的,应直接计入有关房屋开发成本,在"开发成本——房屋开发成本"账户进行核算。土地开发支出归集的原则如图9-7所示。

| 类别一 | 企业开发的自用土地,分不清负担对象 |

应由两个或两个以上成本核算对象负担的,其费用可先通过"开发成本——土地开发成本"账户进行归集,待土地开发完成投入使用时,再按一定的标准(如房屋占地面积或房屋建筑面积等)将其分配计入有关房屋开发成本

| 类别二 | 企业开发商品房、出租房用的土地属于企业开发商品性土地的一部分 |

应将整块土地作为一个成本核算对象,在"开发成本——土地开发成本"账户中归集其发生的全部开发支出,计算其总成本和单位成本,并于土地开发完成时,将成本结转到"开发产品"账户。待使用土地时,再将使用土地所应负担的开发成本,从"开发产品"账户转入"开发成本——房屋开发成本"账户,计入商品房、出租房等房屋的开发成本

图9-7 土地开发支出归集的原则

9.4.2 土地开发成本核算对象的确定和成本项目的设置

9.4.2.1 土地开发成本核算对象的确定

为了既有利于土地开发支出的归集,又有利于土地开发成本的结转,对需要单独核算土地开发成本的开发项目,可按图9-8所示原则确定土地开发成本的核算对象。

成本核算对象应在开工之前确定,一经确定就不能随意改变,更不能相互混淆。

图9-8 土地开发成本核算对象的确定原则

9.4.2.2 土地开发成本项目的设置

企业开发的土地,因其设计要求不同,开发的层次、程度和内容都不相同,有的只是进行场地的清理平整,如原有建筑物、障碍物的拆除和土地的平整;有的除了场地平整外,还

要进行地下各种管线的铺设、地面道路的建设等。因此，就各个具体的土地开发项目来说，它们的开发支出内容是不完全相同的。企业要根据所开发土地的具体情况和会计制度规定的成本项目设置土地开发项目的成本项目。对于会计制度规定的、企业没有发生支出内容的成本项目，如建筑安装工程费、配套设施费，可不必设置。

根据土地开发支出的一般情况，企业对土地开发成本的核算，可设置如图9-9所示的几个成本项目。

设置一 土地征用及拆迁补偿费或土地批租费是指按照城市建设总体规划进行土地开发所发生的土地征用费、耕地占用税、劳动力安置费，及有关地上地下物拆迁补偿费等，但对拆迁旧建筑物回收的残值应估计入账并冲减有关成本。开发土地如通过批租方式取得的，应列入批租地价

设置二 前期工程费是指土地开发项目前期工程发生的费用，包括规划、设计费，项目可行性研究费，水文地质勘查、测绘费，场地平整费等

设置三 基础设施费是指土地开发过程中发生的各种基础设施费，包括道路、供水、供电、供气、排污、排洪、通信等设施费用

设置四 开发间接费是指应由商品性土地开发成本负担的开发间接费用

图9-9 土地开发成本项目的设置

土地开发项目如要负担不能有偿转让的配套设施费，还应设置"配套设施费"成本项目，用以核算应计入土地开发成本的配套设施费。

9.4.3 土地开发成本的核算

企业在土地开发成本过程中发生的各项支出，除可将直接计入房屋开发成本的自用土地开发支出在"开发成本——房屋开发成本"账户核算外，其他土地开发支出均应通过"开发成本——土地开发成本"账户进行核算。为了分清转让、出租用土地开发成本和不能确定负担对象自用土地开发成本，对土地开发成本应按土地开发项目的类别，分别设置"商品性土地开发成本"和"自用土地开发成本"两个二级账户，并按成本核算对象和成本项目设置明细分类账。

土地开发成本的核算要求如图9-10所示。

对发生的土地征用及拆迁补偿费、前期工程费、基础设施费等土地开发支出，可直接记入各土地开发成本明细分类账 借：开发成本——商品性土地开发成本
　　　开发成本——自用土地开发成本
　贷：银行存款
　　　应付账款——应付工程款

发生的开发间接费用，应先在"开发间接费用"账户进行核算，于月份终了再按一定标准，分配计入有关开发成本核算对象 借：开发成本——商品性土地开发成本
　贷：开发间接费用

图9-10 土地开发成本的核算要求

ABC房地产公司在2018年4月，共发生了下列有关土地开发支出。

	301 商品性土地	351 自用土地
支付征地拆迁费	156 000元	144 000元
支付承包设计单位前期工程款	40 000元	36 000元
应付承包施工单位基础设施款	50 000元	36 000元
分配开发间接费	20 000元	
合计	266 000元	216 000元

（1）用银行存款支付征地拆迁费时，做会计分录如下。

  借：开发成本——商品性土地开发成本 156 000
    开发成本——自用土地开发成本 144 000
    贷：银行存款 300 000

（2）用银行存款支付设计单位前期工程款时，做会计分录如下。

  借：开发成本——商品性土地开发成本 40 000
    开发成本——自用土地开发成本 36 000
    贷：银行存款 76 000

（3）将应付施工企业基础设施工程款入账时，做会计分录如下。

  借：开发成本——商品性土地开发成本 50 000
    开发成本——自用土地开发成本 36 000
    贷：应付账款——应付工程款 86 000

（4）分配应计入商品性土地开发成本的开发间接费用时，做会计分录如下。

  借：开发成本——商品性土地开发成本 20 000
    贷：开发间接费用 20 000

同时，应将各项土地开发支出分别记入商品性土地开发成本、自用土地开发成本明细分类账。现列示土地开发成本明细分类账如下。

土地开发成本明细分类账

项目编号名称：301商品性土地   单位：元

2017年	凭证号数	摘要	借方金额	贷方金额	借方余额	明细科目借方发生额			
						土地征用及拆迁补偿费	前期工程费	基础设施费	开发间接费
		本年累计			1 738 000				170 000
4月30日		支付征地拆迁费	156 000		1 894 000	1 018 000	220 000	330 000	
		支付前期工程费	40 000		1 934 000	156 000			
		支付基础设施工程款	50 000		1 984 000		40 000	50 000	
		分配开发间接费	20 000		2 004 000				20 000

9.4.4　已完土地开发成本的结转

已完土地开发成本的结转，应根据已完成开发土地的用途，采用不同的成本结转方法。

（1）为转让、出租而开发的商品性土地，在开发完成并经验收后，应将其实际成本自"开发成本——商品性土地开发成本"账户的贷方转入"开发产品——土地"账户的借方。

假如上例开发企业商品性土地经开发完成并验收，加上以前月份开发支出共 2 004 000 元，做会计分录如下。

借：开发产品——土地　　　　　　　　　　　　　2 004 000
　　贷：开发成本——商品性土地开发成本　　　　　　　2 004 000

（2）为本企业房屋开发用的土地，应于土地开发完成并投入使用时，将土地开发的实际成本结转计入有关房屋的开发成本。

借：开发成本——房屋开发成本
　　贷：开发成本——自用土地开发成本

结转计入房屋开发成本的土地开发支出，可采用分项平行结转法或归类集中结转法。

分项平行结转法是指将土地开发支出的各项费用按成本项目分别平行转入有关房屋开发成本的对应成本项目。

归类集中结转法是指将土地开发支出归类合并为"土地征用及拆迁补偿费或批租地价"和"基础设施费"两个费用项目，然后转入有关房屋开发成本的"土地征用及拆迁补偿费或批租地价"和"基础设施费"成本项目。凡与土地征用及拆迁补偿费或批租地价有关的费用，均转入有关房屋开发成本的"土地征用及拆迁补偿费或批租地价"项目；对其他土地开发支出，包括前期工程费、基础设施费等，则合并转入有关房屋开发成本的"基础设施费"项目。经结转的自用土地开发支出，应将它自"开发成本——自用土地开发成本"账户的贷方转入"开发成本——房屋开发成本"账户的借方。

假如上例开发企业自用土地在开发完成后，加上以前月份开发支出 1 080 000 元，共计 1 296 000 元。这块土地用于建造 151 出租房和 181 周转房，其中 151 出租房用地 3 000 平方米，181 周转房用地 2 400 平方米，则单方自用土地开发成本为 240 元/平方米〔1 296 000÷（3 000＋2 400）〕，应结转 151 出租房开发成本的土地开发支出为 720 000 元（240×3 000），结转 181 周转房开发成本的土地开发支出为 576 000 元（240×2 400），在总分类核算上应做如下会计分录入账。

借：开发成本——房屋开发成本——181 项目　　　　720 000
　　开发成本——房屋开发成本——151 项目　　　　576 000
　　贷：开发成本——自用土地开发成本　　　　　　　1 296 000

（3）如果自用土地开发完成后，还不能确定房屋和配套设施等项目的用地，则应先将其成本结转"开发产品——自用土地"账户的借方，于自用土地投入使用时，再从"开发产品——自用土地"账户的贷方，将其开发成本转入"开发成本——房屋开发成本"等账户的借方。

借：开发产品——自用土地
　　贷：开发成本——土地开发成本
借：开发成本——房屋开发成本
　　贷：开发产品——自用土地

9.5 配套设施开发成本的核算

9.5.1 配套设施的种类及其支出的归集原则

9.5.1.1 配套设施的种类

房地产开发企业开发的配套设施，可以分为如下两类，如图9-11所示。

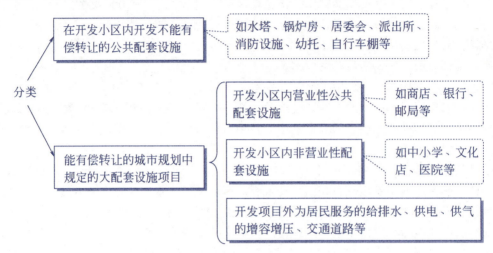

图9-11 配套设施的分类

城市建设规划中规定的大型配套设施，如果没有投资来源，不能有偿转让，也将它归入第一类中，计入房屋开发成本。

9.5.1.2 配套设施支出的归集原则

按照现行财务制度规定，城市建设规划中的大型配套设施项目不得计入商品房成本，因为国家对其投入国有资本。

为了正确核算和反映企业开发建设中各种配套设施所发生的支出，并准确地计算房屋开发成本和各种大型配套设施的开发成本，对配套设施支出的归集做出如图9-12所示原则要求。

原则一 对能分清并直接计入某个成本核算对象的第一类配套设施支出，可直接计入有关房屋等开发成本，并在"开发成本——房屋开发成本"账户中归集其发生的支出

原则二 对不能直接计入有关房屋开发成本的第一类配套设施支出，应先在"开发成本——配套设施开发成本"账户进行归集，于开发完后再按一定标准分配，计入有关房屋等开发成本

原则三 对能有偿转让的第二类大型配套设施支出，应在"开发成本——配套设施开发成本"账户进行归集

图9-12 配套设施支出的归集原则

9.5.2 配套设施成本项目的确定与设置

9.5.2.1 配套设施的开发成本项目

对配套设施的开发成本应设置如图9-13所示六个成本项目。

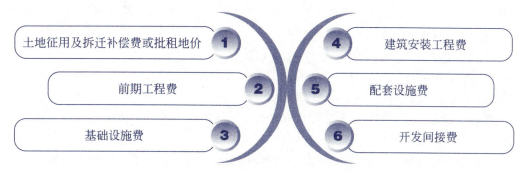

图9-13 配套设施的开发成本项目

其中配套设施费项目用以核算分配的其他配套设施费。因为要使这些设施投入运转,有的也需要其他配套设施为其提供服务,所以理应分配为其提供服务的有关设施的开发成本。

9.5.2.2 不能有偿转让、不能直接计入各成本核算对象的各项公共配套设施

(1) 如果工程规模较大,可以以各配套设施作为成本核算对象。

(2) 如果工程规模不大、与其他项目建设地点较近、开竣工时间相差不多,并由同一施工单位施工的,也可以考虑将它们合并作为一个成本核算对象,于工程完工算出开发总成本后,按照各项目的预算成本或计划成本的比例,算出各配套设施的开发成本,再按一定标准,将各配套设施开发成本分配计入有关房屋等开发成本。

至于这些配套设施的开发成本,在核算时一般可仅设置如图9-14所示四个成本项目。

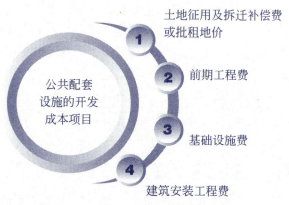

图9-14 公共配套设施的开发成本项目

由于这些配套设施的支出需由房屋等开发成本负担,为简化核算手续,对这些配套设施,可不再分配其他配套设施支出。它本身应负担的开发间接费用,也可直接分配计入有关房屋开发成本。因此,对这些配套设施,在核算时也就不必设置配套设施费和开发间接费两个成本项目。

9.5.3 配套设施开发成本的核算

企业发生的各项配套设施支出,应在"开发成本——配套设施开发成本"账户进行核算,并按成本核算对象和成本项目进行明细分类核算。

(1) 已发生的土地征用及拆迁补偿费或批租地价、前期工程费、基础设施费、建筑安装工程费等支出,可直接记入配套设施开发成本明细分类账的相应成本项目,做如下会计分录。

借:开发成本——配套设施开发成本
　　贷:银行存款、应付账款——应付工程款

(2) 对能有偿转让大配套设施分配的其他配套设施支出,应记入各大配套设施开发成本明细分类账的"配套设施费"项目,做如下会计分录。

借:开发成本——配套设施开发成本——××(如商店、银行等)
　　贷:开发成本——配套设施开发成本——××(如水塔、锅炉房等)

(3) 对能有偿转让大配套设施分配的开发间接费用,应记入各配套设施开发成本明细分类账的"开发间接费用"项目,做如下会计分录。

借:开发成本——配套设施开发成本
　　贷:开发间接费用

(4) 对配套设施与房屋等开发产品不同步开发,或房屋开发完成等待出售或出租,而配套设施尚未全部完成的项目,经批准后可按配套设施的预算成本或计划成本,预提配套设施费,将它记入房屋开发成本明细分类账的"配套设施费"项目,做如下会计分录。

借:开发成本——房屋开发成本
　　贷:预提费用——配套设施费

一个小区的开发,时间较长,因此开发企业在开发进度安排上,有时先建房屋,后建配套设施。这样一来,往往出现房屋已经建成而有的配套设施可能尚未完成,或者商品房已经销售,而幼托、消防设施等尚未完工的情况。这种房屋开发与配套设施建设的时间差,使得那些已具备使用条件并已出售的房屋应负担的配套设施费,无法按配套设施的实际开发成本进行结转和分配,只能以未完成配套设施的预算成本或计划成本为基数,计算出已出售房屋应负担的数额,用预提方式计入出售房屋等的开发成本。开发产品预提的配套设施费,一般可按以下公式进行计算。

$$\text{某项开发产品预提的配套设施费} = \text{该项开发产品预算成本或计划成本} \times \text{配套设施费预提率}$$

$$\text{配套设施费预提率} = \frac{\text{该配套设施的预算成本(或计划成本)}}{\text{应负担该配套设施费各开发产品的预算成本(或计划成本)合计}} \times 100\%$$

公式中"应负担该配套设施费各开发产品"一般应包括开发房屋、能有偿转让在开发小区内开发的大配套设施。

某开发小区内幼托设施开发成本应由101商品房、102商品房、151出租房、181周转房和201大配套设施商店负担。由于幼儿园设施在商品房等完工出售、出租时尚未完工,为了及时结转完工的商品房等成本,应先将幼儿园设施的配套设施费预提计入商品房等的开发成本。假定各项开发产品和幼托设施的预算成本如下。

101商品房	2 000 000元
102商品房	1 800 000元
151出租房	1 600 000元
181周转房	1 600 000元
201大配套设施——商店	1 000 000元
251幼托设施	640 000元

则：幼儿园设施的配套设施费预提率
=640 000÷（2 000 000+1 800 000+1 600 000+1 600 000+1 000 000）×100%
=640 000÷8 000 000×100%=8%

各项开发产品预提幼托设施的配套设施费为：

101商品房	2 000 000×8%=160 000（元）
102商品房	1 800 000×8%=144 000（元）
151出租房	1 600 000×8%=128 000（元）
181周转房	1 600 000×8%=128 000（元）
201大配套设施——商店	1 000 000×8%=80 000（元）

按预提率计算各项开发产品的配套设施费时，其与实际支出的差额，应在配套设施完工时，按预提数的比例，调整增加或减少有关开发产品的成本。

现举例说明配套设施开发成本的核算。

ABC房地产公司根据建设规划要求，在开发小区内负责建设一间超级市场、一座水塔和一所幼儿园。上述设施均发包给施工企业施工，其中商店建成后，有偿转让给商业部门。水塔和幼儿园的开发支出按规定计入有关开发产品的成本。水塔与商品房同步开发，幼儿园与商品房不同步开发，其支出经批准采用预提办法。上述各配套设施共发生了下列有关支出（单位：元）：

	201超市	251水塔	252幼儿园
支付征地拆迁费	100 000	10 000	100 000
支付承包设计单位前期工程款	60 000	40 000	60 000
应付承包施工企业基础设施工程款	100 000	60 000	100 000
应付承包施工企业建筑安装工程款	400 000	490 000	380 000
分配水塔配套设施费	70 000		
分配开发间接费用	110 000		
预提幼儿园配套设施费	80 000		
合　计	920 000	600 000	640 000

（1）用银行存款支付征地拆迁费时，做如下会计分录。

　　借：开发成本——配套设施开发成本　　210 000
　　　　贷：银行存款　　　　　　　　　　　　　　210 000

（2）用银行存款支付设计单位前期工程款时，做如下会计分录。

　　借：开发成本——配套设施开发成本　　160 000
　　　　贷：银行存款　　　　　　　　　　　　　　160 000

（3）将应付施工企业基础设施工程款和建筑安装工程款计入配套设施开发成本时，做如下会计分录。

  借：开发成本——配套设施开发成本　　　　　　　　1 530 000
    贷：应付账款——应付工程款　　　　　　　　　　　1 530 000

（4）分配应计入超市配套设施开发成本的水塔设施支出时，做如下会计分录。

  借：开发成本——配套设施开发成本——超市　　　　70 000
    贷：开发成本——配套设施开发成本——水塔　　　　70 000

（5）分配应计入商店配套设施开发成本的开发间接费用时，做如下会计分录。

  借：开发成本——配套设施开发成本——超市　　　　110 000
    贷：开发间接费用　　　　　　　　　　　　　　　　110 000

（6）预提应由超市配套设施开发成本负担的幼儿园设施支出时，做如下会计分录。

  借：开发成本——配套设施开发成本——幼儿园　　　80 000
    贷：预提费用——预提配套设施费　　　　　　　　　80 000

同时，应将各项配套设施支出分别记入各配套设施开发成本明细分类账，现列示超市配套设施开发成本明细分类账如下。

配套设施开发成本明细分类账

项目编号名称：201超市　　　　　　　　　　　　　　　　　　　　　　　单位：元

2017年	凭证号数	摘要	借方金额	贷方金额	借方余额	明细科目借方发生额					
						土地征用及拆迁补偿费	前期工程费	基础设施费	建筑安装工程费	配套设施费	开发间接费
7月31日		本年累计	660 000		660 000	100 000	60 000	100 000	400 000		
8月31日		分配水塔设施费	70 000							70 000	
8月31日		分配开发间接费	110 000							80 000	110 000
8月31日		预提幼儿园设施费	80 000		920 000						

9.5.4 已完配套设施开发成本的结转

已完成全部开发工程并经验收的配套设施，应按其不同情况和用途结转其开发成本。

（1）对能有偿转让的大配套设施，如上述超市设施，应在完工验收后将其实际成本自"开发成本——配套设施成本"账户的贷方转入"开发产品——配套设施"账户的借方，做会计分录如下。

  借：开发产品——配套设施（超市）　　　　　　　　920 000
    贷：开发成本——配套设施成本　　　　　　　　　　920 000

配套设施有偿转让收入，应作为经营收入处理。

（2）按规定应将其开发成本分配计入商品房等开发产品成本的公共配套设施。对这类设施如水塔，在完工验收后，应将其发生的实际开发成本按一定的标准（有关开发产品的实际成本、预算成本或计划成本），分配计入有关房屋和大配套设施的开发成本，做会计分录如下。

借：开发成本——房屋成本　　　　　　　　　　530 000（不能转让）
　　　开发成本——配套设施成本　　　　　　　 70 000（有偿转让）
　　贷：开发成本——配套设施成本　　　　　　600 000（分不清对象）

（3）对用预提方式将配套设施支出计入有关开发产品成本的公共配套设施，如幼托设施，应在完工验收后，将其实际发生的开发成本冲减预提的配套设施费，做会计分录如下。

借：预提费用——预提配套设施费　　　　　　　640 000
　　贷：开发成本——配套设施成本　　　　　　640 000

如预提配套设施费大于或少于实际开发成本，可将其多提数或少提数冲减有关开发产品成本或作追加的分配。如有关开发产品已完工并办理竣工决算，可将其差额冲减或追加分配于尚未办理竣工决算的开发产品的成本。

9.6　房屋开发成本的核算

9.6.1　房屋开发的种类及其核算对象

9.6.1.1　房屋开发的种类

开发企业开发的房屋，按其用途可分为如图9-15所示几类。

图9-15　房屋开发的种类

这些房屋，虽然用途不同，但其所发生的开发费用的性质大体相同，在成本核算上可采用相同的方法。为了既能总体反映房屋开发所发生的支出，又能分门别类地反映各类房屋的开发支出，并便于计算开发成本，在会计上除设置"开发成本——房屋开发成本"账户外，还应按开发房屋的性质和用途，分别设置商品房、出租房、周转房、代建房等三级账户，并按各成本核算对象和成本项目进行明细分类核算。

9.6.1.2　房屋开发成本核算对象的确定

房屋的成本核算对象，应结合开发地点、用途、结构、装修、层高、施工队伍等因素加以确定。房屋开发成本核算对象的确定标准如图9-16所示。

标准一 一般房屋开发项目,以每一独立编制设计概(预)算,或每一独立的施工图预算所列的单项开发工程为成本核算对象

标准二 同一开发地点,结构类型相同的群体开发项目,开竣工时间相近,同一施工队伍施工的,可以合并为一个成本核算对象,于开发完成算得实际开发成本后,再按各个单项工程概(预)算数的比例,计算各幢房屋的开发成本

标准三 对于个别规模较大、工期较长的房屋开发项目,可以结合经济责任制的需要,按房屋开发项目的位置划分成本核算对象

图9-16 房屋开发成本核算对象的确定标准

9.6.1.3 房屋开发成本核算的项目

开发企业对房屋开发成本的核算,应设置如图9-17所示几个成本项目。

项目一 土地征用及拆迁补偿费或批租地价指房屋开发中征用土地所发生的土地征用费、耕地占用税、劳动力安置费,以及有关地上、地下物拆迁补偿费,或批租地价

项目二 前期工程费指房屋开发前期发生的规划设计、项目可行性研究、水文地质勘查、测绘等支出

项目三 基础设施费指房屋开发中各项基础设施发生的支出,包括道路、供水、供电、供气、排污、排洪、照明、绿化、环卫设施等支出

项目四 建筑安装工程费指列入房屋开发项目建筑安装工程施工图预算内的各项费用支出(包括设备费用)

项目五 配套设施费指按规定应计入房屋开发成本不能有偿转让的公共配套设施如锅炉房、水塔、居委会、派出所、幼托、消防设施、自行车棚、公厕等支出

项目六 开发间接费指应由房屋开发成本负担的开发间接费用

图9-17 房屋开发成本核算的项目

9.6.2 房屋开发成本的核算

9.6.2.1 土地征用及拆迁补偿费(或批租地价)的核算

土地征用及拆迁补偿费(或批租地价)的核算要求如图9-18所示。

房屋开发过程中发生的土地征用及拆迁补偿费或批租地价,能分清成本核算对象的,应直接计入有关房屋开发成本核算对象的"土地征用及拆迁补偿费"成本项目 借:开发成本——房屋开发成本
　　贷:银行存款

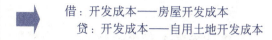

| 房屋开发过程中发生的自用土地征用及拆迁补偿费，如分不清成本核算对象的，应将其支出先通过"开发成本——自用土地开发成本"账户进行汇集，待土地开发完成投入使用时，再按一定标准将其分配计入有关房屋开发成本核算对象 | ➡ | 借：开发成本——房屋开发成本
　贷：开发成本——自用土地开发成本 |

| 房屋开发占用的土地，如属企业综合开发的商品性土地的一部分，则应将其发生的土地征用及拆迁补偿费，先在"开发成本——商品性土地开发成本"账户进行汇集，待土地开发完成投入使用时，再按一定标准将其分配计入有关房屋开发成本核算对象 | ➡ | 借：开发成本——房屋开发成本
　贷：开发成本——商品性土地开发成本 |

| 如开发完成商品性土地已经转入"开发产品"或"库存商品"账户，则在用以建造房屋时，直接将其应负担的土地征用及拆迁补偿费计入有关房屋开发成本核算对象 | ➡ | 借：开发成本——房屋开发成本
　贷：开发产品 |

图9-18　土地征用及拆迁补偿费（或批租地价）的核算要求

9.6.2.2　前期工程费的核算

房屋开发过程中发生的规划、设计、可行性研究以及水文地质勘查、测绘、场地平整等各项前期工程支出，能分清成本核算对象的，应直接计入有关房屋开发成本核算对象的"前期工程费"成本项目，做如下会计分录。

借：开发成本——房屋开发成本
　贷：银行存款

应由两个或两个以上成本核算对象负担的前期工程费，应按一定标准将其分配计入有关房屋开发成本核算对象的"前期工程费"成本项目，做如下会计分录。

借：开发成本——房屋开发成本
　贷：银行存款

9.6.2.3　基础设施费的核算

房屋开发过程中发生的供水、供电、供气、排污、排洪、通信、绿化、环卫设施以及道路等基础设施支出，一般应直接或分配计入有关房屋开发成本核算对象的"基础设施费"成本项目，做如下会计分录。

借：开发成本——房屋开发成本
　贷：银行存款

如开发完成商品性土地已转入"开发产品"账户，则在用以建造房屋时，应将其负担的基础设施费（按归类集中结转的还应包括负担的前期工程费和开发间接费用）计入有关房屋开发成本核算对象，做如下会计分录。

　　借：开发成本——房屋开发成本
　　　贷：开发产品

9.6.2.4　建筑安装工程费的核算

　　房屋开发过程中发生的建筑安装工程支出，应根据工程的不同施工方式，采用不同的核算方法。采用发包方法进行建筑安装工程施工的房屋开发项目，其建筑安装工程支出，应根据企业承付的已完工程价款确定，直接计入有关房屋开发成本核算对象的"建筑安装工程费"成本项目，做如下会计分录。

　　借：开发成本——房屋开发成本
　　　贷：应付账款——应付工程款

　　如果开发企业对建筑安装工程采用招标方式发包，并将几个工程一并招标发包，则在工程完工结算工程价款时，应按各项工程预算造价的比例，计算它们的标价即实际建筑安装工程费。

　　ABC房地产公司将两幢商品房建筑安装工程进行招标，标价为2 160 000元，这两幢商品房的预算造价为：

101商品房　　　　1 260 000元
102商品房　　　　1 008 000元
　合计　　　　　　2 268 000元

则在工程完工结算工程价款时，应按如下方法计算各幢商品房的实际建筑安装工程费：
某项工程实际建筑安装工程款＝工程造价×该项工程预算造价÷各项工程预算造价
则上述两幢商品房的实际建筑安装工程费分别计算如下：
101商品房的实际建筑安装工程费＝2 160 000×1 260 000÷2 268 000＝1 200 000（元）
102商品房的实际建筑安装工程费＝2 160 000×1 008 000÷2 268 000＝960 000（元）

　　采用自营方式进行建筑安装工程施工的房屋开发项目，其发生的各项建筑安装工程支出，一般可直接记入有关房屋开发成本核算对象的"建筑安装工程费"成本项目，做如下会计分录。

　　借：开发成本——房屋开发成本
　　　贷：库存材料、应付工资、银行存款等

　　如果开发企业自行施工大型建筑安装工程，可以设置"工程施工""施工间接费用"等科目，用来核算和归集各项建筑安装工程支出，月末将其实际成本转入"开发成本——房屋开发成本"账户，并记入有关房屋开发成本核算对象的"建筑安装工程费"成本项目。

　　企业用于房屋开发的各项设备，即附属于房屋工程主体的各项设备，应在出库交付安装时，记入有关房屋开发成本核算对象的"建筑安装工程费"成本项目，做如下会计分录。

　　借：开发成本——房屋开发成本
　　　贷：库存设备

9.6.2.5　配套设施费的核算

　　房屋开发成本应负担的配套设施费，是指开发小区内不能有偿转让的公共配套设施支出。在具体核算时，应根据配套设施的建设情况，采用不同的费用归集和核算方法。

（1）配套设施与房屋同步开发，发生的公共配套设施支出，能够分清并可直接计入有关成本核算对象的，直接记入有关房屋开发成本核算对象的"配套设施费"项目，做如下会计分录。

  借：开发成本——房屋开发成本
    贷：应付账款——应付工程费

如果发生的配套设施支出，应由两个或两个以上成本核算对象负担的，应先在"开发成本——配套设施开发成本"账户先行汇集，待配套设施完工时，再按一定标准（如有关项目的预算成本或计划成本），分配记入有关房屋开发成本核算对象的"配套设施费"成本项目，做如下会计分录。

  借：开发成本——房屋开发成本
    贷：开发成本——配套设施开发成本

（2）配套设施与房屋非同步开发，即先开发房屋，后建配套设施，或房屋已开发等待出售或出租，而配套设施尚未全部完成。此时在结算完工房屋的开发成本时，对应负担的配套设施费，可采取预提的办法。即根据配套设施的预算成本（或计划成本）和采用的分配标准计算完工房屋应负担的配套设施支出，记入有关房屋开发成本核算对象的"配套设施费"成本项目，做如下会计分录。

  借：开发成本——房屋开发成本
    贷：预提费用

预提数与实际支出数的差额，在配套设施完工时调整有关房屋开发成本。

9.6.2.6　开发间接费的核算

企业内部独立核算单位为开发各种产品而发生的各项间接费用，应先通过"开发间接费用"账户进行核算，每月终了，按一定标准分配计入各有关开发产品成本。应由房屋开发成本负担的开发间接费用，计入有关房屋开发成本核算对象的"开发间接费用"成本项目，做如下会计分录。

  借：开发成本——房屋开发成本
    贷：开发间接费用

房屋开发成本核算举例如下。

ABC房地产公司在某年度内，共发生了下列有关房屋开发支出：

单位：元

费用项目	101商品房	102商品房	152商品房	182商品房
支付征地拆迁费	200 000	160 000		
结转自用土地征地拆迁费			150 000	150 000
应付承包设计单位前期工程费	60 000	60 000	60 000	60 000
应付承包施工企业基础设施工程款	180 000	150 000	140 000	140 000
应付承包施工企业建筑安装工程款	1 200 000	960 000	900 000	900 000
分配配套设施费（水塔）	160 000	130 000	120 000	120 000
预提配套设施费（幼托）	160 000	144 000	128 000	128 000
分配开发间接费用	164 000	132 000	124 000	124 000

根据上述资料,编制有关房屋开发成本核算的会计分录。

(1) 在用银行存款支付征地拆迁费时,应做如下会计分录。

　　借:开发成本——房屋开发成本　　　　　　　　360 000
　　　贷:银行存款　　　　　　　　　　　　　　　　360 000

(2) 结转出租房、周转房使用土地应负担的自用土地开发成本时,应做如下会计分录。

　　借:开发成本——房屋开发成本　　　　　　　　300 000
　　　贷:开发成本——自用土地开发成本　　　　　　300 000

(3) 将应付设计单位前期工程款计入开发成本时,应做如下会计分录。

　　借:开发成本——房屋开发成本　　　　　　　　240 000
　　　贷:应付账款——应付工程款　　　　　　　　　240 000

(4) 将应付施工企业基础设施工程款计入开发成本时,应做如下会计分录。

　　借:开发成本——房屋开发成本　　　　　　　　610 000
　　　贷:应付账款——应付工程款　　　　　　　　　610 000

(5) 将应付施工企业建筑安装工程款计入开发成本时,应做如下会计分录。

　　借:开发成本——房屋开发成本　　　　　　　3 960 000
　　　贷:应付账款——应付工程款　　　　　　　　3 960 000

(6) 分配应由房屋开发成本负担的水塔配套设施支出时,应做如下会计分录。

　　借:开发成本——房屋开发成本　　　　　　　　530 000
　　　贷:开发成本或生产成本——配套设施开发成本(水塔)　530 000

(7) 预提应由房屋开发成本负担的幼儿园设施支出时,应做如下会计分录。

　　借:开发成本——房屋开发成本　　　　　　　　560 000
　　　贷:预提费用——预提配套设施费——幼托　　　560 000

(8) 分配应由房屋开发成本负担的开发间接费用时,应做如下会计分录。

　　借:开发成本——房屋开发成本　　　　　　　　544 000
　　　贷:开发间接费用　　　　　　　　　　　　　　544 000

同时,应将各项房屋开发支出分别记入如下各有关房屋开发成本明细分类账。

房屋开发成本明细分类账

项目编号名称:101 商品房　　　　　　　　　　　　　　　　　　　　　单位:元

2017年	凭证号数	摘要	借方金额	贷方金额	借方余额	明细科目借方发生额					
						土地征用及拆迁补偿费或批租地价	前期工程费	基础设施费	建筑安装工程费	配套设施费	开发间接费
		支付征地拆迁费	200 000		200 000	200 000					
		支付前期工程款	60 000		260 000		60 000				
		支付基础设施工程款	180 000		440 000			180 000			
		支付建筑安装工程款	1 200 000		1 640 000				1 200 000		
		分配水塔设施费	160 000		1 800 000					160 000	
		预提幼托设施费	160 000		1 960 000					160 000	
		分配开发间接费用	164 000		2 124 000						164 000

9.6.3 已完房屋开发成本的结转

房地产开发企业对已完成开发过程的商品房、代建房、出租房、周转房，应在竣工验收以后将其开发成本结转"开发产品"账户。会计人员应根据房屋开发成本明细分类账记录的完工房屋实际成本，编制会计分录如下。

借：开发产品
　　贷：开发成本——房屋开发成本

"开发产品"账户应按房屋类别分别设置商品房、代建房、出租房、周转房等二级账户，并按各成本核算对象进行明细分类核算。假设将上例完工验收的商品房、出租房、周转房的开发成本结转"开发产品"账户的借方，做会计分录如下。

借：开发产品　　　　　　　　　　　　　　　　　7 104 000
　　贷：开发成本——房屋开发成本　　　　　　　　　　7 104 000

9.7　代建工程开发成本的核算

代建工程是指开发企业接受委托单位的委托代为开发的各种工程，包括土地、房屋、市政工程等。

9.7.1　代建工程成本核算的内容

现行会计制度规定：企业代委托单位开发的土地（即建设场地）、各种房屋所发生的各项支出，应分别通过"开发成本——商品性土地开发成本"和"开发成本——房屋开发成本"账户进行核算。并在这两个账户下分别按土地、房屋成本核算对象和成本项目归集各项支出，进行代建工程项目开发成本的明细分类核算。除土地、房屋以外，企业代委托单位开发的其他工程如市政工程等，其所发生的支出，则应通过"开发成本——代建工程开发成本"账户进行核算。因此，开发企业在"开发成本——代建工程开发成本"账户核算的，仅限于企业接受委托单位委托，代为开发的除土地、房屋以外的其他工程发生的支出。

代建工程开发成本的核算，成本项目可设置如图9-19所示的几项。

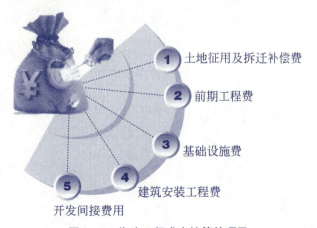

图9-19　代建工程成本核算的项目

在实际核算工作中，应根据代建工程支出内容设置使用。

9.7.2 代建工程开发成本的账务处理

对开发企业发生的各项代建工程支出和代建工程分配的开发间接费用，做如下会计分录。

借：开发成本——代建工程开发成本

贷：银行存款、应付账款——应付工程款、库存材料、应付工资、开发间接费用

同时，应按成本核算对象和成本项目分别归类记入各代建工程开发成本明细分类账。代建工程开发成本明细分类账的格式，和房屋开发成本明细分类账相似。

完成全部开发过程并经验收的代建工程，应按其实际开发成本，做如下会计分录。

借：开发产品

贷：开发成本——代建工程开发成本

并在将代建工程移交委托代建单位，办妥工程价款结算手续后，按代建工程开发成本贷记"开发产品"科目，借记"经营成本"科目。

ABC房地产公司接受市政工程管理部门的委托，代为扩建某小区旁边的一条道路。在扩建过程中，用银行存款支付拆迁补偿费600 000元，前期工程费320 000元，应付基础设施工程款1 080 000元，分配开发间接费用160 000元。

在发生上列各项扩建工程开发支出和分配开发间接费用时，做如下会计分录。

借：开发成本——代建工程开发成本　　　　2 160 000

贷：银行存款　　　　　　　　　　　　　920 000

应付账款——应付工程款　　　　　1 080 000

开发间接费用　　　　　　　　　　　160 000

道路扩建工程完工并经验收，结转已完成工程成本时，做如下会计分录。

借：开发产品——代建工程　　　　　　　　2 160 000

贷：开发成本或生产成本——代建工程开发成本　2 160 000

第 10 章
房地产项目成本报表与分析

引言

房地产成本报表与分析也是成本管理中关键的步骤之一,从前面的成本预测、成本计划到成本核算,都是在为项目成本分析做铺垫,为其提供必要的数据支持和资料支撑,通过提交科学的成本分析报告,最终实现成本控制的目的。

10.1 房地产开发项目成本报表

成本报表是成本信息管理的中心,通过成本报表可动态了解项目成本总体情况、与目标成本的偏差情况、成本管理中存在的问题等信息。各公司都应完整、详细、动态地编制成本报表。

10.1.1 在建开发产品成本表

在建开发产品成本表是反映房地产开发企业或企业所属内部独立核算开发分公司年末在建开发产品的实际开发成本的成本报表,也是年末资产负债表资产方"在建开发产品"项目的明细报表,用以考核企业年末各项在建开发产品资金占用情况,了解企业各项开发产品的实际开发成本,检查各项开发产品开发成本的构成。

10.1.1.1 在建开发产品成本表的结构

为了反映各项开发产品开发成本的构成,本表应采用棋盘式结构,纵向各行反映年末尚处于在建过程开发产品的类别和项目;横向各栏反映年末各类各项开发产品的开发成本。

在编制本表时,应按开发产品的类别和项目逐行填列。开发产品的类别,一般应分:商品性土地、自用土地、商品房、出租房、周转房、配套设施、代建工程等。在开发期内尚未确定其具体用途的房屋,均可在商品房一类反映。开发产品的项目,一般应以开发产品成本核算对象为依据。

本表一般应设置项目开工日期、计划开发面积、计划开发总成本、年初开发成本、本年发生开发成本、年末累计开发成本等栏。如表10-1所示。

表10-1 在建开发产品成本表

企业名称: 　　　　　　　日期: 　年　月　日　　　　　　　单位:元

类别项目	项目开工日期	计划开发面积	计划开发成本	年初开发成本	本年发生开发成本						合计	年末累计开发成本
					土地征用及拆迁费或批租地价	前期工程费	基础设施费	建筑安装工程费	配套设施费	开发间接费用		
商品性土地												
自用土地												
商品房												
出租房												
周转房												
配套设施												
代建工程												
总计												

10.1.1.2　在建开发产品成本表各项目的填列

在建开发产品成本表各项目的填列方法如表10-2所示。

表10-2　在建开发产品成本表各项目的填列方法

序号	栏目	填列方法
1	开工日期	填列在建开发产品的实际开工日期
2	计划开发面积	反映各项开发产品的计划开发面积。土地开发项目为场地面积；房屋等开发项目为建筑面积，根据批准的开发产品开发计划确定的开发面积填列
3	计划开发总成本	根据企业制订的有关开发产品成本计划或预算填列
4	年初开发成本	根据上年本表"年末累计开发成本"栏数字填列
5	本年发生开发成本	本栏所属"土地征用及拆迁补偿费或批租地价""前期工程费""基础设施费""建筑安装工程费""配套设施费""开发间接费用"和"合计"各栏，分别反映各项在建开发产品本年实际发生的土地征用及拆迁补偿费或批租地价、前期工程费、基础设施费、建筑安装工程费及应负担的配套设施费、开发间接费用和开发成本合计，根据开发产品设置的开发成本明细分类账各成本项目的本年发生额分类分项填列
6	年末累计开发成本	反映各项在建开发产品本年年末累计实际成本，根据按开发产品设置的开发成本明细分类账的年末余额分类分项填列。本栏数字应等于"年初开发成本"与"本年发生开发成本"合计数之和，本栏合计数应与年末资产负债表资产方"在建开发产品"项目期末数核对相符

10.1.2　已完开发产品成本表

已完开发产品成本表是反映房地产开发企业或企业所属内部独立核算开发分公司在本年度内已完成全部开发过程，并已验收合格的开发产品的实际开发成本的成本报表。它是用以了解和检查在年度内已完开发产品的成本水平及成本构成情况，考核开发产品成本计划或预算的执行结果。

10.1.2.1　已完开发产品成本表的设计

为了反映各项开发产品开发成本的构成，本表也应采用棋盘式的结构：纵向各行应按开发产品的类别和项目填列，反映当年已经完工的各类、各项开发产品；横向各栏按开发产品的成本项目和开竣工日期、开发面积、计划成本等设置，反映各项已完开发产品的实际成本及其构成等情况。如表10-3所示。

10.1.2.2　已完开发产品成本表的填列方法

填列本表的开发产品，应以开发产品成本核算对象为依据，并只限于本年完成全部开发过程，并已验收合格、合乎设计标准，可以按照合同规定的条件移交购房、用地单位，或委托单位，或者可作商品房对外销售、出租房对外出租、周转房周转使用的开发产品。

已完开发产品成本表栏目的填列方法如表10-4所示。

表10-3　已完开发产品成本表

编制单位：　　　　　　　　　年度：　　　　　　　　　　　　单位：元

开发产品类别及项目名称	开工日期	竣工日期	实际开发面积（平方米）	计划开发成本	实际开发成本						
					土地征用及拆迁补偿费或批租地价	前期工程费	基础设施费	建筑安装费	配套设计费	开发间接费用	合计
商品性土地											
A											
B											
商品房											
C											
D											
总计											

表10-4　已完开发产品成本表栏目的填列方法

序号	栏目	填列方法
1	开工日期	填列已完工开发产品的实际开工日期
2	竣工日期	填列已完工开发产品的实际竣工日期
3	实际开发面积	反映已完工开发产品的实际开发面积，土地开发项目填列场地面积，房屋等开发项目填列建筑面积
4	计划开发成本	根据企业制订的有关开发产品成本计划或预算填列。由于现行制度规定开发产品成本只计算开发过程中发生的开发成本，不计算开发产品在经营过程中发生的包括销售费用、管理费用、财务费用在内的完全成本。因此，表列的开发产品的计划成本的计算口径亦应是开发成本。如果计划、预算成本的计算口径不是开发成本，包括有项目借款利息等财务费用，则在填列时应加以剔除，以便对比分析
5	实际开发成本	所属"土地征用及拆迁补偿费或批租地价""前期工程费""基础设施费""建筑安装工程费""配套设施费""开发间接费用"和"合计"各栏，分别反映各项已完工开发产品自开工至完工时为止实际发生的土地征用及拆迁补偿费或批租地价、前期工程费、基础设施费、建筑安装工程费、配套设施费、开发间接费用和开发成本合计。根据已完工开发产品开发成本明细分类账各成本项目的累计发生额及其合计数填列

10.2 房地产项目成本分析

成本分析是指在成本形成过程中，对地产项目成本进行的对比评价和分析总结工作，它贯穿于项目成本管理的全过程，也就是施工项目成本分析主要利用施工项目的成本核算资料，与目标成本（计划成本）、预算成本以及类似的施工项目的实际成本等进行比较，了解成本变化情况，同时也要分析主要技术经济指标对成本的影响，系统地研究成本变动的因素，检查成本计划的合理性，并通过成本分析，深入揭示成本变动的规律，寻找降低项目成本的有效途径。

10.2.1 房地产企业项目成本分析的必要性

房地产企业在项目开发过程中发生的费用按耗费对象归集和分配到一定的工程项目上，便形成了项目成本。项目成本分析的必要性主要体现在以下三个方面。

10.2.1.1 寻求进一步降低成本的途径

地产项目的成本分析，就是根据统计核算、业务核算和会计核算提供的资料，对项目成本的形成过程和影响成本升降的因素进行分析，以寻求进一步降低成本的途径（包括项目成本中的有利偏差的挖潜和不利偏差的纠正）；另外，通过成本分析，可从账簿、报表反映的成本现象看清成本的实质，从而增强项目成本的透明度和可控性，为加强成本控制，实现项目成本目标创造条件。由此可见，施工项目成本分析，也是降低成本，提高项目经济效益的重要手段之一。

10.2.1.2 了解地产开发的管理水平

地产项目成本综合反映了房地产企业地产项目管理水平的高低，因为材料和能源的节约和浪费、施工效率的高低、地产项目质量的优劣，都可以通过地产项目成本表现出来。房地产企业在完成地产项目计划、保证地产项目质量的前提下，地产项目成本水平越低，表明其地产项目管理水平越高，经济效益越好。因此，努力降低地产项目成本是房地产企业地产项目管理中的一项长期任务。地产项目成本降低意味着项目开发过程中人力、物力、财力的节约，意味着房地产企业利润的增长。为了达到不断降低地产项目成本的目的，房地产企业必须加强地产项目成本管理，积极开展项目成本分析工作。

10.2.1.3 全面了解房地产企业项目成本管理方面的效益

房地产企业通过项目成本分析，把项目成本与生产、技术、劳动组织及经营管理各个方面联系起来进行综合研究，可以全面了解房地产企业项目成本管理方面的效益，查明节约或浪费的原因，总结项目成本管理的经验和教训，逐步认识和掌握项目成本变动的规律，从而促使房地产企业科学地预测项目成本变动的趋势，正确地进行项目成本决策，制定切实可行的措施消除影响项目成本的不利因素，以达到改善经营管理、降低项目成本消耗、提高地产项目经济效益和房地产企业整体经济效益的目的。

10.2.2 成本分析与成本核算的区别

作为企业经济活动分析重要内容之一的成本分析，主要是对内部管理决策服务的。成本核算是企业会计核算的内容之一，其主要目的在于反映和监督企业各项生产费用支出情况，反映和监督成本开支范围规定的执行情况。它基本上是对外的，因而，成本分析与成本核算有着本质区别。二者的差别主要表现在如下几方面。

10.2.2.1 依据的会计规则不同

成本核算必须依据国家通行的会计规则，按统一的分类科目进行成本汇集，按标准的统计指标进行分析。成本分析可根据企业自身管理与分析的特殊需要自行设计成本科目进行统计分析。

10.2.2.2 分析的用途不同

成本核算是为政府机构进行财务核查、审计和征税服务、为企业财务决算服务的。成本分析则是单纯为企业内部管理服务的。在企业内部进行经营方案决策时，在企业内部进行经济效益分析时，以及在企业经济活动过程中进行控制与管理时，提供重要的分析资料。当然，成本核算还可为成本分析提供信息资料。

10.2.2.3 采用的方法不同

成本核算必须采用国家统一规定的规范化方法，计算标准的统计指标。而成本分析可根据企业自身管理上的需要，采用多种灵活的计算分析方法，没有什么特殊的限制。

10.2.3 地产项目成本分析的方式与方法

地产项目成本分析有其特有的方式和方法。

10.2.3.1 比较法

比较法，又称"指标对比分析法"。就是通过技术经济指标的对比，检查计划的完成情况，分析产生差异的原因，进而挖掘内部潜力的方法。这种方法，具有通俗易懂、简单易行、便于掌握的特点，因而得到了广泛的应用，但在应用时必须注意各技术经济指标的可比性。

比较法的应用，通常有下列形式。

（1）将实际指标与计划指标对比，以检查计划的完成情况，分析完成计划的积极因素和影响计划完成的原因，以便及时采取措施，保证成本目标的实现。

（2）本期实际指标与上期实际指标对比。通过这种对比，可以看出各项技术经济指标的动态情况，反映地产项目管理水平的提高程度。

（3）与本行业平均水平、先进水平对比。通过这种对比，可以反映本项目的技术管理和经济管理与其他项目的平均水平和先进水平的差距，进而采取措施赶超先进水平。

10.2.3.2 因素分析法

因素分析法，又称连锁置换法或连环替代法。这种方法，可用来分析各种因素对成本形成的影响程度。在进行分析时，首先要假定众多因素中单个因素发生了变化，而其他因素则不变，然后逐个替换，并分别比较其计算结果，以确定各个因素的变化对成本的影响程度。

10.2.3.3　差额计算法

差额计算法是因素分析法的一种简化形式，它利用各个因素的计划与实际的差额来计算其对成本的影响程度。

10.2.3.4　比率法

比率法是指用两个以上的指标的比例进行分析的方法。它的基本特点是先把对比分析的数值变成相对数，再观察其相互之间的关系。常用的比率法有表10-5所示几种。

表10-5　常用的比率法

序号	方法	说明
1	相关比率法	由于项目经济活动的各个方面是互相联系，互相依存，又互相影响的，因而将两个性质不同而又相关的指标加以对比，求出比率，并以此来考察经营成果的好坏
2	构成比率法	又称比重分析法或结构对比分析法。通过构成比率，可以考察成本总量的构成情况以及各成本项目占成本总量的比重，同时也可看出量、本、利的比例关系，从而为寻求降低成本的途径指明方向
3	动态比率法	动态比率法就是将同类指标不同时期的数值进行对比，求出比率，以分析该项指标的发展方向和发展速度。动态比率的计算，通常采用基期指数（或稳定比指数）和环比指数两种方法

10.2.4　地产项目成本分析中应注意的问题

从成本分析的效果出发，地产项目成本分析的内容应该注意以下几个问题。

（1）实事求是。成本分析一定要有充分的事实依据，应用"一分为二"的辨证方法，对事物进行实事求是的评价，并要尽可能做到措辞恰当，能为绝大多数人所接受。不要夸大也不要减小。

（2）绝对准确。成本分析要充分利用统计核算、业务核算、会计核算和有关辅助记录的数据进行定量分析，尽量避免抽象的定性分析。因为定量分析对事物的评价更为精确，更令人信服。

（3）有时效性。也就是：成本分析及时，发现问题及时，解决问题及时。否则，就有可能贻误解决问题的最好时机，甚至造成问题成堆，积重难返，发生难以挽回的损失。

（4）做到全面性。在做地产项目成本分析时，一定要全面分析，不要漏掉任何对成本有影响的细节，力求使分析结果包括所有可能涉及的方面。

（5）为经营服务。成本分析不仅要揭露矛盾，而且要分析矛盾产生的原因，并为解决矛盾献计献策，提出积极的、有效的解决矛盾的合理化建议。这样的成本分析，必然会深得人心，使地产项目的成本分析更健康地开展工去。

工程项目成本分析汇总表

章节编号	细目名称	单位	变更后合同清单			标后预算成本			项目计划成本			项目实际成本			可计量成本		已完工程成本偏差/元		
			工程量	单价/元	合同总价/元	工程量	单价/元	金额/元	工程量	单价/元	金额/元	已完工程量	单价/元	金额/元	可计量工程量	可计量金额/元	实际与标后预算差额	实际与项目计划差额	实际与可计量成本差额

其他直接费、间接费、管理费、财务费、税金计划表

序号		项目名称	本季度/元			年初至本季度累计/元			开工至本季度末累计/元		
			计划	实际	差额	计划	实际	差额	计划	实际	差额
1	其他直接费	工地搬迁费									
2		驻地建设费									
3		临时设施									
4		施工增加费									
5		工具用具使用费									
6		检测试验费用									
7		场地清理费									

续表

序号	项目名称			本季度/元			年初至本季度累计/元			开工至本季度末累计/元		
				计划	实际	差额	计划	实际	差额	计划	实际	差额
8	间接费	管理人员工资										
9		保险费										
10		福利费										
11		劳动保护费										
12		取暖、降温费										
13		办公用品购置费										
14		邮电书报费										
15		水费										
16		电费										
17		通信费	座机费									
18			手机话费									
19			网络费									
20		差旅交通费	职工差旅费									
21			职工探亲路费									
22		工地宣传费用										
23		管理车辆使用费										
24		食堂伙食补贴										
25		施工环保费										
26		竣工资料费										
27		工程保修费										
28		不可预见费用										
29	管理费	业务招待费										
30		工资附加费用										
31	财务费用	财务费用										
32	税金	工程税金										
	合计											

编制： 审核：

人工成本费用分析表

章节编号	细目名称	单位	工序	本季度				自开工累计					
				完成工程量	实际人工消耗/元	单位人工消耗/元	单位人工消耗/工日	完成工程量	实际人工消耗/元	计划人工消耗/元	差值/元	单位人工消耗/元	单位人工消耗/工日
	基层		拌和										
			摊铺										
			碾压										
			立模										
			养生										
			交通维护										
			临时用工										
	下面层		拌和										
			摊铺										
			碾压										
			立模										
			交通维护										
			临时用工										

编制： 审核：

【他山之石】

材料成本费用分析表

章节编号	细目名称	单位	累计完成工程量	材料 名称	理论用量/吨	实际用量/吨	差值/吨	实付金额/元	均价	采保费/元	总金额/元	单位面积材料费/(元/平方米)	单位体积材料费/(元/立方米)
	38厘米水稳基层			水泥									
				石料									
	4厘米上面层			改性沥青									
				碎石									
				矿粉									
				抗剥落剂									
				木质纤维费									
	6厘米中层			改性沥青									
				碎石									
				矿粉									
				聚酯纤维费									
	8厘米下面层			普通沥青									
				碎石									
				矿粉									
	封层			改性乳化沥青									
				碎石									
	粘层			改性乳化沥青									
本页小计													
合计													

编制: 　　　　　　　　　　　审核:

机械成本费用分析表

章节编号	细目名称	单位	累计完成工程量	工序	内部代号	设备名称	数量	使用时间	租金、折旧		机械修费等其他费用		燃油（电）费用			机械总费用	单位工程机械费用/元
									月租费或折旧/元	总租金或折旧费/元	金额/元	单位耗费/元	实际燃油（电）消耗/元	单位燃油（电）消耗/元	单位燃油（电）消耗/（千克、度）		
本页小计																	
合计																	

编制：　　　　　　　　　　　审核：

工程分（承）包成本费用分析表

章节编号	细目名称	单位	已完成工程量	计划		实际	
				分（承）包单价/元	金额/元	分（承）包单价/元	金额/元
合计							

编制：　　　　　　　　　　　审核：

第11章
房地产企业成本档案管理

> **引言**
>
> 成本档案是指各房地产开发公司在项目开发过程中形成的与工程成本有关的且有保存价值的工程预算、工程合同、工程变更及现场签证、招投标、相关管理制度、成本数据库、成本管理软件内容、付款台账、图纸等应归档保存的各种纸张书面文件资料、电子文档以及其他与成本管理有关的图表、照片、录像录音、当地工程造价定额、造价信息等资料的总称。成本档案管理的工作内容包括对成本档案的收集、分类、编制、存档、查阅、保密及作废等方面的管理。

11.1 成本档案管理概述

11.1.1 成本档案管理的要求

11.1.1.1 成本档案必须具备真实性、统一性

成本档案必须真实、准确地记载公司成本管理活动过程中形成的内容；成本档案的各组成部分必须统一，不同载体（书面纸张资料、成本数据库、成本管理软件电子文档）上的同一文件资料的名称、编号、内容、数据等必须完全一致。

11.1.1.2 成本档案必须具备可复查性

对于每个工程项目，应以合同为主线进行存档。首先，对于每份《工程合同本》，必须把其"评定标审批表"或"议标、直接委托审批表""工程合同审批表""工程预、结算审批表"直接作为其附件，并合在一起存档，同时做好相互对应的编号链接标识；而后，将隶属该合同的其他有关工程预结算类、工程变更及现场签证类、工程招投标类文件资料也依次附后存档。

11.1.1.3 成本档案必须具备安全性及对外保密性

成本档案实行统一归档、集中存放，不得将集团公司、部门的成本档案以个人名义保存在个人手中；严禁任何人未经公司、部门的批准，就以个人名义私自外借（复印或邮件发送等方式）集团或公司的成本文件资料或泄露成本管理方法、成本数据等；如有关人员的换岗或离职，则必须及时做好资料的移交、回收及登记工作。

> **特别提示**
>
> 成本管理应设一名兼职档案管理员，该人员应具备档案基础理论知识，熟练掌握自己所负责的档案管理及相关业务，对工作认真负责、细致耐心。

11.1.2 主要成本档案的组成及其管理办法

成本档案（书面纸张资料）分为三类，即工程成本类、规范制度类、其他文件资料类。其中，工程成本类又分为工程合同类、工程预结算类、工程变更及现场签证类、工程招投标类；工程成本类在分类时，还要按不同的竣工项目、在建项目、不同的建设项目开发期数进行区分。

成本数据库及成本管理软件的内容也是成本档案的重要组成部分，不断充实和完善成本数据库以及持续应用和改进成本管理软件是成本管理部日常的重要工作。

以下介绍主要成本档案的组成及管理标准，如表11-1所示。

表 11-1 主要成本档案的组成及管理标准

类别	资料组成	管理要求
工程合同资料	（1）已竣工项目的完整的合同文本：前期合同（包括规划、设计、勘察、监理、造价咨询）、施工合同（包括建筑、安装、装饰、市政）、材料设备采购合同（包括材料采购、甲方付款乙方收货的三方合同、设备购买及安装）、园林环境合同（包括室外环境的设计、施工）、营销包装合同（包括样板间装修、户外广告牌制做安装、媒介广告设计、制作、宣传品设计、印刷） （2）正在开发项目的合同文本 （3）成本管理软件、成本数据库所包括的各类合同内容	（1）使用专用档案盒，按不同建设项目、不同开发期的单项工程的合同进行分类存档，档案盒上须注明编号并粘贴资料目录清单，资料目录清单中的合同部分采用成本管理软件中相应的合同清单（打印即可） （2）对每项工程，以合同为主线进行存档，每项工程的《工程合同文本》必须把其"评定标审批表"或"议标、直接委托审批表""工程合同审批表""工程预、结算审批表"作为附件，合在一起存档，同时做好相互对应的编号链接标识，以便于工作快速复查 （3）"工程合同审批表"统一印制固定格式，一式四联，第一联办公室存档，第二联工程管理部存档，第三联成本管理部存档，第四联项目部存档 （4）合同文本原件（包括合同文本、相关补充协议、合同审批表等）由公司总办保管，成本管理部应备有合同文本等资料的原件或复印件（复印件存档，需加盖总办的专用章以示确认）
工程预结算资料	（1）已竣工项目完整的决算书、结算书、预算书、估算书、预结算审批表、工程结算协议清单（或承包方确认书）、付款台账、项目后评估报告等 （2）正在开发项目的估算书、预算书、结算资料、付款台账等 （3）成本数据库及成本管理软件所包括的目标成本、动态成本、预结算等内容	（1）以合同为主线进行每项工程预结算资料的归类存档，即每项工程的《工程合同文本》须把相关的预结算资料依次附后，合在一起存档，以便快速复查 （2）"工程预、结算审批表"统一印制成固定格式，一式三联，第一联办公室存档，第二联成本管理部存档，第三联工程管理部存档 （3）一份完整的工程预结算书应包括编制说明、分部分工程预算表、工料分析、工程量计算表、计价依据 （4）其中的计价依据又包括：材料价格（政府指导价格、市场价格、甲供材料、限价材料通知书）、施（竣）工图、图纸会审记录、工程变更签证的预算书、工程竣工验收资料、其他与工程结算相关的甲乙双方确认的协议等 （5）编制说明、分部分项工程预结算表、工料分析、工程量计算表合订成册；计价依据作为附件，可分职能部门、分类别进行保管，但计价依据资料也必须具备全面、快速复查的条件 （6）使用专用档案盒，并粘贴除合同目录清单之外的工程预结算补充资料目录备注清单 （7）不同载体（各书面资料、成本数据库、成本管理软件电子文档、光盘、服务器）的同一工程预结算资料的名称、编号、内容数据等必须完全一致 （8）对于项目竣工结、决算书，在完成其书面纸张资料归档保存的同时，还须将其电子文档刻录成光盘，或者在成本管理软件的基础资料设置中把项目竣工结、决算书的电子文档"打包"并上传至服务器，以方便保存与使用

续表

类别	资料组成	管理要求
工程变更与现场签证资料	（1）已竣工项目完整的工程变更、现场签证资料 （2）正在开发项目的工程变更、现场签证资料 （3）成本管理软件、成本数据库所包括的工程变更、现场签证内容	（1）以合同为主线进行每项工程预结算资料的归类存档，即每项工程的《工程合同文本》须把相关的工程变更及现场签证的资料依次附后，合在一起存档，以便快速复查 （2）"工程变更通知单""现场签证单"统一印制成固定格式，一式四联，第一联项目部存档，第二联施工单位存档，第三联成本管理部存档，第四联工程管理部存档（四联皆须盖有甲方的工程变更及现场签证专用章）；"工程变更通知单""现场签证单"统一进行编号 （3）使用专用档案盒，并粘贴除合同目录清单外的工程变更及现场签证的补充资料目录备注清单
工程招投标资料	（1）已竣工项目的完整工程招标资料（评定标评审表、招标文件、答疑记录、开标评标记录等）、工程投标资料（主要是中标单位的） （2）正在开发项目的工程招投标资料 （3）成本管理软件、成本数据库所包括的工程招标内容	（1）以合同为主线进行每项工程招投标资料的归类存档，即每项工程的《工程合同文本》须把相关的工程招投标资料依次附后，合在一起存档，以便快速复查 （2）"评定标审批表"及"议标、直接委托审批表"统一印制成固定格式，一式三联，第一联办公室存档，第二联成本管理部存档，第三联工程管理部存档 （3）项目招投标资料（评定标评审表、招标文件、投标文件、承包商考察结果审批表、答疑记录、开标和评标的记录、相关会议纪要等）的收集、整理、归档、保管工作由工程管理部负责 （4）但评定标评审表（或议标及直接委托审批表）、中标单位投标文件中报价书、招标文件等作为工程预结算必要依据的招投标资料，成本管理部则应每项皆保存其原件或复印件
制度类文件	（1）国家及当地政府工程造价管理等有关部门颁发的与成本管理有关的规章制度、管理规范、通知、决定等文件资料 （2）集团总部颁发的与成本管理有关的规章制度、管理办法、操作指引、操作流程通知、决定等文件资料 （3）本公司及本部门制定的与成本管理有关的管理办法、实施细则、通知、决定、相关会议纪要等文件资料	（1）成本管理制度要求在公司网站的相应"管理制度"栏中存放（政府有关部门颁发的法规文件可除外），以便网上查询 （2）主要的、常用的成本管理制度由成本管理部打印一份，装订成册（活页形式，可及时更新），以便书面查询、使用
其他文件资料	其他文件资料包括目标成本、有关设计阶段成本控制的资料、相关会议纪要、同行成本比较资料、工程造价分析、相关往来文件、当地工程造价定额、信息月刊、图集等工程造价有关专业书籍等	实行资料管理员专人负责，分类保管

11.2 成本档案的管理业务

11.2.1 成本档案的归档与立卷

（1）项目立项后，资料管理员即应制订该项目文件资料的收集整理工作计划，设定阶段性归档的时间，按照边工作边收集、整理、终结卷成的要求，就每个环节上形成的技术经济文件资料，随时加以收集，并存放于事先准备好的档案盒中，以备整理。

（2）对工程造价影响较大的文件资料需原件存档，复印件存档须加盖公司相应资料主管部门的印章以示确认。

（3）在项目开发的过程中形成的与成本有关的文件资料均需统一归档、立卷，以合同为主线，以项目为单位进行立卷，一个项目的文件资料应立成一卷或数卷，一卷即装成一个档案盒。

（4）对卷内无页号的文件资料应逐页在有文字的资料的正面右下角用阿拉伯数字顺序编写页号，并在合适处标明案卷题名、案卷号、存档人及时间等。

（5）卷内文件资料的排列次序为：开发前期准备、主体建筑安装工程、社区管网工程、园林环境工程、配套设施工程类。

（6）每卷成本档案编号由部门统一拟定编号方案；各类档案必须固定存放在卷柜内，排列方法为自左至右，从上到下。

（7）对立好的案卷，成本档案管理员应定时进行检查，对不符合要求的应及时予以完善或返工。

11.2.2 成本档案的编目与装订

（1）卷内文件资料目录。按卷内文件资料的排列顺序和内容并结合成本管理软件的相应内容进行编写。如表11-2所示。

表11-2 卷内文件资料编目

列	说明	备注
第一列	顺序号：以文件资料排列先后顺序逐件填写	
第二列	字号：填写文件资料制发部门的发文字号	
第三列	责任者：填写对文件资料的著名者	即对文件资料负有责任的部门和个人
第四列	题名：文件资料标题，没有标题或标题不能说明文件内容的文件可自拟标题	自拟标题加"[ ]"以示区别
第五列	日期：文件资料的形成时间	
第六列	页号：填写文件资料起止页号	

（2）档案案卷装订的基本要求。在建工程的档案做活页装订；已竣工工程的档案做固定页装订。装订时，去除文件上的金属物；破损和褪色的文件材料，应进行修补或复制；文件

资料应使用A4大小纸张，装订部分过窄或有字的，用纸加宽装订；纸面小的，加贴在标准的A4纸上；卷内文件资料，一般不超过二百页为宜，超过的可根据文件资料内容的阶段性分卷装订；装订要牢固、整齐、美观、装订时文件的右边和下边要取齐，不丢页、不压字、不损坏文件、不妨碍阅读；文件资料字迹难以辨认的，应附抄件并加以说明。

11.2.3　成本档案的保管与使用

（1）归集、接收成本档案，档案管理员必须认真检验，并办理好登记、交接手续。

（2）成本档案要求集中存放于部门档案柜，由档案管理员管理，部门各职员手中只能持有正在处理的文件资料。

（3）成本档案保管必须做到七防，即防火、防盗、防光、防潮、防尘、防有害生物、防污染。

（4）保存期在十年之内的成本档案原则上不能作废，须保存；保存期超过十年的成本档案如需销毁，须经公司及总部的主管部门、领导的批准。

（5）对易褪色、易磨损的图纸、材料等，档案员要进行定期检查，档案的修补对借阅次数频繁、易损的案卷，可制作副本借阅，以加强对正本的保存。

（6）为维护成本档案的真实性与安全性，任何人未经批准，不得擅自涂改成本档案；每天下班要锁好档案柜。

（7）如因工作需要，公司内有关部门或人员借用成本档案时，须填写"成本档案借阅登记表"，经部门或公司负责人（一般由成本管理部经理批准，重要档案的借阅还应得到成本管理部主管副总的批准）批准后方可借阅；档案管理员负责档案的借阅经办工作，办理档案借阅的登记手续，在借阅人归还档案时，还应负责检查档案的完好情况，借出的文件资料由档案管理人员负责及时收回并检查完整情况，如发现遗失，需在"成本档案借阅登记表"的备注栏加以注明，追究借阅者责任。

（8）在与公司之外进行学习交流时，在维护成本档案的机密性的同时，还要注意双方应进行对等交流。

（9）公司正常开展的审计、工作检查，则成本管理部须全力配合，并做好资料借阅的登记、回收工作。

（10）应建立成本档案台账，以记载档案收进、发出、保管、利用情况及兼职档案管理人员的变动情况，档案人员还要做好统计工作，统计数据以原始数据为准，以便输入计算机，充分利用计算机进行工程成本档案的辅助管理。

（11）房地产开发公司成本管理部务必严格执行本管理办法，在执行过程中，如与实际情况有不适合之处，各公司成本管理部可根据实际情况做修改之请示，报财务管理部成本组核实，经分管领导批准后方可实施。

> **特别提示**
>
> 　　点工和零工是建筑施工行业常用语，是酬劳的一种计算方法，就是按时间计算收费，一般以天为单位。

【他山之石】

成本档案查阅登记表

表格生效期： 年 月 日　　　　　　　　　　　　序号：

借阅日期	借阅部门/人	文件资料名称	数量	借阅期限	借阅用途	档案管理员	审批人签名	归还日期	归还人签名	备注

参考文献

[1] 吕彦军 霍红烨. 胜利桥改造工程项目与成本管理. [J]. 山西焦煤科技, 2003（5）.

[2] 刘树勋. 工程项目成本管理探讨. [J]. 铁道工程企业管理, 2006（2）.

[3] 孔祥如, 陈广明, 刘莉. 工程项目成本管理. [J]. 吉林交通科技, 2007（1）.

[4] 唐宝成. 谈工程项目成本控制. [J]. 陕西建筑, 2010（5）.

[5] 龚宇军, 张迎. 工程量清单计价模式下的工程项目成本控制. [J]. 陕西建筑, 2010（11）.

[6] 吴丽莉. 工程造价全过程控制方法的研究[D]. 吉林大学, 2008.

[7] 王清雨, 张建民, 冯涛. 有效控制房地产开发成本[J]. 山西科技, 2000. 04.

[8] 朱淼. 浅谈房地产开发成本控制[J]. 辽宁工程技术大学学报, 2004. 01.

[9] 汤燕群. 关于改革我国招标计价模式的几点建议[J]. 施工企业管理, 2002, 08.

[10] 梁庆恩. 房地产开发各阶段成本控制研究[D]. 重庆大学, 2004.

[11] 赵明月. 北京欣园小区项目成本控制分析[D]. 天津大学, 2007.

[12] 吴甘. 成都交大房产开发有限责任公司青白江"怡家"项目成本控制[D]. 西南交通大学, 2004.

[13] 翟倩. 房地产项目建安工程招标阶段成本控制分析. 价值工程, 2012年18期.

[14] 陈秋实. 建设工程项目招投标阶段的成本控制探讨. 低碳地产, 2016年10月第19期.

[15] 李远, 刘喜格. 基于工程量清单计价模式下房地产开发项目招投标阶段成本控制研究. 城市建设理论研究（电子版）, 2015, 20.

[16] 施晓凤. 浅谈房地产开发项目招投标阶段的成本控制《现代经济信息》, 2014（22）: 59-59.

[17] 薛峰. 房地产开发企业项目采购成本控制研究. 北京航空航天大学硕士学位论文, F253. 2.

[18] 王高翔. 商业地产前期开发. 北京: 化学工业出版社, 2013.

[19] 决策资源集团房地产研究中心. 商业地产实战手册. 北京: 中国建筑工业出版社, 2007.

[20] 余源鹏. 进军房地产——房地产项目报批报建与开发工作全程指南, 北京: 机械工业出版社, 2011.

[21] 明源地产研究院. 房地产项目运营最佳实践. 北京: 中国建筑工业出版社, 2011.

[22] 彭加亮. 房地产开发6大关键节点管理. 北京: 中国建筑工业出版社, 2010.

[23] 刘玉章. 房地产企业财税操作技巧: 第3版. 北京: 机械工业出版社, 2011.

[24] 马都编. 房地产项目成本控制. 北京: 中国建筑工业出版社, 2006.

[25] 余源鹏. 房地产开发企业财务管理与成本控制管理实务. 北京: 机械工业出版社, 2011.

[26] 克尔瑞（中国）信息技术有限公司. 房地产成本控制方法. 北京: 中国财富出版社, 2012.

[27] 决策资源集团房地产研究中心. 地产王牌——成本控制手册. 北京: 北京大学出版社, 2008.

[28] 决策资源房地产研究中心. 房地产成本控制方法精选实战指南. 大连: 大连理工大学出版社, 2007.

[29] 明源地产研究院. 成本制胜. 北京: 中信出版社, 2013.